U0927007

“大清名人抢鲜看”系列

天子家奴

千古流传的大清太监故事

姜 越◎主编

中国财富出版社

图书在版编目（CIP）数据

天子家奴：千古流传的大清太监故事/姜越主编. —北京：中国财富出版社，2014.1

（“大清名人抢鲜看”系列）

ISBN 978-7-5047-4943-7

Ⅰ.①天… Ⅱ.①姜… Ⅲ.①宦官-列传-中国-清代 Ⅳ.①K827=49

中国版本图书馆CIP数据核字（2013）第231172号

策划编辑 李慧智 责任印制 方朋远

责任编辑 张 静 责任校对 梁 凡

出版发行 中国财富出版社

社 址 北京市丰台区南四环西路188号5区20楼 邮政编码 100070

电 话 010-52227568（发行部） 010-52227588转307（总编室）

010-68589540（读者服务部） 010-52227588转305（质检部）

网 址 http://www.cfpress.com.cn

经 销 新华书店

印 刷 北京柯蓝博泰印务有限公司

书 号 ISBN 978-7-5047-4943-7/K·0099

开 本 710mm×1000mm 1/16 版 次 2014年1月第1版

印 张 15.75 印 次 2014年1月第1次印刷

字 数 234千字 定 价 33.00元

前言

QIAN YAN

太监在中国已有两千年以上的历史，太监制度的消亡则只有百年的时光。这个特殊的群体多源自饥民，由于生活所迫才走上了一条不归之路。

清宫内有“够不够，三千六”之说，意思是宫中使用太监不超过三千六百名。的确，清宫一般使用太监两千名上下，最多时也不过两千八百多名，这个数目比起明朝的上万名差得远了。

清朝统治者为避免重蹈太监干政的覆辙，对太监有严格的限制，太监级别不高，没有出现东汉、唐代、明代那种左右朝政、甚至可以废立皇帝的太监。清宫太监绝大多数默默无闻，命运如同虫蚁。紫禁城内不少下层小太监，终日辛苦劳动，到暮年离开皇宫，也没见过皇帝一面；太监受污辱被损迫乃至折磨而死的事，亦时有发生。

不过，清朝也出现了几名广为人知的大太监，比如安德海、李莲英、小德张等。

安德海（1844—1869年），直隶南皮（河北省南皮县）人。他在八九岁时净身，进宫后在咸丰帝身边为御前太监。由于安德海聪明伶俐，善于奉承，很快得到了咸丰帝和慈禧太后的好感。咸丰死后安德海成为慈禧的心腹，干预朝政，打压恭亲王。同治八年（1869年），他奉慈禧之命，到江南采办服饰，在山东被巡抚丁宝桢擒获处决。

李莲英，本名李英泰，“莲英”是慈禧起的名，出生在直隶顺天府大城县，清朝末期的第一权监，被人们呼为“九千岁”。

李莲英 9 岁入宫，聪明机灵，善于揣摩主子心意，“事上以敬，事下以宽，如是有年，未尝松懈”。这是他的为人处世之道，也是他登上权力巅峰的诀窍。黑暗腐朽的专制制度摧残了他，改变了他。他努力去适应这种制度，并成了这种制度下的成功者。他获得了极高的地位和权力，但这并不是幸福。他的成功，是社会的悲哀，是病态中国的写照。

小德张（1876—1957 年），姓张名祥斋，字云亭，是天津静海县南吕官屯人。小德张在光绪十七年（1891 年）入宫当太监，善于察言观色，在西太后晚年最受宠信。光绪帝被囚后，每日三餐由小德张去送饭，送饭之前，慈禧总授意他搭配一些下等食品，小德张在途中总是设法调换一些适合光绪口味的菜，所以又深得光绪帝的欢心。

清王朝宣告结束后小德张移居天津。73 岁时，他又进入新中国。有人曾多次登门拜访，试图让他开口，将他亲历亲见的清宫见闻和轶事口述记录下来，他只是微闭双目，以示不愿交谈……

太监在宫里一般是从小干到老，可是到老了干不动了，还得出宫。出宫后往哪儿去呢？像李莲英、小德张那一类上层太监，自然生活无忧。可是一般当太监的，情况就不同了。他们往往出身贫寒，无依无靠，又没有谋生的本领，只能把所谓尘世之外的寺庙，当做苟延残年的所在了。北京有不少寺庙，过去都同太监有关系，北长街万寿兴隆寺便是其中的一个。

本书主要介绍了四名太监的故事，最后专设一章，介绍清宫太监生活及宫廷轶事。有些材料来自清宫太监、宫女的晚年回忆。相信通过这本书，读者朋友可以对清代宫廷文化有比较深入的了解。

目录

MU LU

狂妄骄纵把命丧——安德海

太监总管，慈禧红人 …… 003

自恃受宠，横行霸道 …… 005

“钦差”出京，乐极生悲 …… 009

背地人称“九千岁”——李莲英

小康之家，欢乐童年 …… 019

家境艰难，被迫入宫 …… 022

投主所好，青楼学艺 …… 034

辛酉政变，鞍前马后 …… 040

打击慈安，为主立功 …… 046

光绪大婚，乘机捞钱 …… 056

庚子拳乱，慈禧西逃 …… 064

卖官鬻爵，沿途搜刮 …… 085

邀宠有术，处世圆滑 …… 098

宦官参政，官居二品 …… 108

罗致党羽，结交大员 …… 117

敲诈勒索，热衷敛财 …………………………… 131
靠山一倒，黄粱梦断 …………………………… 133
娶妻纳子，家族显赫 …………………………… 144

拼死上书老佛爷——寇连材

正气未泯，忧国忧民 …………………………… 155
斗胆上书，不畏生死 …………………………… 156
慷慨就义，时人叹惋 …………………………… 158

李莲英的接班人——小德张

茶坊小太监 …………………………………… 163
靠唱戏改变命运 ……………………………… 164
察言观色，左右逢源 …………………………… 166
投奔隆裕，升任大总管 ………………………… 168
深居简出，无疾而终 …………………………… 169

逢人坐说宫中事——太监生活拾零

“毕五”和“小刀刘” ………………………… 173
进宫和拜师傅 ………………………………… 176
入宫受训规矩多 ……………………………… 178
地位下贱，如同虫蚁 …………………………… 180
数不尽的清规戒律 …………………………… 182
责打受刑如家常便饭 ………………………… 184

御前太监不轻松 …… 187
奉旨骂人是美差 …… 189
太监生活有等差 …… 191
漫漫长夜无尽头 …… 194
晚年托身寺院 …… 198
梳头刘的故事 …… 200
慈禧太后的早晨 …… 202
手纸和官房 …… 204
慈禧看奏折 …… 207
侍候太后饮食 …… 208
四金刚五百罗汉 …… 210
光绪与珍妃逸事 …… 213
太监信修明的回忆 …… 216

后　记

狂妄骄纵把命丧
——安德海

安德海（1844—1869年），清末宦官，直隶南皮（河北省南皮县）人。他在八九岁时净身，进宫后在咸丰帝身边为御前太监。由于安德海聪明伶俐，善于奉承，很快得到了咸丰帝和慈禧太后的好感。咸丰死后安德海成为慈禧心腹，干预朝政，打压恭亲王。同治八年（1869年），他奉慈禧之命，到江南采办服饰，在山东被巡抚丁宝桢擒获处决。

太监总管，慈禧红人

清朝年间，在北京、河北一带农村里盛产“净身”之人——太监。太监又称“宦官”，俗称“老公”。据说历朝历代河北沧州、青县、南皮、河间等县都有太监世家，有的人家兄弟八九个，竟只留一人传宗接代，其余者全部“净身”入宫做太监。与这几个地方相比较，南皮县尤其盛行“净身”。

安德海，人称“小安子”，祖籍河北省南皮县，其祖父时，迁居河北青县汤庄子村；因家境贫寒，衣食无着，便自宫入宦。由于他办事灵巧，颇有眼色，深得主子欢心。

安德海入宫后，初为道光帝四子奕詝（即咸丰帝）的侍读小太监，深得其宠信，奕詝登基后，升他为宫中太监总管。清制，太监总管受内务府管辖，最高只有五品衔，并无特殊权力。安德海为扩大政治权力，便和权欲极强的懿贵妃相勾结，并讨得懿贵妃欢心。咸丰十一年（1861年）咸丰帝在热河行宫病死，遗诏载垣、肃顺等八大臣辅佐皇子载淳。载淳即位后，皇后钮祜禄氏与懿贵妃被并尊为东西太后。西太后为了同载垣、肃顺等人夺权，发动了政变，将载垣、肃顺等八大臣或杀或贬，得以垂帘听政。在这场政变中，安德海为西太后立了大功。

当时，西太后担心自己的力量不足以制服八大臣，意欲与留在京师与洋人交涉的恭亲王奕訢联合，因热河远距北京，无法联系。在无计可施之际，安德海献苦肉计，被打得遍体鳞伤，名义上被撵回京城，实则是暗通信息。通过安德海与其他太监的联络，使奕訢与西太后串通一气。同时，安德海还为西太后联络了一批武官，手握护卫京城兵权的胜保便是其中的一个。他凭借手中的兵权，坚决主张慈禧听政，反对肃顺等人，并公开扬言将带兵以清君侧，公然以武力相威胁。正是在奕䜣、胜保等人的支持下，西太后才成功地发动了政变，得以垂帘听政。

政变后，恭亲王奕䜣被封为议政王，领班军机。但时隔不久，这个脆弱的政治联盟便解体了：西太后与奕䜣为了争权夺利，矛盾迭起，在这对矛盾中，安德海又推波助澜，无事生非，多次在西太后面前说奕䜣的坏话，终于使奕䜣被免去了议政王的职务。

安德海帮西太后搞垮奕䜣后，无人敢与西太后争权抗衡，同治小皇帝虽然贵为一国之君，实则不过是一名顽皮的孩童。母亲西太后倾心于争权夺利，对同治帝关心甚少，同治帝和一些阉臣们鬼混，寻欢作乐，以弥补他那缺少温暖的童心。善于投机的安德海认为皇帝不如其母后有权，便谄媚西太后，甚至在西太后面前说同治帝的坏话，挑拨西太后与同治帝的关系。随着同治帝年龄增大，对母亲西太后的专横日益不满，时时想摆脱母亲的控制，但安德海对同治皇帝的监视甚严，常常在西太后面前危言耸听，百般煽惑，有时西太后听到安德海的汇报，就把同治帝叫到面前，斥责一通，因此同治帝对安德海十分不满。由于西太后的宠信，安德海对同治帝也不恭敬，甚至公开干预国政，同治帝也无可奈何。

一天，一个小太监看见小皇帝在宫内捏泥人玩，他玩得专心致志，捏出的小泥人有鼻子有眼，看样子特像一个太监。忽然，只见小皇帝从衣袋里拿出一把小刀，把那小泥人的头一下子切掉了。小太监感到奇怪，就走上前去，问道："万岁爷，您怎么把好端端的一个泥人给切了？""杀小安子，杀那个大坏蛋！"小皇帝忿忿地答道。

这种事不止一个太监看见过，另有一个名叫沈福禄的太监，也曾见过。那时，同治帝刚即位不久，还是冲龄小童。一次，他看见小皇帝在做游戏时，用一把小刀切瓜，一边切一边小声诅咒道："杀小安子！杀小安子！"

安德海千方百计讨慈禧的喜欢，不是泡在慈禧宫中打诨逗趣，就是登台串戏，常把慈禧太后逗得捧腹大笑，成为宫中红得发紫的权阉。他见慈禧嗜好看戏，就为她张罗建戏园，还想出好多玩乐的法儿，让慈禧穿上戏装，在宫苑中游乐。安德海天天陪着她，她走到哪儿，他跟到哪儿。慈禧更加宠爱他，竟把丈夫咸丰皇帝的御用龙袍及玉如意也赐给了他，使宫内外大感震惊，一时议论纷纷。

自恃受宠，横行霸道

时间久了，地位稳固了，安德海便得意忘形，在宫中横冲直撞，大显“一人之下，万人之上”的派头。不仅普通官员，就连小皇帝和恭亲王奕䜣他都不放在眼里。

一次，安德海在走路时碰见恭亲王。按宫中规定，太监见到亲王大臣要请安行礼。但安德海早已不在乎这些清规戒律，竟把头一扭，径自扬长而去，对恭亲王不理不睬。恭亲王见状，非常气愤，把他喝住，劈头盖脸地训斥一顿。以后，他虽表面上恭敬得多了，但骨子里仍不把恭亲王放在眼里，而且暗中寻机报复。

机会终于来了。一年春节前夕，奕䜣向慈禧贡奉了20盆含苞待放的梅花，作为新年贺礼。慈禧很高兴，命安德海摆在宫中供她观赏。可是，安德海暗中做了手脚，使这些梅花一夜之间全部凋萎了。慈禧看了十分扫兴：她是个很迷信的人，原想看到这些梅花在新年一齐开放，预示自己新年运旺，讨个吉利，没想到这些花一夜之间却像着了魔一样全部凋落，让她看了胆战心惊，联想到自己会不会也像这些鲜花一样枯亡呢。她在狐疑惊恐之余，便因物及人，怀疑奕䜣。那奕䜣

本来想在新年“献花”，让慈禧看到鲜花初放的美景，讨她的喜欢，没想到安德海从中捣鬼，使他受到了一次莫大的算计，吃了个哑巴亏。

还有一次，安德海去内务府领取慈禧用的器皿。当时恭亲王兼领内务府大臣，对安德海狐假虎威，经常前来索要贵重物品甚感厌烦，就拒绝了他，并告诫他国家正值多难，宫中不宜多所求取。安德海恨恨而回。第二天，在给慈禧太后进膳时，安德海把所有的器皿都换成了民间的粗瓷碗罐，慈禧见了大怒，责问为何这般无礼。安德海立即伏地痛哭，装做十分委屈的样子，把昨天受恭亲王训斥的事，哭诉了一遍，说：“奴才本想给主子要点像样的器皿，不想六爷责备宫中使用过于浪费，不但不给，反而把奴才训斥了一顿。奴才倒是没什么，可是想到主子为天下日夜操劳，竟连要几件器皿都不给，奴才为主子感到委屈。”慈禧听了把脸都气青了，大骂奕䜣：“这个老六，连我吃饭都要约束吗?!”

安德海就是利用这些小事，挑拨慈禧和奕䜣的矛盾。他经常在慈禧面前讲奕䜣的坏话，有时还故意把奕䜣和肃顺相比，使慈禧和奕䜣的矛盾日益激化。终于在同治四年（1865 年）二月，慈禧借着蔡寿棋参劾恭亲王“揽权、纳贿、徇私、骄淫”的奏折，“严遣恭王”，剥夺了他的“议政王”称号，逼得原先威仪堂堂的恭亲王在她面前“伏地痛哭，无以自容”，往日威严荡然无存。

对小皇帝载淳，安德海就更不放在眼里了。他常以慈禧的名义，告诫小皇帝应该怎么样，不应该怎么样，每当慈禧太后训斥小皇帝时，他常在旁边多嘴多舌，帮腔作势，恨得小皇帝牙直痒。尤其令小皇帝难以忍受的是，安德海竟时时监视自己，还在太后面前告他的状。有一段时间，小皇帝分别给两宫皇太后问安时，由于喜欢慈安太后平易近人，关怀体贴，问完安后，还陪着慈安聊了会儿话。这事不知怎的让安德海知道了，就告诉了慈禧。安德海并挑拨说小皇帝对嫡母比生母好，为此慈禧训斥了小皇帝一顿。

随着岁月的流逝，小皇帝渐渐长大。他常听别人把安德海比作“武后时的张易之”。一打听，原来张易之是武则天宠嬖的一个面首。

小皇帝偶尔也见过他亲娘和安德海在一起亲密的情形，为此他感到十分羞耻，更加痛恨这个被母亲宠爱的太监。有时当慈禧对他声色俱厉、冷语相斥时，他感到自己还不如一个太监受宠，是安德海把自己应该得到的夺走了。一次，他实在忍不住了，就借一件小事把安德海狠狠地责骂了一顿，以泄心头之恨。没想到惹了祸，安德海把事情告诉了慈禧太后，使他受到母亲严厉的训斥。从此，他只好把恨藏在心里，只是背后偷偷地发泄一下。

对权倾朝野的恭亲王和名义上至高无上的小皇帝如此，其他人就更不放在安德海眼里了。

安德海自恃受宠，横行霸道。他出入宫禁，驾车奔驰，如入无人之境，谁也不敢拦阻。见他的马车来了，公卿大臣纷纷给他让道。一次，工部尚书毛昶熙驾车上朝，突然，看见安德海装饰华丽的马车从前面飞驰而来，他急令躲避，但已来不及。安德海的车呼啸而过，毛的车被重重地刮了一下，一边的车篷和车窗当即刮得粉碎。再一看安德海竟扬长而去，不予理睬，毛大怒不已。他入值南书房时，正好小皇帝也在。小皇帝见他满脸怒气，就问他怎么了。他就把刚才发生的事说了一遍，并详告平日里安德海种种骄恣不法的行为。小皇帝听了愤愤地说：“这些我都知道！但他是太后的红人，我也拿他没办法!”

安德海虽然成了阉人，但他情欲未绝。如今有权有势，吃贿赂发了大财，就想找女人乐一乐。他经常借办宫差为名，溜出宫去，在市井繁华之地闲逛。一次，他在西华门外一家羊肉铺门口，看见一个长得十分漂亮的女子，只见她身体苗条，皮肤洁白细腻，一双凤目闪烁着少女所特有的纯净和快乐，这种眼神在宫女中很少能见到。安德海一双邪目正看得出神，那女子已经飘然进店去，只留下了一个婀娜的背影。

安德海一打听，那女子是羊肉铺店主的女儿。父女开店，相依为命。安德海打听明白后，就托人去说亲，愿意出大价钱买那女子为妾。那老店主一听是太监求婚，怎肯把心爱的女儿往火坑里推，让女儿去守活寡，任那媒人说得天花乱坠，死活不肯答应。安德海听了媒人的

回话，气得暴跳如雷。他恼羞成怒，就勾结一个小偷，诬告老店主是同党，把老人抓入狱中，不几天就给折磨死了。那女子性格刚烈，得知安德海害死父亲，万分悲痛，恨透了这个恶魔。一天，当安德海路过她家门前时，女子把他拦住，骂得安德海狗血喷头，她解了心头之恨，就一头撞在台阶上，去找她父亲的灵魂去了。

安德海在京城中作威作福，渐渐玩腻了。他常听人说起江南山水的秀美和都市的繁华，对乾隆帝六下江南的风光，更是艳羡不已，因此，他做梦都想找个借口，去领略一番江南的美景佳肴。

机会终于来了，同治八年 (1869 年)，小皇帝已经 14 岁了，两宫太后想给同治帝筹备婚事。阴历二月初九，开始在全国大选秀女，然后，就开始给小皇帝置办御衣和大婚用品，皇宫内外一时热闹非凡，太监和内务府大臣们喜气洋洋，奔忙不息。皇帝大婚，对于内务府和太监们来说是个发大财的好机会。操办大婚典礼的人，都能从中捞到很多的油水。尤其从南方采办婚典物品，一般都大开虚价。这些事情精明的安德海岂能不知？因此，他老早就打定主意，要乘机大捞一把。而捞钱最多的美差，莫过于到南方置办御衣等项婚典用品了。这个差使不仅捞钱多，对安德海最有诱惑力的，是可以借机实现江南一游的宿愿。

但他也知道清宫有太监不许擅自离京的规定。因此，他还是采取了老套路，走慈禧的上层路线。于是，他一有机会就进言慈禧，说赴南方办御衣之事如何重要，需派精明可靠之人前去。同时，又采取惯用的伎俩，即通过贬低他人来抬高自己，说内务府的人如何马虎，如何贫苦，如何虚冒，然后表白自己对太后的忠心。没几次，果然说动了慈禧太后，同意派他出京赴南方采办御衣等物。但警告他说，事情不要向外张扬，以免惹起大臣们的非议。

“钦差”出京，乐极生悲

同治八年（1869 年）七月初，安德海的两只太平船沿京杭大运河扬帆南下，一路上以钦差大臣身份出现，沿途一些趋炎附势的地方官，得知赫赫有名的权阉过境，不但不告发，反而争先恐后前去逢迎巴结，讨好安德海一伙。安趁机大敲竹杠，中饱私囊。

七月二十日，太平船驶入山东境，抵鲁北古城德州，安德海令船靠岸，说明天是他生日，要在船上庆寿，差人们就忙了起来。次日挂起了他从宫中带出来的龙袍，船中舱并排放两把太师椅，一把摆着龙袍，翡翠朝珠一挂，一把坐着安德海。船上男男女女都给他磕头拜寿。而后，浓妆艳抹的女戏子，给安德海演了“八音联欢”，十分热闹。运河两岸看热闹的百姓越聚越多，河堤上站满了密密麻麻的两道“人墙”。只见船头插 面三角形、镶牙边的旗子，旗中绘有一太阳，太阳中间一只三足乌鸦。船两旁两面大旗，一面写着“奉旨钦差”，另一面是“采办龙袍”，还有迎风招展的龙凤彩旗多面。安德海大开酒宴，过了有生以来最得意的一个生日。

安德海在德州停船庆寿的消息，像长了翅膀一样，一时轰动州城。德州知州赵新，字晴岚，天津人，咸丰癸卯举人，曾任长清县知县，政绩显著，同治四年（1865 年）调补德州知州。钦差过境怎没接到“明降谕旨”呢（清朝派遣大臣出京，军机处外发公文，沿途地方官员按礼迎送）？差人下船买东西也没出示“勘合”（清朝奉命出京兵员由

兵部签发身份证件，途经各地，不需花钱买东西，可凭证取得地方官府供应的物资)，赵新心中十分纳闷。他便带上差人到城西侧的堤岸察看，见船已出了德州地界，便返回州衙。

赵新召集幕僚商议，问众人那日中三足乌小旗是何意。幕僚们回答不出来。赵知州说典故出自《史记》的《司马相如传》。文曰："幸有三足乌为之使。"下注：三足乌青乌也，为西母取食，在昆墟之北。安德海挂那旗的意思是暗示人们他是奉西太后的懿旨来办事的。赵新令两名心腹随从，主仆三人直驰济南，直奔山东巡抚衙门(该衙门是明洪武年间齐王府）递上手本，通报德州知州有要事拜见抚台大人。山东巡抚丁宝桢把赵新让到西花厅叙谈。丁宝桢（1820—1886年)，贵州平远州（今织金）人，字雅璜，咸丰进士，1867年升山东巡抚，是一位刚正激烈、一清如水、铁面无私、不喜趋奉的好官。他对安德海凭西太后之宠，种种不法，早已心中不满，立召抚院幕僚商议，决定一面拜密折，以六百里加急送往北京；一面动用紧急公文，派快马分别下令东昌（现聊城）知府程绳武、驻东昌总兵王心安、济宁知州王锡麟、泰安知县何毓福及沿河各县，对安德海一伙跟踪准备缉拿。

此时，安德海船行到临清，因河水浅无法前行，让人用了20余辆大车，浩浩荡荡沿大道进了聊城。聊城东昌府署理知府程绳武，一向办事谨慎，担心安德海万一有懿旨，怕惹出麻烦，自己担当不起。于是，他便换上便装带精干兵员由聊城尾随跟踪，来到了汶上县。安德海又折道东行，直奔泰安。

知府程绳武、总兵王心安来到泰安县知县何毓福府上商量如何捉拿安德海一伙。泰安知县何毓福，字松亭，汉军镶红旗人，以名进士莅泰。他在京内任监察御史时，曾因参奏安德海而被安陷害入狱。后因证据不足，又因何的母亲是同治的乳娘，才得以释放，贬为泰安七品县令。何知县是跛脚，据说是当时受刑所致，所以何毓福痛恨安德海。他安排泰安参将姚绍修，率领泰安营士兵，把客栈包围起来。何知县同守备刘英魁带领马快、二壮、东西两班和补班（外班）

冲进义兴客店，很快就把安德海随员逮捕，但就是不见安德海。何知县和守备刘英魁命士兵严加搜查。店内灯笼火把一片通明，屋内外、厕所、马棚全搜遍了，还是没有发现他。何知县又命士兵屋内院内仔细搜查，最后终于在院内水井中发现了他。原来他听到动静，见势不妙，自己便带着部分从皇宫盗出来和沿途搜刮来的金、银、珠宝等，悄悄溜进后院把它藏进水井里。士兵发现后，很快把他捉住。何毓福命人将井里藏的东西打捞上来，连人带东西连夜解省。王总兵等带骑兵夹车护卫，天明已达济南。

安德海

安德海被押交抚院。丁宝桢命标中军绪承参将、臬司潘蔚，把安寄押历城监狱。安德海是慈禧手下红得发紫的一个权监，何以被山东巡抚丁宝桢在济南智杀？事情总是有前因后果的。总之，究其原因可归结为四个方面：一是安德海为讨好慈禧伤人太多。二是受宠忘形有恃无恐。有一次，山东巡抚丁宝桢叩见慈禧太后，不慎顶戴失落。那时服装不整或佩戴有缺，为之不仪，是对皇上的大不敬。可当时，慈禧并没吭声怪罪，而安德海却站在一旁狗仗人势，装腔作势地大声说："丁宝桢！你好大胆，竟敢在老佛爷面前失仪，你还要脑袋不？"丁赶紧捡冠要戴上，当时，安德海走近脚一抬就把丁的顶戴踢滚到一旁。三是财欲熏心利令智昏。四是连同治帝都不放在眼里，这是最要命的。

时机终于来了。同治得知安德海想出京为他置办龙袍，于是灵机一动，来了个“我不管那闲事”。这时宫廷上下都知安德海是要找死，却没有一个出来劝阻。

安德海离京，皇帝立即到长春宫绥寿殿去找慈安太后商量。慈安早知载淳有除掉安德海之意，同时也认为安的确是一大祸害，如不除掉后患无穷。但如何除掉他，确实费了一番心计：安德海离京期间，必有折子奏来，只要慈禧不知，事情就好办。于是慈安想出了一个绝妙的办法——以慈禧身体欠佳为由，建议让皇帝看奏折，学习处理政事。慈禧也同意，就传懿旨：内奏处的黄匣子先送给皇帝，让皇帝每天下了书房到自己的翊坤宫看奏折。这样一来，皇帝就有了剪除安德海的良机。

八月初五夜，丁宝桢亲审安德海。开始安德海傲然兀立，满不在乎不开口。丁便大声喝问：“安德海就是你吗?”安说：“丁宝桢!你连安老爷都不认得，做什么混账抚台?”这时，王心安伸手在安德海头上使劲一按，来了个“泰山压顶”。安德海双腿一软，跪倒在地，他才说是奉西太后懿旨出京。可地方既没见到明发上谕，安德海手中又没有奉准出京的勘合，丁宝桢当然不认可。安德海恼羞成怒，轻蔑地冷笑道：“丁大人，你想把我怎样？难道还要杀我不成?”丁宝桢厉声斥道：“你携带妇女，擅用龙凤旗，还有小旗子上那玩意儿；你一路招摇，惊扰地方，不要说是假冒钦差，就算果有其事，凌迟处死，亦不为过!”安德海这才软下来，求丁大人高抬贵手，放他一马。丁宝桢为稳妥之见，先把安德海等人押历城县，并马上修书一封奏明皇上，等候朝旨。

小皇上终于盼来了丁宝桢关于安德海的折子。他瞒着慈禧立即召见了恭亲王奕䜣和内务府大臣明善及其他有关大臣，决定一面由恭亲王立即到军机处，命军机大臣宝鋆执笔拟密旨，一面令地方将安德海就地正法。旨曰：“……览奏曷胜骇异，该太监擅离远出，并有种种不法情事，若不从严惩处，何以肃宫禁而儆效尤!著丁宝桢速派干员于所属地方将该蓝翎安姓太监严密查拿。令随从人等，指证确实。毋庸审问，即行就地正法，不准任其狡饰。如该太监闻讯折回直境，或潜往河南、江苏等地，即著曾国藩等饬属一体来拿正法。其随从人等，有迹近匪类者，并著严拿，分别惩办，毋庸再行请旨。倘有疏纵，唯该督抚是问。将此由六百里各谕令知之。钦此。”同时，命人抄了安德海的家。小皇上安排好一切，怕皇额娘闻讯生出变故，特别叮嘱，廷寄明天晚上一定得递到。兵部驿使接旨后，以六百里加急递往山东。

却说在泰安捉拿安德海时，因有几个上街玩耍的随从，漏网后连夜逃往北京，后由李莲英将情况禀告了慈禧。所以，小皇上的圣旨未到，慈禧太后的懿旨就先到了济南。何毓福等人建议丁抚台接旨不能开读，因为内容一定是赦安德海，如不遵照执行，便有欺君之罪；如开读，放回了安德海等于放虎归山，将来谁也不会有好果子吃。按规定办没错，太后的懿旨应隆重开读，先供奉起来，盖皇亭接懿旨才行。于是，在院东修皇亭。这样争取皇上圣旨的到来。

慈禧得知安德海泰安被捉和他家被抄的消息后，非常生气，派人召见皇帝。慈禧得知是乘她有病而发难，怒不可遏。皇帝同治虽心中十分紧张和害怕，却强自镇静，从容地说：“小安子在外边胆大妄为，无法无天；丁宝桢上了折子，怕您气得病更重了，不敢让皇额娘知道。”慈禧看了折子，问清了“日中三足乌”的意思，更加生气，便问明如何处置。当她得知就地正法，觉得惋惜心疼。心想，反正我的懿旨比皇上下得早，也许能保他一命。所以，慈禧就没有再追究。第二天晚上，廷寄到了正在焦灼等待的丁宝桢手中。皇上旨意“将钦犯安德海就地正法，以符祖制”。丁宝桢命臬司潘蔚立即批了斩标，由抚标中军绪承监斩。历城知县即刻命人到狱中将安德海提到巡抚衙门，验明正身，几个戈什哈 (满语亲兵) 架着被绑的安德海来到西门外刑场，随着号筒吹响，刽子手大刀一挥，安德海这颗罪恶累累的奸人脑袋便滚落在地上。

天亮后，丁抚台即拜折复奏。京中慈禧要落个贤明的名声，声言要振饬纲纪，接到奏折后，召见军机，除提出对其他人员处理意见外，

还指示下一道明发上谕，严肃纲纪，再有类似情事，严惩不贷。处理结果是：其余五名太监“绞立决”，冒充前站官的以及镖客亦“就地正法”，安邦泰、马氏等充军黑龙江“给披甲人为奴”。至此，安德海暴尸三日，尸骨扔在济南，未迁回故里。人亡家败。

事后，慈禧考虑，反正安德海已经死了，人死不能复活。建皇亭接懿旨形式是尊重她；安德海出京犯了大清律，一路僭越无度罪不可赦；丁、何等人奉旨杀安德海名正言顺，做得对。不能为了一个奴才，怪罪皇上和大臣。心中虽有不满，但事到如今，也只有这样了，所以再也没有过问。丁宝桢、何毓福等官员杀安为民除害，朝野赞许，闻名于世。

丁宝桢处死安德海，在朝野上下引起一片轰动，天下一时交口称颂。李鸿章在读邸抄 (相当于现在的政府公报) 时，看到了关于安德海一案的上谕和奏折，不禁肃然起敬，激动地站起来，把邸抄传给幕僚们，说：“稚璜 (丁宝桢的字号) 这下可出名了!”

这时曾国藩正在闹眼病，天天由幕僚给他读邸抄。当读到安德海被处死时，他对薛福成说：“我得眼病已有好几个月了，今天听到这个消息，眼中浮翳为之一开，眼睛好像一下子亮了。稚璜真是豪杰之士!”

同治帝得知安德海伏诛，慈禧太后也没有怪罪他擅作主张，才放下心来，心情好极了。

阴历八月十二日起，师傅们发现同治帝一改十几天来心不在焉的状态，开始专心课业了，尤其是十三日那天，同治帝情绪特好。那天早晨，翁同龢因仆人看错了时间，连忙赶到弘德殿时，已迟到了好几分钟。但他看见同治帝早已端坐在书案前，正在专心致志地读书。翁同龢这天给出了一道论题：“召试县令论”。同治帝下笔流畅，文思敏捷，一挥而就，翁师傅十分高兴，在日记中写道：“做论极速而爽畅，近来所无也!”

当然，师傅们也终于明白了这段时间同治帝不安心书房的究竟，他们对同治帝的这一举措十分赞赏。翁同龢得知真情后大声说道：

“快哉！快哉！”

得力心腹安德海就这么死了，慈禧太后时而忆起咸丰在热河死后，安德海秘密奔走于京热之间，替她联系在京中的奕䜣，密谋策划，成功发动一场“辛酉宫廷政变”的事，不禁涔涔泪下。不久，李莲英就替代了安德海的位置。

背地人称“九千岁”
——李莲英

李莲英本名李英泰，“莲英”是慈禧起的名，出生在直隶顺天府大城县。他是清朝末期的第一权监，被人们呼为“九千岁”。

李莲英9岁入宫，聪明机灵，善于揣摩主子心意，“事上以敬，事下以宽，如是有年，未尝松懈”。这是他的为人处世之道，也是他登上权力巅峰的诀窍。黑暗腐朽的专制制度摧残了他，改变了他。他努力去适应这种制度，并成了这种制度下的成功者。他获得了极高的地位和权力，但这并不是幸福。他这种佞人的成功，是社会的悲哀，是病态中国的写照。

小康之家，欢乐童年

道光二十八年（1848 年），李莲英出生在顺天府大城县（今河北大城县）臧屯乡李贾村，本名李英泰，是家中次子。子牙河从村口蜿蜒流过，滋润着一方水土。这里的人世代务农，生活困苦，做父母的为了改变生活处境，不少人咬牙狠心，将儿子送到皇宫当太监。

晚清年间，直隶的顺天府和河间府，都以盛产太监出名。

李家的祖籍是浙江钱塘。明朝初年，钱塘人李滋出仕到山东做官，因不愿同流合污，得罪了当地的乡绅酷吏，被贬为庶民。又因任上清廉，没有落下家资，甚至连回浙江的路费都没有，便流落到山东省青州府齐河县石门高庄为民。明太祖朱元璋死后，朱棣发起靖难之役，由北而南大动刀兵，所到之处，给老百姓带来了深重的灾难。

朱棣登基后下令迁民，李滋趁机携同眷属迁到大城县落户。李滋来到这里，举目无亲，只好在乡邻的帮助下暂时栖身于村东许财主家看守园田的两间破房。后来，李滋几经努力，才盖了几间茅屋草舍，算是定居了下来。

李滋为人平易近人，又老实肯干，再加上读过几年经文，勤俭持家，日子逐渐富足起来。《李氏家谱》中就有这样的记载：李滋与人交往，持重老成，又从不与官吏豪绅过往，凡乡间邻里，有议论时政者，皆避而远之，人们称他“隐君子”。

李莲英是李滋的第 14 代后嗣，这个家族出过很多入仕途的读书人。李莲英的六世祖李应魁，字伯卿，万历戊子举人，壬辰进士，官

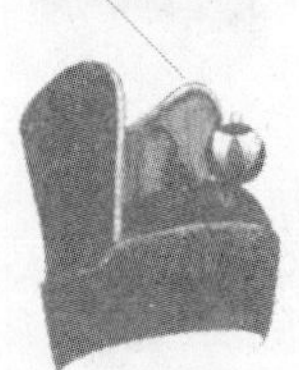

至山东按察使，敕封嘉议大夫、崇礼贤卿，山东省名宦祠还立有神牌。其九世祖李仔，字元弼，康熙戊午举人，敕授文林郎内阁中书。后来，还有任其他官职者数人。所以，李莲英墓志碑文中提及其先祖多宿儒显宦，是完全属实的。

再往后，李莲英的祖辈家道中落，没有再出官员，曾祖、祖父在北京做皮革生意，有自己的店铺，生活倒也过得去。

李莲英的父亲李玉，在本村有六七十亩土地，拴了一挂大车，盖了十多间房子，甚至农忙时节还要雇些短工，以便打理田中的一应劳作，也算小康之家。

李玉向来教子很严，对他们也充满了希望，希望他们有人能继承李家的手艺和家产。李莲英从小就显得比同龄孩子顽皮、聪明，七八岁时便跟随父母打下手，做一些力所能及的活计。他在母亲面前总是显得比哥哥勤快能干，干活用心，又麻利、乖巧，能把父亲熟制好的皮毛擦得干干净净，梳得顺溜又光滑，叠得整整齐齐，是继承家业的好苗子，因而很得父母喜欢。母亲见他聪明伶俐，认定他是块读书的好材料，便主张让他读书，指望将来获得功名富贵，升官发财，光耀门楣。父亲李玉则主张让他学手艺，继承自己的衣钵，保住李家的饭碗。夫妻二人为这件事还争吵过。

李莲英还有两个弟弟，平时照看小弟弟是他的主要任务。但李莲英毕竟是小孩子，贪玩在所难免，可又总想讨好妈妈，为了让妈妈高兴，就想出一个办法：每当和小朋友们做游戏时，就用布条把小弟弟捆在自己的后背上。

有一次，他和小朋友们玩耍，玩得很投入，弟弟在背上睡着了都不知道，脑袋在李莲英后背上随着李莲英的蹦蹦跳跳不停地晃来晃去，看着让人心酸。恰好妈妈看到了，就觉得李莲英太懂事了，很心疼地对他说："等弟弟会走了，就不用你背他了。"妈妈以为李莲英会非常高兴，谁知他却说："等他会走了，你又要给我生出一个弟弟了。"在场的人都被他逗得前仰后合。

李莲英不仅聪明伶俐，而且胆量过人。小时候，他爬树的本领很强，其他小孩都比不过他。他常常爬到大树上掏乌鸦和喜鹊蛋，其他伙伴都非常羡慕他的这项本领。他和小伙伴们一起玩耍时，从来都不吃亏。只有他占的便宜，没有他吃的亏。做骑马游戏时，他总是愿意先假装做奴才，然后假装做主子。这样他就可以“后发制人”，掌握占便宜的主动权了。而且他对做游戏非常认真，他当奴才时，就服服帖帖、老老实实地跪在地上，让装主子的人骑到他背上去，认真履行“奴才”的职责；轮到他装主子时，手里总是拿一根柳条做的鞭子，一面不断抽打“奴才”的屁股，一面耀武扬威、神气十足地大喊着：“老爷来了！老爷来了！快开道！开道！”其实，从这里也能看出他日后为什么会在宫中得到慈禧的重用和太监宫女们的敬重——认真履行自己的职责，把握好自己的定位，做奴才就要像个奴才样，做主子就要摆出主子的谱!

子牙河养育了大城县，是繁衍生息在这一带人们的母亲河。夏天，李莲英和小伙伴们到河里洗澡，总爱抹上一脸泥巴，做出各式各样的鬼脸。当逗得大家捧腹大笑的时候，李莲英却趁机偷袭小伙伴，使他们防不胜防。那时就能显出他颇多的心机。

李莲英从小就得到祖母的疼爱，经常跟祖母一起睡，躺在被窝里听祖母给他讲故事。他祖母是封建时期一个典型的信奉鬼神的乡下妇人，总爱给李莲英讲一些带神奇色彩的故事，李莲英也常常在这些神奇的故事中睡去。

一次，祖母给他讲了明代万历年间兵部侍郎李松的故事：李松早年镇守辽阳，大破女真，屡建战功，大城县令奉皇旨在县城内建立石牌坊一座，坐东向西，镌刻“兵部左侍郎少司马李松坊”，供后世瞻仰(此牌坊 1958 年被毁坏)，人们都称他“李督堂”。

祖母还给他讲了家乡的另一个名人——大太监李义的故事。自明成祖迁都北京以来，大城县的黎民百姓中，净身当太监的人很多。一是离北京近，二是生活所迫。大城县在明朝出了不少有权有势的宦官，其中影响最大、最有权势的就是李义。李义是大城县大里北村人。明朝宦官专权，李义辅佐朝政，很得皇帝宠信，权势一时间遮天蔽日。

有一年，他私造宅院，雕梁画栋，富丽堂皇，吸引了很多人的目光。由于他平时得罪了一些人，就有人趁机在皇帝面前参了他一本，说他在家私造金銮殿，意图谋反。皇帝半信半疑，便暗中派人查询。李义手眼通天，很快就得到了风声，知道事情不妙。他急中生智，把所造宅院改为庙宇，并雕塑了很多佛像，里里外外香火缭绕。另外，他还暗中贿赂前来调查的官员，让他们报知皇上自己在修佛建庙做好事。皇上得知后，不但解除了怀疑，还嘉奖了他。这样一来，更没人敢惹他了。

家乡投他做官的人很多。大城县的“要做官，找李义，想发财，北京去”的歌谣流传了很多年，可见他影响之大。

在祖母的熏陶下，李莲英把一个个传奇式的人物都记在自己幼小的心里，把他们都当成自己的楷模，并暗暗发誓要成为家乡人羡慕的人物。而祖母是他童年最信赖的人，也是影响他人生观的一个重要人物，他一直对祖母怀有感激之情。

李莲英的一生，只在故乡呆过七年时间，度过了幼年时期，童年生活刚刚开始，便去北京净身入宫，开始了他传奇的一生。

家境艰难，被迫入宫

李莲英家境殷实，绝没到山穷水尽的地步，那他为什么要净身当太监呢？

原来，在李莲英七岁时，他的爷爷去世了。族人分配家产，李玉被欺负，什么也没得到，只好到北京谋生。

李莲英一家人搬到北京生活，表面上的原因是为了到北京做生意，而实际上纯粹是被同乡、同宗、同族的人给挤兑出来的。他们搬到北京生活，那也是实在没辙了。俗话说得好，“故土难离”啊。

搬到北京生活，可不是一件容易的事。“京城米贵，居之不易”啊。就凭着他们家那点从农村得来的可怜的小钱？在农村，那点钱可真是不少，可这点钱，到了北京又能算得了什么呢？

李莲英一家在北京的困难我们是可想而知的。

李莲英有个表叔叫崔玉贵，也是大城人，老家离李贾村只有三十里，现在是紫禁城里的太监总管，风光无限。一天，一家人正在吃晚饭，李莲英向父母表示，他愿意进宫当公公。

父亲李玉一听，差点儿被嘴里的饭呛着。母亲曹氏说：“儿啊，可不能当公公。说起来干的是皇差有脸有面，那受的可不是人受的罪啊！”说着就声泪俱下，仿佛此刻儿子就被绑在床上等着阉割似的。

小莲英却任性地说：“我就要当公公，爹娘不答应，我就不吃饭！”

本来，李玉夫妇觉得入宫当太监是把孩子往火坑里推，可想到同乡崔玉贵，又觉得让儿子当太监也算是一种前途。家里这群孩子都张着嘴等吃饭，日子没法过啊。

既然儿子坚持己见，父母也就想开了。

于是，李莲英的妈妈想方设法与一个叫沈兰玉的老太监取得了联系。

沈兰玉也是李家的同乡，他异乎寻常，非常痛快地答应了李莲英妈妈的要求；不但答应了为孩子做手术的要求，而且还负责安排李莲英日后入宫的一切大事小情。更为重要的是，上述的一切，还全都免费。不但手术的所有费用免了，人家要给做手术的人送的礼物也免了。

沈兰玉向李莲英和他的妈妈推荐了“小刀刘”。

清朝前中期，进宫当太监，需首先经内务府批准，再送交敬事房，交慎刑司去净身。这通常称为“宫刑”。这里负责净身的“刀儿匠”称“官刀儿匠”，正名叫“阉役”。采用这种方法手术的人多是被拐骗来的

孩子，或者是人贩子买来的孩子卖给敬事房。一来人贩子得了钱财，二来敬事房也懒得出宫去挑选合适的人选，所以这是最大的太监来源。也有些是穷苦人家的孩子，没有生路，想进皇门又没有钱托人净身，就自己送进去。清晚期则出现了私设者，称“私刀儿匠”。这样的营生当时北京共有两家，一家姓刘，住在地安门内方砖胡同；另一家姓毕，叫毕五，住在南长街会计司胡同。会计司可不是管钱管账的人，当时的会计司是内务的一个下属单位，专门负责往宫里输送太监和奶妈。

“私刀儿匠”都是世家经营，别人不能随意插手，这也是经朝廷准许的。他们都和内务府来往频繁，关系盘根错节，是同一条利益链上的人。据说他们能享受六品顶戴，比七品知县还高。

每年的春、夏、秋、冬四季，“私刀儿匠”将本季度阉割的人数登记造册，连同被阉的人一并送交内务府会计司。别看这些太监被折磨得很惨，但太监入宫以后，得到权势还要贿赂这些刀儿匠，特别是有些被拐卖来的无家可归的小孩，入宫前还要和他们认亲，以后当亲戚走动。

李莲英的父亲把孩子带到小刀刘的家。按照惯例，先是对孩子进行检查和面试。所谓的检查，其实就是检查生理结构，以此决定是否留用；其次是面试，主要是看五官是否端正，因为宫中对太监的要求很严，整日伺候主子，当然不能歪瓜裂枣让主子看了心里堵得慌。所以，五官不端正不行，脸上有疤瘌麻子不行，说话口吃不行，秃头瞎眼睛不行，人不机灵傻乎乎的更不行，总之，要求很严格。

李莲英顺利通过检查，小刀刘告诉李玉父子，为了减少孩子的痛苦，趁着现在气候季节都合适，很快就要给孩子净身，否则不好愈合。净身后要养一段很长的时间，最快也得入冬前才能交进内务府会计司去。这期间，要交百十两银子作为饭费、手术费、置办靴帽袍褂费等。李氏父子知道这些都是“规矩”，用现在话说就是“潜规则”，就同意了。一切都商量妥当后，小刀刘叫李家父子在一张生死与刘家无关的合同书上画押签字。签过字，李氏父子知道李莲英的命运就将发生彻底的改变，是福是祸，听天由命吧。李莲英倒没什么感觉，只需等待净身手术这道鬼门关了。

其实，净身是一个“技术含量高”的工作，并不是一厢情愿就能遂心愿的。小刀刘是世家出身，对这一行非常熟悉，他下手稳、准、狠，干净利索，自己和孩子都少了不少麻烦。若是碰上那些手上技术不纯熟的，说不定还要进行二次“净身”，想来真是痛苦万分。

据史料记载：太平天国的领袖洪秀全为了满足后宫基本生活料理的需要，想制造一批太监，被阉者皆是童子。他听说北京的刀儿匠对孩子们非常狠心，就决定从广州请来著名的西医负责阉割术，所用的药物、医疗器具等一应俱全。按说在这种条件下，成功率应该比北京高出很多。谁知手术后几百名童子全部丧生，没有一个能活下来。而北京的刀儿匠们，在当时一不消毒、二无麻药、三不消炎止痛的情况下，经过手术的人，绝大部分还能生存下来，也算一种奇迹。

早春的一天，李莲英被带进了一间陈旧破烂的手术室。通常这种手术称为“蚕室刑”，因手术室的房屋很小，又糊得密不通风，如同蚕室而得名；也可把这种手术称为“腐刑”，因多数太监小便失禁，经常遗尿，发出一种腐臭的味道而得名。对于一个刚刚九岁的孩子来说，面对这样阴森的环境和人高马大的陌生人，不害怕是不可能的。

手术之前，有人要求他喝下一碗又苦又涩的大麻叶水。喝完后，他立刻被绑在上面铺着稻草、底下垫着草木灰的手术床上，同时嘴里被塞进一个煮熟去壳的鸡蛋。有人会问他，是否真的愿意，这并不是要征求他的意见，而是另有原因。因为无论他回答“是”还是“不是”，都要张口，他刚一开口，鸡蛋就会立即滑进食道，导致昏厥，神志不清了。毕五趁机手起刀落，然后随便敷上些草药，一切就算大功告成了。小刀刘瞬间就做完了净身手术，但其痛苦是常人难以想象的。李莲英当时就疼晕了过去。其实，晕过去还算好的，死于这种酷刑的人屡见不鲜。

李莲英从昏迷中醒来，小刀刘的手术已结束。他在李莲英的尿道上插一根鹅翎管，以防痊愈后尿道长死。再把猪苦胆劈开，敷在伤口上消毒。最后取一块窄木板，放在李莲英的两腿之间。此时李莲英已完全恢复知觉，更加剧了疼痛的感觉，浑身抽搐不止，下面像针扎一样，火烧火燎奇痛难当，嗓子像冒火一样，又干又苦。

小刀刘给他喝一点臭大麻水。这种水既有麻醉作用，又是极好的泻药，服它，可使净身者多拉稀，减少小便，以加速伤口愈合。

李莲英净身后在小刀刘那里住了十来天，才脱离危险期。这一天风和日丽，小莲英拖着疲惫不堪的身体，在老爹的扶持下走到院子里，暖融融的阳光照射着他，他感到说不出的舒服。他想让老爹在阳光下拉着他一直走，他闭上眼睛，不想看见任何人。

李莲英在这里一边养伤，一边等待着秋后皇宫挑选太监日子的来临。

这年九月，小刀刘接到内务府传话，让候旨将挑好的人送入宫中。在这些人中，就有李莲英。他穿上内务府为孩子们分发的靴帽袍褂，显得英俊了许多，在这些即将入宫的小太监中，是出类拔萃的一个。

小太监入宫第一件事就是要拜师学艺，第二是认旗。李莲英按照规矩也要拜师，他拜的师傅是三大殿掌管玉玺的首领太监刘多生，此人后来在白云观挂单出家，法号刘诚印，人称印刘，自称“素云道人”。

小太监拜师学艺，这对他们来说也是一个人生的重要关口。宫中规矩严格，礼节繁多，必须站有站相、立有立姿，不能有半点马虎。如称呼、磕头、请安、问好、下跪、斟茶、端水、摆膳、传话、回事等都有一套严密的程序，不能随便乱来，必须在下面学通学精，才能被分配上差。

宫里规矩繁琐而具体，拿太监回话、请安来说，就非常讲究。其具体步骤就是：首先要摘下帽子，放在身体右边偏前，上身要挺直，头微屈，两眼直视主子膝关节，两条腿按先左后右顺序跪下，这叫双腿安。如主子过万寿节或赏赐银两物品时，要行三跪九叩大礼，有时还要接触地面，发出响声，叫磕响头，这是对人的敬重。对来访主人的人物，如品级低于主人者，只左腿跪地，不脱帽，右手虚接地面，这叫单腿安。再比如跪拜时给主人递东西，要将所递的物品与眉心平齐，双手捧起在身前，身子必须向左微倾。而回话学问可就大了，请安要说“吉祥”；主子吃完饭，要说“进得好”；主子吩咐去办事，必须一遍就听明白，记得住，绝不能叫主子说第二遍，要用“嗻”表示领会，绝不许用“嗯”“啊”等通俗不雅、含有轻慢之意的字眼。

再就是伺候师傅。中国人向来注重尊重长辈和师傅，并由此构建起等级森严的封建社会制度。在徒弟面前，师傅是高高在上的人物。作为徒弟，早上要给师傅打洗脸水、穿衣服、叠被子、倒尿盆，晚上要拿尿盆、铺被褥、洗脚，其次就是斟茶倒水、伺候吃饭、洗碗、洗衣服、点烟等日常生活。稍有不慎伺候不好，就要挨骂、挨打、罚站、罚跪等。

宫里等级森严，就连太监群体也是层次分明。清室的太监与明朝相比，虽说人数已经相对减少了许多，但随着宫中安逸之风的蔓延，所需人手是逐渐增多的。到了咸丰年间，宫监机构仍有六十多处，太监近一千多人，设有总管内务府，以领其事。总管有一人，权力很大，管理宫内全部六十多处的太监。皇上、皇后及各宫都有总管，此外还有首领、回事、小太监等。正所谓官大一级压死人，一级压一级，没人会把一个刚刚入宫的小太监放在眼里，被呼来喝去是家常便饭。而被皇宫大内里的皇上、后妃，高门深宅里的王爷、福晋、侧福晋打骂更是平常不过的事。

总之，一个神仙一个香炉，总有磕不完的头、烧不完的香。因此，宫里有许多太监因无法忍受重重压迫和艰辛劳作而私自逃跑。一旦逃跑成功，就算逃出火坑了。而那些被抓的太监，如属初犯，不由分说先杖责一顿，体质好的还能禁得起，留下一条性命；若是再次逃跑，抓回来必定被活活打死，有时还会当着众太监的面，以达到杀鸡吓猴的效果。

李莲英入宫以后，留在慈禧的寝宫 (即储秀宫) 当差。慈禧是镶黄旗人，李莲英便认了镶黄旗，意思就是慈禧门下的人了。李莲英的师傅虽然是刘多生，却一直跟慈禧的得意大太监安德海学艺。可以说，李莲英一入宫就受到了慈禧的青睐，这对于一个刚入宫的低等太监来

说是非常罕见的。

皇宫内的规矩非常多，而且执行得十分严格。清初，考虑到太监是奴婢之辈，没有必要掌握诗文等“高等人”才从事的活动，从来不允许他们读书习学诗文。据说，雍正皇帝曾明令：凡宫中太监有读书习学诗文者，一律加以处罚。这种严厉的规定一直延续到咸丰皇帝期间。自从慈禧垂帘听政后，她一反常态，置祖宗家法于不顾，立刻规定：凡宫中太监，都要用闲暇时间学诗书读经纶，以提高修养，更加符合皇家礼仪。慈禧甚至还亲自给自己宫中的太监讲学，而且要求十分严格，凡学习不用心或反应迟钝者，常罚站罚跪或以竹鞭杖责。因此，当时宫中的大小太监读书习文的风气很盛。

李莲英从小就十分聪明，入宫前又在家乡的私塾读过一年书，说起来算是有点基础。再加上他又很用心，凡慈禧太后讲过的东西他都牢记在心。每每慈禧问及时，无不对答如流，深得慈禧赏识。据说，慈禧还常在内廷大臣中夸奖李莲英的才华，这在清朝历史上是少见的。

慈禧太后平时闲暇喜欢写字，她对自己的书法还是比较满意的。每当她写字的时候，只让李莲英在一旁侍候纸墨，并且还根据自己的心得不断地给李莲英讲述各种书法的流派和习字要领。这一切都使李莲英受益不浅，李莲英对此十分留心在意。所以，他回到自己的住处，常常苦练写字，并且很下工夫，很快便有了一定的进步。慈禧得知后，还专门过目检查他写的字。她见李莲英的字写得扁瘦狭长，笔墨锋利，有一定的基础，就亲赐他一本“瘦金体”的字帖，要他下工夫临摹。后来，李莲英写瘦金体确实很有功力，更加受到慈禧的喜爱和专宠。

李莲英到了十六七岁时，写诗文引经据典，用词十分贴切、得当，行文也十分流畅。慈禧常常按捺不住心中的喜悦而让大臣们传阅品评，往往受到众大臣的赞许。

李莲英胆大心细，处世圆通，是人所共知的慈禧心腹，因而渐渐有一些大臣和他结交，有事也常常找他代为传达和请奏。李莲英每遇这些事情，就尽量设法把事情办好，既不惹慈禧生气，又不得罪王公大臣，显示出与众不同的成熟和稳重。因此，他很快成了储秀宫里一个有头脸、得人心的年轻太监。

尽管慈禧太后给人的印象欠佳，但她毕竟是一个颇有才华的女性。同治、光绪时期，北京皮黄戏（就是现在的京剧）已进入全盛时期，慈禧本人很喜欢皮黄，就连“京戏”的称呼，据传也是始于慈禧。慈禧精通戏曲，她还亲自改编过一百多出京戏唱本，可见她对京戏的痴迷程度。不仅如此，同治元年（1862 年），慈禧太后为李莲英改名不久，还曾派他去升平署“内学”学戏（当时太监学戏称“内学”，民间学生学戏称“外学”）。

《艺苑论丛》也有相关记载：

李莲英

李莲英演小生，刘寿峰演花脸，祥玉演武旦，陈子田演老生。我们知道，一个善于学习和模仿的人，他在任何方面都有一定的基础。李莲英学唱小生倒也有些模样，后来在宫中曾多次为慈禧演出，水平渐渐提高，技术日臻趋于成熟。据说他嗓音洪亮宽广，做戏功夫很深。慈禧太后也大为高兴，曾对李莲英开玩笑说：“你唱做都好，就是嘴张得太大了些，如果演个武丑、大花脸，把嘴再画得歪斜一些，就更好看了，一张嘴像个大火盆，大有吃人的恶相。”

慈禧对京戏有一定的研究，对演员要求很严格，无论是谁稍有半点不认真或唱念有错，或做戏不好，轻者要受责备，重者要遭打骂，要是民籍的演员学生，则会面临被开除的危险。常在河边走，难免会湿鞋。有一次，向来谨小慎微的李莲英唱错了一句台词，此事要是别人，慈禧太后早就发飙惩治了，而对李莲英的惩罚却是蜻蜓点水——只罚他演了一个跑龙套的角色。

李莲英就是那种深得主子喜欢的太监，主子喜欢的他就努力去学，主子讨厌的他就视为禁区，决不去碰。慈禧喜爱京戏，这对李莲英的影响很大。所以，李莲英在京戏方面也是花了大工夫，这对他的后人也有一定的影响。他的侄子、孙辈大多爱好戏曲，其中最有成绩的要数他的二嗣子李福德了。1908年，李福德在自己的家中与薛固久、孙沛廷合办了一个戏曲科班。这个孙沛廷其实早年就是“外学”的民籍学生，曾经给慈禧唱过戏，因唱错一段唱词，被慈禧太后开除了。后来，中国京剧舞台上的四大名旦中，尚小云、荀慧生就是李福德的学生，这也算是和李莲英有一定的渊源吧!

由于李莲英在诸多方面都有一定的基础和才能，给人一种才艺双全的感觉，慈禧太后对他非常赏识，这也是李莲英发迹得宠的重要原因之一。正如李莲英的后人说：能够得到慈禧太后的信任和重用，他的才艺是主要的一个方面。

慈禧到了晚年，虔心向佛，常常把自己扮成观音菩萨，让李莲英扮成韦驮或善男，在北海旁以水作镜；或扮成西王母，李莲英扮成东方曼倩 (东方朔) 偷桃；或扮太原公子，李莲英扮李卫公……以此消遣解闷，逗笑取乐，宛若一家人，彼此之间也不见了尊卑。慈禧太后还常常夸赞李莲英风度潇洒，演技高超，李莲英也趁机插科打诨，哄得慈禧心花怒放。

总而言之，外表清爽、年轻聪明、处事圆滑而谨慎的李莲英确实甚为符合慈禧的要求，因而很快就扶摇直上，达到了炙手可热的地步，成了慈禧身边的大红人和心腹。

李莲英凭借自己的聪明和手段，三十出头就升为四品花翎总管。但是，看着那空荡荡的房间，看着那满屋子楠木、紫檀做的家具，他禁不住一阵落寞——就算自己真的当了四品大总管，也只能自己一个人快乐，无法让远方的亲人共同享受，岂不让人遗憾!

强烈的思乡之情让李莲英一时难以入睡，他不由想起了自己的童年和那些潦倒的日子，顿时激情满怀，感慨万千。自己现在的地位非比寻常，连王公大臣们见了也要低头三分。他忽然想到了自己的母亲，那么一大家子的事全靠她老人家一人操持。我现在也算得上是功成名就了，何不把这个好消息告诉家人？顺便也让那些家伙看看，我李莲英已不是当日的吴下阿蒙，而是堂堂大清朝的内廷副总管了。想到这里，他就有了回家的冲动，但碍于宫里的规矩，恐怕慈禧太后很难答应，但无论如何也要找个机会表明自己的意思，让慈禧太后为自己做主。

此时恰逢阳春三月，正是春暖花开的季节。本来艳阳高照、风和日丽的天气，谁知日近正午时，忽然沙沙地下起雨来，天气也骤然转冷。

躺在床上的慈禧听到动静，连忙下了床，推开窗一看，心情大好。虽然别人都爱阳光灿烂，可慈禧太后却将这种天气视为使人懒散、意志消沉的源头。她反而对雨情有独钟，因为雨能让她保持冷静。每逢下雨，她都要出去游玩。今日当然也不例外，于是她喊李莲英去做准备。

李莲英最近一直在琢磨怎么向慈禧开口请求回乡的事，所以就显得有些魂不守舍。今天也是，他看到慈禧躺在床上眯眼，就瞅个机会到一旁发呆。后来又见外面下雨了，以为慈禧太后不会出去，因而，更加专注于自己的思乡情绪。猛然间听到慈禧太后喊自己，不知又发生了什么事，于是急忙跑了进去。

原来是慈禧太后要趁着下雨到御花园赏景，平时对慈禧的喜好掌握得一清二楚的李莲英此时犯了晕，竟然不由自主地脱口而出：“太后，外面正下着雨呢，小心您着凉!”

谁知李莲英的这句话却让慈禧不高兴了，责怪李莲英没有记得自己的喜好。李莲英连连自责——太后最爱雨中漫游，怎么今天自己竟给忘了，真是该死，他敲了一下自己的脑壳，连忙出去准备了。

春雨往往不像夏雨那样强烈，雨中的御花园显得郁郁葱葱，满眼饱满的绿色。慈禧太后看了心情顿时舒畅许多，听任雨水浇在她的身上、头上。

一旁的太监见了，恐怕自己失职，连忙送上雨伞，不想却被太后责备一番，还怪他们不懂得欣赏美景。一旁的李莲英为了弥补刚才的过失，连忙讨好地说这是他们害怕太后着凉担待不起，也是关心太后玉体。李莲英本以为这句奉承话会换来慈禧太后的一番赞赏，不想向来对他语气温和的慈禧却一脸嗔怒："春雨贵如油，淋淋心里痛快!"

李莲英这下彻底晕了，今天这是怎么啦，老说不到点子上，心中不由一阵郁闷，只好向那些太监发脾气，以排解自身的烦恼。

慈禧喜好在雨中独自赏景，这就让李莲英有了充裕的时间独自去发呆。慈禧在雨中赏景一时兴起，要找李莲英说道说道，却看见李莲英呆立在雨中，任凭雨水夹杂着泪水顺着脸颊流下。慈禧以为李莲英受不了自己的责骂在一旁生闷气，就连忙走过去安慰他说，不要因为她一时说几句就想不开。

李莲英见慈禧对自己这般照顾，知道慈禧对自己还是比较信任的，心中不免一阵感动。他趁机向慈禧说家乡遭了水灾，自己一时恍惚，才显得魂不守舍。

慈禧这才恍然大悟，连忙询问有没有死人。慈禧是以一国之君、忧国忧民的口吻问的。李莲英见慈禧来了兴致，连忙回禀说自己并不知道具体情况，并在看似不经意间说出自己从小进宫，已经有二十多年没回家，想趁机回家看一看。

慈禧太后听了，面露为难之色。宫里的规矩她最清楚，但考虑到李莲英是自己最得意的奴才，最后还是做出决定，让李莲英大大方方地回老家一趟。

其实，李莲英等的就是这句话。得了慈禧太后的恩准，李莲英连忙谢恩，并差人给家里通信，说自己不日就要回去。然后，李莲英开始筹措回家事宜。

李莲英今非昔比，可谓衣锦还乡，决意要好好在家乡人面前表现一番。没几天工夫，他就备好了名贵的大叶蟒、多罗麻、优质棉纱、江绸等数百卷，以及貂皮、水獭皮等。这些东西除了慈禧太后赏赐的以外，更多的是他私下里收受贿赂所得。为了显示自己的与众不同，他还特别准备了只有太后、皇上才吃得到的京白米以及猴头、燕窝等东西，足足装了四大马车。

出发的日子到了，这天李莲英穿戴一新，正要招呼大家上路，忽然慈禧太后又派人来了。原来，慈禧太后听说了他出发的日子，特意赐给他两匹御马，一挂一百单八颗的碧玉朝珠。这种碧玉朝珠，只有二品以上的大臣才能佩戴，李莲英受宠若惊，连忙叩头谢恩，旋即浩浩荡荡地离开了京城。

李莲英得了慈禧的点头答应，而且自己确实想显摆一下，所以一出京城，便让人扯起了大旗，旗上写着“大清内廷副总管李”八个大字。在春风吹拂之下，旗子猎猎作响，威风八面。

几天后，李莲英一行人来到了漕河，准备搭船顺着子牙河返乡。未料想，当地知县吴义组织了众多乡民声势浩大地前来迎接，还特意为李莲英备好了太平船。这太平船船身大、空间宽敞，还用各色旗帜作为装饰，一看就是经过精心准备的。李莲英嘴上不说什么，心里暗暗称赞吴义会做事，于是口头夸赞吴义，表示以后有机会一定在慈禧面前多替他美言几句。

吴县令能得到李莲英的称赞，心里当然乐开了花，甚至决定亲自为李莲英的船拉纤。幸好李莲英还算脑子清醒，及时制止了他。

李莲英要回来的消息早就不胫而走，所以，他的船一到渡口就有很多人前来围观。子牙河两岸挤满了好奇的人。有的人对他是羡慕不已，纷纷称赞。但也有人说他不是正常人，侍卫正要拿下，李莲英却大度地表示在自己家乡不必如此，众侍卫遂作罢。

李莲英一眼就在人群中发现了白发苍苍的老娘，二人相见不免一番落泪悲伤。众人劝住，一起向家中走去。

李家早已修成一座耀眼的宅院。整个宅邸占地四十多亩，正门是九级台阶的高大门楼，门前左右两侧各有一只朝天吼的石狮子，门楣更是一派富丽堂皇。就连见惯了大场面的李莲英也禁不住感叹：

昔日天桥问子平，半生穷来半生富。

今日蟒袍佩玉带，万里鹏程喜还乡。

他的亲戚们也一个不落地赶过来凑热闹。李莲英拿出自己带来的礼物，一一分给他们，众人得了稀罕物件，对李莲英更是赞不绝口。

连日来，李府灯火通明，歌舞不绝。每日到李府问安、送礼、看热闹的人也是络绎不绝，欢声笑语，响彻云霄。

李莲英为了显示自己的财大气粗，毫不吝啬地拿出上万两银子，为村里修桥、铺路、打井、建学堂，算是为家乡人作出了表率和贡献。

李莲英在家乡每日都有听不尽的阿谀谄媚之词，算是挣足了面子。不知不觉回家已近一个月了，李莲英想想威风也耍了，阔气也摆了，该是回京的时候了。

别出心裁的李莲英知道慈禧太后的喜好，专门给她带了家乡的糜子面，慈禧太后从未尝过这等美食，觉得李莲英对她真不错，对李莲英更加恩宠有加。

投主所好，青楼学艺

李莲英能够得宠，是与他逢迎有术、善于讨好慈禧分不开的。据说慈禧太后很珍爱自己的头发，对给她梳头的太监非常挑剔。梳头太监经常挨骂，个个提心吊胆。

当时李莲英还没有受宠，他看在眼里，决心抓住这个机会，做一个让主子称心的梳头太监。

他听说京城有个叫小玉凤的妓女，堪称京城花魁，不仅吹拉弹唱无所不精，琴棋书画无所不能，而且有一手梳头的绝技。李莲英决心学到手。

但是，小玉凤所在的妓院在京城是一等一的戒备森严，一般人别说见她，就是靠近妓院都是痴心妄想。这难不倒李莲英，他扮作皇亲国戚混进妓院，对老鸨叫来的姑娘们都以各种理由回绝。不是个子太低，身材太胖，脸蛋太圆，大嘴，小眼，不好看，就是小头小脸，贼眉鼠眼，嘴里还长了颗大虎牙，令人讨厌，要么就是肤色太黑。

李莲英不是眼光高，只是他醉翁之意不在酒，就是奔着小玉凤来的。果然，老鸨见李莲英如此挑剔，就领他上了二楼，去见小玉凤。

小玉凤果然名不虚传，只见她约摸十七八，瓜子脸，柳叶眉，丹凤眼，薄嘴唇，浅酒窝，少有矫揉造作，多是清丽脱俗。尤其是她的头发更是样式独特，出类拔萃。

李莲英也被小玉凤的美颜所折服，他们谈棋艺，讲书画，古今中外，海阔天空，谈得极为投机，大有知音难觅、相见恨晚的感觉。李莲英施展宫中学来的手段，又是画画，又是写字，再加上他打起精神，把自己装扮得像一个贵家公子，小玉凤真是动了心，大有投怀送抱之势。李莲英却在这期间把小玉凤的发髻样式看了个一清二楚，况且中间又听小玉凤大讲特讲了一段“梳头经”，自认为得益匪浅，怕被小玉凤看出端倪，不敢久耽，借故退出。

李莲英掌握了京城所有的流行发式，又在其他人身上练习得得心应手，自认为已有十成把握讨得西太后欢心，才回宫拜见沈兰玉。李莲英将自己学到的技艺三分实七分虚地吹了一通，说得神乎其神。沈玉兰差点儿要跪下给他磕头，感谢他救急。当下就把如何给慈禧太后梳头的要领和如何拜见说了一遍，李莲英一一记下。

第二天一大早，沈玉兰就安排李莲英去给慈禧太后梳头。李莲英信心满满地前往宫中，毕竟是生死攸关的大事，心中免不了有些激动。

他轻轻进得门来，急忙上前叩头请安。只见慈禧太后坐在一个月牙形的梳妆台前，梳妆台极为精美，似是用紫檀木制成，飘着淡淡的木香，台上四处都雕着镂空的花纹图案，正中镶着一块大玻璃，上下左右都镶着小块的玻璃，玻璃的连接处极为紧密，如同一个整体。慈禧太后一直忙着自己梳妆，没顾得上跪在地上的李莲英。李莲英这样跪了许久，眼看膝盖都跪麻了，慈禧太后才让他起来。

慈禧太后问了一些问题，然后问他会不会梳头。李莲英底气十足地说会。接下来，自然是该梳头了。此时，有太监早已抱来紫檀香木的镂花梳妆宝盒。李莲英抖擞精神，揣摩了一下慈禧的长相。然后，他小心翼翼地破开西太后长长的青丝，用梳子轻轻地梳理。梳了一阵，又用丝棉蘸上异香的生发油和爆花水之类的东西，采用小玉凤的手势，左盘旋，右盘旋，后发撩起，端端正正地梳了一只莲花髻，又把齐眉穗分到两边，成为水鬓，梳完之后，一朵出水芙蓉跃然头上。

慈禧迫不及待地来到梳妆台前一照，只见镜中的自己在发型的衬托下端庄而典雅，这个发型梳得可真叫漂亮，远看如双凤朝阳，近看似芙蓉出水，那乌发盘髻，还有两根雕琢精细、缀着珠花的银簪斜插在后脑顶上，真是龙盘玉柱，颇有皇家风范。不仅如此，平时引以为憾的长脸在这个发型的衬托下居然也看不出来了。慈禧心花怒放，站在大镜子前左顾右盼，一会儿远看，一会儿近看，这么多天来终于有了一个满意的发型。

揽镜自顾的慈禧过了许久才发现李莲英还垂手侍立在一边，高兴地问他会多少种发型，李莲英知道自己梳的这个发型一定让慈禧太后非常满意，否则不会这么高兴。如今她这么问，自己当然要表现表现，说不定以后就会一直陪伴在她身边，就说自己会三十多种不同的样式。

慈禧听闻更加高兴，又问哪种最拿手。李莲英正好把最近学到的梳头知识显摆一番。他进一步说：“历代梳的发髻样式都不一样，风行一时的有堕马髻、灵蛇髻、门扫髻，这些发髻都各有所长。要具体说哪种好看，其实应根据具体的人而定。每个人的高矮、胖瘦、年龄大小、五官脸盘都不一样，看‘相’梳头，这样才能扬长避短，增加人的风韵。再有，季节对发式也有关系，夏季天热宜于松散，冬季天冷宜于紧凑，春天宜杨柳式，夏天宜荷花式，秋天宜菊花式，冬季宜腊梅式，各有不同。”

李莲英说得头头是道，慈禧见他对梳头有这般研究，心中十分欢喜，问他自己最适合哪一种样式。

李莲英抓住时机，连忙对慈禧阿谀奉承，说慈禧太后天庭饱满，地阁方圆，集吉祥于一体，化富贵为一身，龙形风貌，福星寿相，什么发型梳在头上都会大放异彩。一番话把慈禧吹捧得飘飘欲仙，十分畅快。

慈禧太后有意试一试李莲英的本事，假装给他立下军令状，一个月内要每天不重样给她梳头，否则小心板子。

李莲英知道这是慈禧有意要留他在身边伺候，连忙表白自己的忠心，如有重样，甘愿受罚。其实，慈禧才舍不得惩罚他，要不谁给她梳头啊!

自此李莲英每天给慈禧梳头，一回生，两回熟，熟能生巧，越梳越得心应手，越梳越美不胜收，集南北之风韵，采城乡之精华，举一反三，推陈出新，随手梳来即可成形，信口开河便成佳名。慈禧也不得不对其心窍之七巧玲珑倍感赏识。就这样，李莲英凭着一表人才的长相和梳头的本领讨得慈禧太后的欢心，终于被慈禧看中而成了梳头房中不可或缺的人物。不久，他又被慈禧提升为梳头房首领兼敬事房首领，御前近侍。自此李莲英也跻身于慈禧面前的红人之列。他预感到，飞黄腾达的梦很快就要实现了。

在与慈禧的交往中，李莲英发现慈禧反复无常，让人捉摸不定。因此，机灵的李莲英为自己立了一套规矩：其一，凡是主子喜欢的，他要尽力为之；其二，凡是主子不喜欢的，他尽力戒备之。他拿这两条规矩约束自己，无时无刻他都在心里念叨这两条规矩。更重要的是，他要让慈禧感到他李莲英是她一刻也离不开的人。要想达到这个程度，那就必须对慈禧的一切嬉笑怒骂有全盘的了解。

不仅如此，李莲英还揣摩慈禧太后的各种喜好，并尽力去讨好她的爱好。他发现慈禧太后爱听故事，就尽量搜集各种故事讲给慈禧太后听。之后，慈禧对李莲英由欣赏到器重，由器重到宠爱。手眼活络的李莲英则心领神会，更加死心塌地地为慈禧做事。

李莲英由于给懿贵妃梳头，受到了恩宠和赏赐，心中十分得意，不由地便有些骄傲自大瞧不起人来，认为自己比谁都行。他虽然不敢跟安德海等首领太监、师傅们摆架子，但对储秀宫的小太监和宫女们有些瞧不起，以为就自己行，别人都不行。

本来这些人就对李莲英的飞黄腾达不服气，现在李莲英居然还反过来欺负他们，于是他们总想找机会教训李莲英一顿。俗话说，常在河边走，难免要湿鞋。这一天终于让小太监们等到了。

一天早上，李莲英给懿贵妃梳完头退了出来，有两个小太监正陪着皇子载淳 (即同治) 玩耍。这时，载淳刚满两岁，正在学说话，但并不能表达清楚。此刻，他正在院子里跑来跑去玩得高兴。李莲英平时也常常和他扮鬼脸玩，逗他发笑。慈禧不明就里，还以为自己的儿子和李莲英有缘分呢，常常夸奖李莲英会哄小孩。

李莲英今天见到载淳，又想逗载淳喜欢，就弯下身子向载淳做了个鬼脸。他的这个动作恰好被一个叫顺成的小太监发现了，他正在照顾载淳。李莲英扮鬼脸，顺成就想栽赃李莲英。于是，他趁人不备在载淳的背后狠狠地拧了一把。平时娇生惯养的载淳怎受过这样的委屈，立刻“嗷”一声，滚倒在地上大哭起来。

皇儿一哭，这不要了慈禧的命吗？她也顾不得什么雅态雍容了，三步并作两步赶过来，连忙用手去扶，还着急地问：“怎么了？怎么了这是？”

突然发生这种变故，那些宫女、太监们都吓坏了，呼啦啦跑过来扶的扶，哄的哄，乱成了一团。也别怪这些人着慌，懿贵妃不用说，儿子是她身上掉下来的肉，更是她目前和以后母凭子贵的唯一依仗。而众宫女、太监们，小主子载淳是在储秀宫玩耍哭闹的，倘若有了一些差错，那可不得了。载淳是皇帝的独生子，是独苗。万一有个闪失，万岁爷龙颜一怒，谁也别想活。

李莲英虽然见过大场面，可也吓得不轻，还以为是自己做鬼脸把贵妃娘娘的宝贝载淳给吓哭的，便回过头来赶紧给懿贵妃跪下，承认是自己的一个鬼脸把载淳给吓哭了。他做梦也没想到众人在玩弄他，稀里糊涂成了替罪羊。

李莲英以为凭着自己几个月来给慈禧梳头建立起来的信任关系，可以轻松渡过这一关。其实，他想错了，这件事使他明白，奴才永远是奴才，与众不同的是，他是个能让主子高兴的奴才罢了。

慈禧听说是李莲英把孩子吓着了，立刻厉声呵斥他，并毫不留情地狠狠给了李莲英两个嘴巴。李莲英果然见风使舵，他挨了嘴巴，既不哭不动，也不磕头求饶。等慈禧打完后，还对慈禧对自己的教训谢恩，并劝她小心闪了手，累着自己的身子。

正好载淳看见慈禧打李莲英挺好玩，终于咧开嘴笑了。慈禧见自己儿子笑了，而且李莲英平时并无大错，气也就消了大半，但仍然警告李莲英以后不许随便和载淳玩。

别看李莲英挨了几个嘴巴，还自认万幸，那只因为贵妃娘娘没有传杖让人责打，只是亲手打了几个嘴巴而已。

安德海赶紧给主子请安认罪，因为安德海是李莲英的师傅，有教育不严之罪，故而来请罪。看在安德海的面上，慈禧没有深责。但安德海却召集太监们开了一个大会，再次强调了事情的严重性，并要大家不要掉以轻心。

载淳被吓哭的事虽然不大，却给李莲英深深地上了一课。从此，他更加小心仔细地伺候慈禧和小主子了。不仅如此，他还更加用心地揣摩慈禧的饮食起居和各种兴趣爱好，争取把握她的兴趣点，使得自己在慈禧面前合上节拍。

李莲英见安德海经常向慈禧进献一些稀奇古怪的稀罕玩意儿，以博得慈禧的欢心，就觉得自己根本无法给慈禧这么贵重的东西，让慈禧注意自己。他只有更加卖力地伺候好慈禧，才能保证自己的职位不被替代。

不仅如此，他还积极寻求各种机会向慈禧表明自己的忠心。咸丰九年 (1859 年) 中秋节的晚上，慈禧心情大好，就召集值班的大小太监和宫女，陪她在院中一起赏月，还赐给每人几块月饼，让大家吃。

其他宫女太监都千恩万谢地吃起了月饼，只有李莲英在一旁默默不说话，手里拿着月饼不吃。他的这一举动让慈禧非常纳闷，就问他为什么不吃。李莲英其实是想回家，他声泪俱下地表示自己进宫这么多年，从未回家看过父母，也很久没有喝过母亲做的玉米糁粥，心中实在想念，要把慈禧赏赐的月饼拿给父母吃，恳请慈禧同意他回家。慈禧听后非常感动，但并没有同意让他回去。其实，李莲英并不是真的要回家，而是通过一番表白试探慈禧。他知道慈禧有个习惯，就是饭后总爱喝上半碗玉米糁粥。李莲英名义上没有达到目的，其实他已经知道慈禧对他要进献玉米糁并不反对，这就足够了。

李莲英给家里捎信，要他们给他捎些玉米糁。李莲英家里也知道了他在宫里受到慈禧赏识的事，当然对此非常重视，很快就把玉米糁送到了京城。

此时虽然朝廷内外交困，但慈禧四岁的儿子载淳已经会说话了，因此慈禧常常把那些恼人的政事推到一边，心情清爽地和小儿子玩耍。李莲英见慈禧心情好，趁着梳头的机会，说他的父母从乡下捎来了一些玉米糁，想孝敬主子，不知道肯不肯赏脸，容不容带进宫来。

一来慈禧高兴，二来她本来就喜欢这东西，就点头答应了，还夸奖了李莲英几句。为表示自己的宽厚仁慈，又赏了李莲英十两银子，让他回去孝敬爹娘。这样一来，李莲英精心策划的一步棋，终于实现了。

辛酉政变，鞍前马后

清咸丰十年（1860 年）六月，英国人率舰队北犯天津，清军连连败仗，僧格林沁退守张家湾，英军继续向京城推进。京城里一片惊慌失措，朝中有人建议咸丰皇帝驾幸木兰围场，以狩猎为名，暂时避难。

这一建议立即遭到众大臣的激烈反对，搞得有意为之的咸丰也不好表态。正在此时，胜保在通州打败仗的消息又传到宫中，而且僧格林沁、瑞麟二营也不战先怯，从通州退回北京。咸丰皇帝大吃一惊，顾不得许多，立即驾幸圆明园，命端华入宫将后妃等100人护送到圆明园，其中当然少不了皇子载淳。清咸丰十年（1860年）八月十三日，咸丰皇帝又带领一行人逃离北京。

八日后，他们抵达热河避暑山庄，文武大臣多数没有随行，只有端华、肃顺，以及军机大臣景寿、穆崩等。逃离途中方才传旨到京，命恭亲王奕䜣为全权大臣，留守京师，与英人议和。

英国人很快攻入北京，放火烧了圆明园，把这座百年的建筑、宏伟的楼阁亭台彻底毁灭了。圆明园中的奇珍古玩，也被洋兵抢掠一空。咸丰皇帝听说圆明园被烧，国库也被搜刮一空，觉得无颜回京，决定留在避暑山庄。咸丰帝在热河得过且过，一挨再挨，加上看到整个江山被自己毁成这样，竟从此生起病来。挨到七月，连他自己也觉得回天无望了，便命人安排后事。

咸丰皇帝最宠幸的贵妃就是懿贵妃（后来的慈禧太后），一是因为她生了儿子，二是因她生得貌美。不过，咸丰皇帝早就看出了懿贵妃怀有野心。一旦自己死后，懿贵妃难免会母以子贵，干扰朝政。咸丰本打算效仿汉武帝赐死懿贵妃，可又怕自己的儿子载淳将来因此恨他杀其生母，便有意要废黜她，但又一时拿不定主意，就征询自己的弟弟奕䜣的意见。

没想到，慈禧早就让太监安德海留意皇帝的举动，密召奕䜣的事让他看见了。虽然他不知道谈话的内容，但也猜得八九不离十。慈禧心知不妙，深恐大祸将至。她怕安德海一个人注意不了许多，便又让李莲英暗地监视咸丰帝的动向，随时汇报。

李莲英年纪尚小，还是个孩子，进出传递消息不会引起别人的注意。李莲英不辱使命，机灵得很，暗中偷偷地窥视，却不露半点儿痕迹，很好地完成了潜伏任务。一天，咸丰密召载垣、端华、肃顺三人

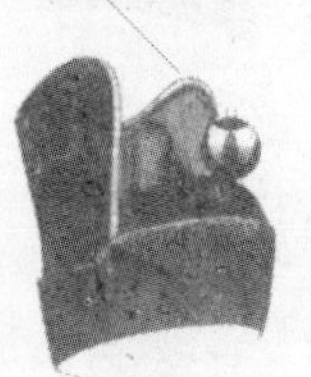

来到病榻之前，告知了密诏之意。如若在他归天之后，懿贵妃有什么不轨之事，便可请出密诏诛之。消息灵通的李莲英立即将此事告诉了懿贵妃。

气急败坏的懿贵妃因此对咸丰帝和载垣、肃顺几位大臣恨之入骨，恨不得他们统统去死。当然，她对忠心耿耿的李莲英更加宠信。这就是为什么慈禧对慈安太后毕恭毕敬的原因——把柄在人家手里呀！她顾忌密诏在皇后手中，自己只要把皇后哄好了，无论什么事都拉着皇后，就不怕载垣、肃顺他们挑毛病，这也是以后两宫垂帘听政的原因。

咸丰帝在垂危之际，在众大臣面前留下遗诏，立6岁的皇子载淳为皇太子，命怡亲王载垣、郑亲王端华和军机大臣肃顺、景寿、穆荫、匡源、杜翰、焦景瀛八人为顾命八大臣，赞襄一切，并规定以后政府下诏要以“御赏”和“同道堂”两颗印章为信符，以此防止大权旁落懿贵妃（慈禧）或其他大臣手中。

咸丰十一年（1861年）七月十七日，年仅31岁的咸丰皇帝于避暑山庄烟波致爽殿内驾崩。载垣、端华、肃顷等顾命大臣即拥6岁的皇太子载淳在柩前即了尊位，这就是同治皇帝，并尊皇太后钮祜禄氏为母皇皇太后，这就是慈安皇太后，叶赫那拉氏皇太后为圣母皇太后，也就是慈禧皇太后。

鉴于6岁的同治皇帝什么都还不懂，一切政务事宜都由八大顾命大臣做主，实际上主要由载垣、端华、肃顺做主，其中又以肃顺为主。从此以后，八人遇到大事都要进宫向慈安太后咨请。慈安太后是个忠厚老实的人，实际上凡事都靠八人拿主意，之所以找慈安太后，只不过是为了最后钤印盖章而已。

慈禧眼看着自己一天天被孤立，心中当然对他们非常不满，可自己的儿子同治皇帝还小，没法指望，虽然心有不甘，也只好暂且忍了。

李莲英是慈禧最信赖的心腹，可惜只有14岁，还不能委以重任，只有安德海可以跟她拿主意。二人商量后认为，只有通过控制软弱的慈安太后，才能控制“同道堂”的大印，与八大顾命大臣抗衡。所以，慈禧太后几乎天天往慈安太后那儿跑，以姐妹相称，亲如一家。温和宽厚的慈安太后本来就心无城府，遇事没什么主意，正好慈禧天天过来看她，故而一切主意都由慈禧来拿。

这还不算，慈禧为达到干预朝政的目的，还暗中指使御史董元醇上了一封奏折，请两宫皇太后垂帘听政，其实就是她自己要参政。八大臣知道其中是慈禧捣鬼，立即以大清没有此先例为由，予以驳回。

董元醇的奏折被驳，慈禧太后当然不满，但也无法直接出来表态。还好慈禧控制了御宝，常常不予八大臣的草诏，故慈禧和八大顾命大臣之间形成了两大帮派，并长期相互争斗。肃顺为人颇有才干，颇为咸丰信任，连军机大臣都仰其鼻息，连载垣、端华都得听他的。所以，虽然慈禧控制着国宝，但行政大权仍控制在肃顺等八人手中。

权力欲望强烈的慈禧见情势对自己不利，任凭长此以往下去，自己不但无法掌握朝廷的实权，恐怕还有丧命于八大顾命大臣之手的危险。

树挪死，人挪活。她决心以慈安为突破口，利用她政治上的无知，再加上与八大顾命大臣势同水火的六王爷奕䜣，共同将八大臣除掉。

果然，不明就里的慈安太后轻松被慈禧太后哄住了，而且慈禧又以奕䜣是慈安太后的亲戚为名，劝说慈安太后命他执掌国家大事。慈安太后也觉得朝政交给自己的亲戚比较放心，于是就答应了，并全权交给慈禧去办理。

慈禧当夜就和安德海演了一出“周瑜打黄盖，一个愿打一个愿挨”，慈禧假装把安德海赶回北京，其实是让他连夜回去捎信给奕䜣，让他速去承德商量要事。

机灵的李莲英知道自己插不上手，但向主子表明忠心却是有用的。况且他也看出现在局势一片混乱，尚不明朗。他暂时打消了转换山头的想法，总是不经意间在梳头的时候表明自己的忠心，消除慈禧的怀疑。

李莲英终于以自己危难之际对慈禧太后的忠心继续赢得慈禧的信任。从此，慈禧彻底将他视为自己的心腹。慈禧听说荣禄被八大臣收买，在监视自己，但没有确切的证据，便有心敲山震虎，准备让李莲

英把他叫来，杀杀他的威风。于是，她让李莲英去找荣禄，叫他到宫里来，但一定要避过肃顺等人的耳目。

李莲英见慈禧将这么机密的事情让自己去办，知道慈禧已经将自己作为心腹，心头不免一阵热潮涌动，表示自己一定不辱使命。李莲英知道此事非同小可，所以到了荣禄住处也是一副公事公办的样子，传旨说慈禧太后要荣禄到宫中回话。

荣禄本来就心虚，如今见小小的李莲英说话一本正经，就知道不是开玩笑，因而更加心神不安。但太后召见，又不得不去，只好在路上思来想去，拿主意。

荣禄想，一边是圣母皇太后——皇上的娘；另一边是手握大权的军机大臣，况且还有两位王爷，势力也不算小。自己此时就像风箱里的老鼠，两边受气。此一去，一举一动都关联着身家性命，马虎不得。

到底应该倒向哪一边？最后，他心中一横：无论如何肃顺他们也不敢杀皇上，否则便是大逆不道，成了叛国之臣；无论如何我不能跟他们走，还是跟着慈禧太后安全。

打定主意后，荣禄心中有了底，也就不再紧张，只想着在慈禧面前表明态度，赢得她的信任。于是，他一进慈禧的寝宫，便把肃顺如何把他叫去，如何让他监视慈禧的话，都告诉了慈禧太后。最后，表示自己是一时糊涂，还望太后开恩。

慈禧禁不住倒吸一口凉气——情况比她听说的还要更复杂，不过，幸好荣禄都告诉自己了，只要小心应付，还是可以渡过难关的。何况荣禄已经表态愿意效劳，这就是说把荣禄拉到自己这边来了。当时，慈禧心中镇定了许多。但为了牢牢操控荣禄，故意一副公事公办的样子表示自己对人向来是宽容大度的。要求荣禄做双面间谍，反过来去监视肃顺等人，并赏银50两，荣禄谢恩而出。从此，肃顺等人的一言一行，都在慈禧的掌握之中。

安德海顺利地将书信送给奕䜣，奕䜣接信后日夜兼程赶往承德，这一切都没逃过肃顺等人的眼睛。肃顺等人怕其中有诈，连忙通知怡、郑二王，二人以接待的名义限制他的行动自由。只准奕䜣叩谒梓宫，却不许奕䜣晋见两宫太后。慈禧太后却让安德海把奕䜣乔装打扮入宫，商议除掉肃顺等人，并定好密计，待机而动。

慈禧在颐和园，
前为李莲英（右）和崔玉贵（左）

很快，两宫太后传旨准即日奉梓宫回京。载垣、端华、肃顺等人知道，一旦回京，自己的前途、性命堪忧，还想往后拖一拖。谁知慈禧坚持要回京，肃顺等人无法推辞，只好答应，却暗设伏兵要在半路上劫杀慈禧。

行至古北口外，肃顺安排好的侍卫刚要行动，却被李莲英的一个二踢脚为信号，引出了埋伏好的荣禄的兵丁，把太后的御辇层层保护起来。原来荣禄是奉了李莲英传达的慈禧口谕，命他听到二踢脚声响，便赶来救驾。荣禄的队伍都是御林军中的佼佼者，是从神机营中选拔的，当然比王爷的侍卫装备精良，慈禧因此幸免于难。

慈禧向来心狠手辣，尤其是对自己有仇的人。慈禧回到北京后，肃顺便身首异处，载垣、端华也被赐令自尽，其余五人发配边疆充役，八大顾命大臣顷刻间烟消云散。这就是赫赫有名的“北京政变”，也叫“辛酉政变”。自此，慈安、慈禧太后终于名正言顺地“垂帘听政”，其实主要由慈禧主政。

奕䜣“锄奸”有功，很快也升任为军机大臣领班——议政王；荣禄也升为总兵；安德海因为搬救兵有功，提升为总管太监。据说，慈禧太后称安德海为“小安子”，称李莲英为“小李子”，就是从这个时候开始的，这是一种将他们视为自己人的昵称。

打击慈安，为主立功

辛酉政变后，两宫太后垂帘听政，改年号“同治”。但慈安太后是咸丰皇帝的正宫皇后，位在慈禧之上。

按照礼法，朝纲政务，祖宗家法，都得慈安太后的一个“准”字，否则，慈禧再怎么坚持也不行，这就大大限制了慈禧的权力。不仅如此，还有几件事的发生，使得慈禧坚定了要掌握大权的决心。

据说，安德海带自己的弟弟安德河进宫，后来安德河成了慈禧的情夫。不想正在追欢取乐之时，被恭亲王奕䜣知道了，坚持要搜宫，以正皇室威严，并且取得了慈安太后的同意。慈禧知道此事难以回转，为销赃灭迹，只好忍痛把自己心爱的情夫安德河杀掉，并毁尸灭迹，逃过一劫。这样一来，她对慈安太后的仇恨就加深了一层。

再就是给同治皇帝选皇后的事。为了尽快给同治皇帝选出一个皇后，以主持后宫事务，在慈禧和慈安的主持下进行了选皇后的大礼。慈禧本来看中了凤秀的女儿，可慈安却认为崇绮的女儿更符合皇家风范，有母仪天下之德。二人又没有充足的理由去说服对方，最后只好让同治皇帝本人定夺。慈禧本以为儿子是她生的，总该和她一条心，会选凤秀的女儿做皇后。哪知同治偏偏不和她一个心眼，最终选了崇绮的女儿做皇后，这让慈禧非常伤心，心都冷了一半——连儿子都不和自己一条心，真是造化弄人。她最终认为儿子是受慈安太后的调唆，由此对二人都十分憎恶。所以，即便后来有人呈报皇帝的不轨举动她也不深究，病了之后也不急于治疗，以致一个多月便死了。

而最让慈禧难堪的是慈禧和情夫的行为让慈安抓了现行。自从安德河死后，慈禧不甘寂寞，李莲英就给她找了个姓金的情夫，谁知他们的丑行被慈安当场发现。慈禧当时羞得无地自容，这让慈安太后非常恼怒，认为慈禧败坏了皇家的威严，有损国威，立刻传来内务府的人用杖把金姓男子乱棍打死。

慈禧怕慈安太后借此机会除掉她，便跪在地上苦苦哀求，慈安太后毕竟是善良之人，叹了口气也就作罢，并没有追究和声张。慈禧既感到羞愧又放心不下，同时也恼怒慈安有意拆散她的好事，不知不觉对慈安的仇恨又有所加深。

经过几次的"情夫事件"后，慈禧再也不敢明目张胆地搞这些不得体行为，但又实在忍不住。于是，常常叫李莲英日夜陪伴，捶敲按摩，嬉戏玩乐。慈安太后闻知后，曾不止一次地严厉斥责李莲英有失体统，其实她的真正目的是让慈禧明白自己的身份，不要乱来，免得落下口舌。

慈禧太后对慈安太后恨之入骨，但因慑于遗诏的威力而不敢轻举妄动。慈禧常常派李莲英到钟粹宫请安问好、送点心等，以此博得慈安的好感与信任。慈安太后为人忠厚老实，心无城府，不知慈禧用心狡诈，还以为是对她的尊敬。其实，这是慈禧在监视慈安，等待机会。再加上李莲英是慈禧跟前得宠的太监，每次李莲英去钟粹宫，慈安太后总是对他很和气，时不时还对他有所赏赐。李莲英起初不知慈禧的真实用意，还以为慈禧是在向慈安示好，总是如实向她禀报。慈禧见无法达到目的，终于恼羞成怒，一巴掌打醒了李莲英，李莲英终于明白了慈禧的真正用心。从此，他总是昧着良心造慈安太后的谣，跪在慈禧太后的面前，声泪俱下地诉说慈安太后要谋害慈禧太后，并说要拿他先开刀等，使慈禧有了冠冕堂皇的理由除掉慈安太后。当然，搜宫、给同治选皇后等，也是慈禧太后采取行动的借口。

慈禧恨慈安，这是储秀宫人所共知的，但恨归恨，却一直无计可施：一来慈安太后是正宫，手中又拿着咸丰帝的遗诏；二来慈安太后向来做事得体，没有慈禧那些"花边新闻"，一切行动都依祖宗家法，

让慈禧难以抓住把柄。

李莲英自从明白了慈禧的真实意图，就对慈禧献计：只有把慈安太后手中的遗诏毁掉，才能彻底除去心头之患，高枕无忧。慈禧太后见李莲英这般乖巧，终于清楚了自己的烦恼所在，心底不禁一阵感动。但此事说来容易做起来难，不免有些失望：这件东西是先帝所留，而且是慈安要挟自己的紧箍咒，她又如何肯轻易毁掉呢？无论如何，李莲英能够为自己着想，已经让她稍感安慰。李莲英见慈禧确实为此事烦忧，早就有了办法。他不像慈禧那么悲观，而是胸有成竹地表示自己有个进可攻退可守的万全之策。

慈禧见李莲英这么有把握，眼里立即放出了光芒，要他赶快说出。李莲英凑到慈禧太后跟前，附耳低言了一番。慈禧太后的脸上渐渐聚拢了笑容，并告诉他，如果此事能办得干净利落，定有重赏。

没过几天，慈安太后病了，并且病得不轻，吃了不少的药总不见好。这天慈禧亲自送了药来，还亲自服侍慈安太后吃了下去，当天晚上病情就见好转。第二天，慈禧又和李莲英前去探望，慈安太后告诉慈禧，说自从吃了她送的药以后就好了。慈禧太后听了，意味深长地向李莲英望了望，正好李莲英也正在朝自己示意，二人心知肚明。

聪明的李莲英还故意装作欲言又止的神情，让慈安太后觉得其中有异，便问怎么回事。李莲英要说，慈禧假意阻止一番，不让李莲英说。慈安越发奇怪，就坚持让李莲英说出来。李莲英见时机成熟，就假惺惺地表示冒着死罪也要说出真相，接着就把早已烂熟于胸的话说了出来："圣母皇太后见母后皇太后患病多日不见好转，不仅每天夜里焚香祈祷上苍，保佑母后皇太后早日健康，还处处打听治病的方子。前几日听说人肉可以治百病，便从自己的臂上割下一块肉来，和在药内送于太后。今见太后的病果然好了，圣母皇太后也高兴得不得了，感谢老天爷自己的肉没白剜下。"说完，不等慈安、慈禧两位太后同意，就快步走到慈禧身旁，挽起慈禧的袖子，果然用白布缠着一层。

慈安太后没考虑太多，只觉得慈禧对自己真的是太好了，不由得流下了眼泪。还对慈禧表示歉意，说是自己的病连累了她。慈禧却动情地说：“姐姐说哪里话，只要姐姐的病能好，小妹吃点苦算什么？自从大行皇帝龙驭上宾，你我二人就是最亲近的人了。我见病患在你的身上，却着着实实疼在小妹的心里啊，如今姐姐大安，小妹受一点苦也是值得的。”

慈安太后心无城府，没有看出慈禧的险恶用心，觉得慈禧和自己是真的一条心，而且以往也是很听自己的，不像大行皇帝咸丰所估计的那样，于是决定对那份遗诏做个了结，便吩咐贴身丫鬟玉子去把先帝留下的那件“东西”取来。

玉子虽有所犹豫，但不得不进到内间，取出了一个用黄缎子包着的描金漆的匣子，匣子用金锁锁着，十分精致，一看就是存放重要物件的。慈安太后用一把精致的钥匙打开金锁，从里面取出慈禧朝思暮想的诏书，递给慈禧。慈禧虽然早就对这道遗诏垂涎三尺，此时几乎高兴得要跳起来，但她毕竟还是胸有城府的，一定要表现得沉稳一些，否则前功尽弃。

只见她立即起身跪在地上，连称多谢慈安的大恩大德，没有把她当做外人看，把先帝留下的这么重要的东西拿给她瞻仰。还表示自己多次犯错，幸得慈安不加罪于她，自己以后更要自我约束，处处以祖宗家法为训，多多向慈安请教。最后，为了掩饰自己，她还惺惺作态，请慈安保留此物，让它永远警醒自己不可妄为。

慈禧的这番表演也是李莲英设计的，他知道慈安太后是性情中人，见慈禧这般对自己信任，加上这么恳切的话，肯定会放弃自己的心理防线。果然，慈安最终做出了慈禧梦寐以求的举动，只见她干净利索地吩咐玉子到外面烧了遗诏。

玉子知道自己的主子向来心善，不像慈禧那般狡诈，倘若此物毁掉，慈禧必定真相毕露，到时候做出对慈安不利的举动，就没有可威慑她的武器了。但主子的话也不能不听，怎么办呢？伶俐的玉子转瞬之间想到一个办法，用一块没有文字的假遗诏代替真遗诏，烧成灰后呈给两位太后。慈禧顿时喜上眉梢，并没有什么怀疑。慈禧见目的已经达到，跟慈安太后说了一会儿闲话后就告辞回去了。

从此，慈禧觉得没了任何束缚，搬掉了头上的大山，说话行事比原来硬气了不少，渐渐不把慈安放在眼里。有事她也是抢先开口，不再顾及慈安的感受，甚至一言定音，全然没有了之前的尊敬和客气。善良的慈安见慈禧这般模样，也只好忍气吞声。

善良谨慎的玉子为什么要把遗诏换掉呢？她在一旁早就看出慈禧太后有诈。她见慈禧的臂上虽然裹着白布，也有些发红，但并没有肿胀，想来无论皇宫有多么好的刀伤药，就算有镇痛的作用，但昨天割的，今天总得红肿，最快也得七天才能好利索，而慈禧举手投足间却没有任何痛苦之色。因此，玉子就留了一个心眼儿，留下了那份遗诏。

可惜玉子的这番苦心最终也没有挽救主子的性命，善良的慈安还是被李莲英和慈禧合谋害死了。

那天，达到目的的慈禧太后高兴地回了宫，就连脚步也轻快了许多。太监、宫女见慈禧如此高兴，知道自己今天不会被骂了，也都各自暗暗欢喜。

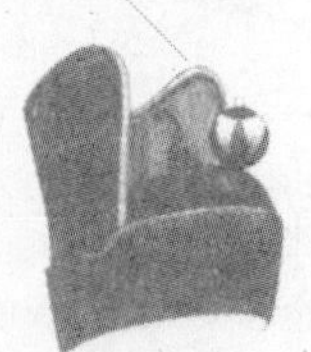

慈禧还特意把自己喜欢吃的菜赏给了李莲英几样，用晚膳的时候，她自己也比平常吃得多、吃得香，还口头承诺李莲英有了机会就提升他当大总管。

在慈禧眼中，遗诏没了就算初步实现了目标。但慈安虽然失去了约束她的“尚方宝剑”，在情理上仍然是她的姐姐。所以，她决定完全除去慈安，这样才能为所欲为，满足自己的权力欲望。可是，怎样才能除去慈安太后呢？这时，聪明的李莲英献出一计。慈禧太后听后连连点头，于是决定开始这个计划。

几天后，慈禧称病不出，御医多次用药也没有什么作用，还昭告天下广求良医，就连赫赫有名的直隶总督李鸿章、两江总督刘坤一、湖广总督李瀚章等人也纷纷推荐名医给慈禧治病，仍不见疗效。

慈禧因病不能临朝，慈安太后只好一人视朝，诸多政事需要她亲自处理。光绪七年（1881 年）三月的一个早晨，慈安召见恭亲王奕䜣、大学士左宗棠、尚书王文韶、协办大学士李鸿章等人议事，完毕后即退朝。约到傍晚时分，内廷忽然传出慈安太后暴崩的消息。

朝中官员非常震惊，这个消息太突然了，没有人知道原因，之前也没有任何征兆。而且上朝的时候还好好的，怎会轻易就崩逝？但事关宫中太后逝世，谁也不敢乱言，众大臣只能相望达意，谁也不敢明说。众大臣速速进宫，只见慈安太后已经小殓。慈禧太后坐在矮凳上，并不像有病的样子，只淡淡地表示，向来身体康健的东太后近日并未有什么异常发生，如今却忽然崩逝，实在是出人意料。她既然这样表示，众大臣也就不好再多嘴，只能捶胸顿足表示难过。

这时，只见慈安太后的贴身宫女玉子形容憔悴地跑了出来，张口就要向恭亲王求救。李莲英知道玉子此时出来喊冤，定是有把握才这么做的，而且肯定对慈禧不利。于是，他三步并作两步赶了过去，一手抓住她的头发，一手掩住她的嘴。

慈禧太后也发现了这一紧急情况，立即借口玉子是个不知深浅的无知奴才，竟敢搅闹朝议，命人乱棍打死。

李莲英当然知道慈禧的意思，二话不说就奉旨而去。慈禧太后怕众人将注意力放到自己身上，于是接着传谕道："人死不能复生，众人也不必太过悲伤，你等还是快些出去商议后事去吧!"左宗棠本想开口，因见惇王、恭王、醇王、孚王等低头无言而出，心想：这些宗室王公大臣都要忍气吞声，不肯出来说句公道话，自己作为一个汉臣，恐怕也是多说无益。于是他暗暗叹了一口气，也闷闷而出。

在宫门口，恰好遇上李莲英从外面急匆匆入宫，隐隐约约听得李莲英像是在向慈禧太后回奏处死玉子的事情，好像从她身上搜出了一件东西……李莲英的声音很低，左宗棠实在难以听清。其实，左宗棠没有听错，李莲英就是搜出了那份能置慈禧于死地的遗诏。

其实，玉子暗自庆幸自己当年保存了这个遗诏，本想向恭亲王等王公大臣献出此物，以表明慈禧之罪恶，不想却被聪明的李莲英识破，果断采取措施，迅速掩盖了这件事。即便这样，慈禧太后见到那份遗诏，仍然十分后怕，暗自庆幸自己运气好，对李莲英的临危不惧和冷静处理更是大为赞赏。因此，慈禧对李莲英更加信任，更加言听计从了。

众大臣虽然都心中犯嘀咕，但毕竟没有表露出来。那么，慈安太后到底是怎样死的？

其实，这里面有一个只有慈禧太后和李莲英才知道的大阴谋。别人是不清楚的，所以也就造成了“死因不明”的结果。《清宫史略》一书上也记载有这样的话：“光绪七年（1881年）三月，慈安太后崩于钟粹宫，死因不明。”

其实，慈安是被慈禧和李莲英做了手脚后才暴毙而死的。一般认为，慈安太后是吃了放有毒药的点心后暴崩的，而实际上却并非这么简单。

北京城外有一座紫云观，观主姓乐名桓，是河北河间人。一次偶然的机会，他和李莲英攀上了乡亲关系。此人对中药有相当的研究，会配各种不同的方剂，并以此博得李莲英的信任。乐桓曾向李莲英推荐了一种可以令人断肠而死的春药，李莲英对此印象深刻。

慈禧决意要除掉慈安的时候，李莲英趁机把这个药告诉慈禧。慈禧觉得此药是解决慈安太后的最佳毒药，于是让乐桓立即配制，并告诉他一定不要留下痕迹，并许诺事成之后有重赏。

乐桓听说慈禧要赏他，当下把药制好，很快交给李莲英，然后美滋滋地等着封赏。

李莲英拿到药后，便准备给慈安下毒。他知道慈安最喜欢吃果饼，当下命人用上等枣泥、蜂蜜等原料制成了香甜可口的果饼，专等慈安的到来。

有一天，慈安太后前来探望慈禧的病情。慈禧在软榻上拥被而坐，以示对慈安的尊敬，随后命人将果饼取出放在几案上。

慈安对慈禧嘘寒问暖，慈禧表示感谢，并说自己最近胃口一直不好，幸亏吃了果饼才胃口大开。慈安本来喜欢吃果饼，就是平常出来，也时常由她的贴身宫女秋菊捧着果盒，随时取食。现在听说慈禧在病中也得益于果饼，眼睛不由得向果盒打量。慈禧见慈安上钩了，趁机送给她一盒拿回去吃，慈安不知是计，对慈禧的体贴还表示感谢。

慈安又跟慈禧唠了一会儿嗑，劝慈禧多注意休息，就告辞回去了。

慈禧和李莲英见慈安这么容易就上钩了，禁不住相对而笑。

在养心殿，慈安太后处理了几件事，便感到内心一阵阵发热，喉咙干涩，血液流动加速。有一名太监过来，慈安在药力的作用下竟然把他认作咸丰皇帝，禁不住朝那太监下拜，吓得这个太监张皇失措，赶紧跪倒叩头。幸好玉子及时赶到，大声呼喊太后。经过玉子的疾声呼唤，她猛然清醒，并令人速传太医。玉子则招呼几名宫女将慈安扶进了内寝歇息，谁知此药后劲刚猛，不久慈安就不省人事、撒手人寰了。

早就料到结果的慈禧正好进来，并很快将玉子和秋菊，以及伺候慈安的几个宫女一起诛杀，就连那个去叫太医的太监也都失踪了。

慈安太后就这么不明不白地死了，虽然没被人抓住把柄，但人们都认为是慈禧的主意，至少李莲英是出了力的。只是碍于当时慈禧只手遮天，没人敢追查罢了。

本来清廷有规定，不能让太监做二品官的，但李莲英却是个例外，他最后做了二品顶戴花翎总管。他是如何做到这一点的呢？

唐益年先生在《总管太监李莲英的宠辱一生》一文中有着详细的记载。看了这个记载，许多事情就一目了然，也揭开了不少谜底：

同治七年（1868 年）七月，安德海被赏七品顶戴，而李莲英刚刚得到八品顶戴，两个月后，安德海就被赏六品顶戴蓝翎。不过，安德海很快因少年得志，狂妄恃宠，不能自重，终以违背祖制，擅离京师私逃之罪，于同治八年（1869 年）八月初七被山东巡抚丁宝桢在济南正法。

但是，李莲英也并不像民间传说的那样，迅速取代了安德海的位置，而是遭到了安德海一案的拖累，和全宫所有的有官职太监一起受到罚俸处分。一个月后，当其他太监陆续被解除处分之际，他又因“滑懒不当差”被革去八品顶戴及钱粮，直到十二月才被解除处分，并恢复八品顶戴及钱粮。这一时期，李莲英并没有得到慈禧太后的格外青睐和赏识。

李莲英毕竟是一个十分聪明灵巧的人，正如墓志碑文中所说“聪

颖有大过人者”那样，他很快就通过安德海的遭遇弄清楚一个问题，就是如何摆正主子和奴才之间的关系。安德海是由于过分恃才邀宠而送掉了性命，这个惨痛的教训，被李莲英牢牢地记在心里。因此，他不仅学会了揣测主子的心理性格、习惯爱好，能够千方百计地讨好主子，同时还能时时处处谨慎小心。“事上以敬，事下以宽，如是有年，未尝稍懈。”这正是李莲英继安德海之后的成功秘诀。

同治十一年（1872年）起，李莲英经过多年的蓄积和隐忍，终于迎来了爆发期，就在这年的九月二十一日，他被赏六品顶戴花翎，食“月薪银”八两五钱。

从同治十三年（1874年）起，李莲英的官运开始发力。在这年的三月三十日，他被任命为储秀宫掌案首领太监。你也许并不感到惊讶，因为毕竟李莲英已经进宫17年。但按清宫旧制，太监进宫服役满30年没有大过失者，才能选补首领太监，并且还需要有两个首领以上太监推荐或担保。从中足见宫中对这一位置的重视，也可看出慈禧太后对李莲英的恩眷之深。同年九月十五日，李莲英又被赏四品顶戴花翎，十一月十二日，又被加赏貂皮马褂。

光绪五年（1879年）十二月二十八日，31岁的李莲英被任命为储秀宫四品花翎总管，月薪二十两；光绪十年（1884年）十月初一，赏银三十八两月薪；光绪十六年（1890年）六月十七日，再奉旨加添银十两，共食月薪银四十八两；光绪二十年（1894年）正月初一，被赏二品顶戴花翎。至此，李莲英的升迁之路暂告一段落。不是他的运气到了头，而是他的官职已经到了头，连慈禧也不知道要给他什么职位好了。

从同治十一年（1872年）起到光绪二十年（1894年）止，在20多年间，他从一个普通的八品太监，一路升为二品花翎总管，用现在的话说，他这是坐了直升机，其他人是无法与之相比的。

由于慈禧太后赏识的原因，即使是在他的官职比别的太监小的时候，他也总是可以获得更多的尊敬。不仅如此，慈禧对他的赏赐也总是比别人优厚得多。光绪七年（1881年）十二月，李莲英就收到了大荷包三双、小荷包六个、一两重银锞六个、五钱重银锞六个的赏赐。类似这样的情况在这一时期是数不胜数的。

光绪二十年（1894年）李莲英被赏给二品顶戴花翎以后，马上就成为朝中大臣、市井百姓的关注热点。人们认为，把一个刑余之人晋升到与朝廷大员等同的位置，是对众大臣的侮辱和轻蔑。其实，二品顶戴花翎总管是不能与朝廷官员混为一谈的。唐益年先生曾有过这样的论述：

朝廷中宗室王公均为天潢一脉，有着高贵的血统及崇隆的政治地位；而各级文武大臣或正途出身（科举考试），或军功，或世袭，无论他们出身如何，都已置身于国家政治活动之中，是对国家政治有发言权并且行使管理权的统治集团成员之一。相反，对于太监来说，无论总管还是首领，他们的政治地位根本无法与那些朝臣相比，实际上，太监官职品级，并不属于国家官员范畴，他们只不过是皇室私家奴仆的首领，职权范围也仅限于宫闱之中。

虽然慈禧太后对李莲英恩宠有加，但毕竟慈禧太后也有自己的分寸，不会无限度地宠着李莲英。光绪六年（1880年），李莲英做错了差务被摘去顶戴，并罚银六个月。光绪九年（1883年）七月，李莲英本人因犯有失察过错而自罚月银一年。光绪十一年（1885年）十二月，又因失察本处首领误班而被罚月银六个月。从光绪十二年（1886年）的正月起，敬事房按月收到李莲英交来六个月的罚银计204两。这样看来，慈禧还是一个有手段、有心计的政治人物。李莲英之所以能受到她的青睐，看来真的是认准了她的脾性，获得了她的信任。至于那些惩罚，多半是掩人耳目吧？无论如何，李莲英在三十岁出头就坐上大总管的位子已经说明了一切。

光绪大婚，乘机捞钱

慈禧太后颁布训政旨后，本想趁着光绪帝还小再训政几年，然后再完全归政于光绪皇帝。可是，很快就有大臣奏请光绪赶快完婚，以便早日生下龙子。慈禧太后没办法，只好张罗着为光绪选皇后。

李莲英为了稳固自己的位子，主动要求让慈禧照顾她的弟弟桂祥的女儿，慈禧也心知肚明，同时陕甘总督裕泰的儿子长叙也有一双女儿颇为出众。除此之外，江西巡抚德馨的两个女儿也很有竞争力。

果不其然，在 96 名秀女中被选中 36 个，除桂祥的女儿外，还有长叙、德馨家的两双姊妹花。光绪其实最中意江西巡抚德馨的两个女儿，至于桂祥的女儿，要不是慈禧太后的面子，早就刷下去了。慈禧的这个内侄女，姿色实在太平庸了。反观江西巡抚德馨的两个女儿，不但姿态优雅，而且漂亮绝伦，尤其是二小姐，更是倾国倾城之色，光绪帝最为中意。选出的 8 名秀女，还要在宫中经过仔细考察。桂祥的女儿住在慈禧太后，也就是姑母宫里，这当然是想给人一种信号——我与众不同，你们都别跟我争。

光绪帝也感到万分苦恼，因为他知道，慈禧太后之所以高调捧她的内侄女，就是要光绪选她为皇后，以便在他身边安插一个最大的亲信。但光绪帝只想让江西巡抚的二女儿做皇后，真是矛盾。光绪帝将自己的烦恼跟他的老师翁同龢说了。翁同龢知道光绪帝不喜欢慈禧太后的内侄女，但却坚定地让他按照慈禧的意思选这个内侄女，这是为了以后的亲政、重振清朝雄风着想，否则帝位不保。

光绪皇帝大婚

光绪帝却坚持要选自己中意的人做皇后，否则生不如死。翁同龢劝他不要意气用事，一定要见机行事。立后的日子很快就到了，光绪又经过一轮筛选，只剩下桂祥的女儿、德馨和长叙的一对姐妹。就在要定最后人选的时候，慈禧太后来了，光绪连忙迎驾，并让慈禧为自己选皇后。慈禧却大度地表示皇帝应该自己来选，并赐了一柄玉如意作为未来皇后的见面礼，看中谁就交给她。光绪等的就是慈禧这句话。只见光绪拿着玉如意走向等待命运选择的秀女。光绪也在选择，按照他自己的想法，他真的想把玉如意交到江西巡抚二女儿手中。可他回望慈禧时，却看到了愤怒的眼光，只见慈禧太后脸色发青，双唇紧闭，光绪可以明显感觉到慈禧正在给他暗示，要他选择自己的内侄女。光绪帝很不情愿地把玉如意递给了慈禧的内侄女——桂祥的女儿叶赫那拉氏，之后就默默地走到御案旁边，脸上没有一丝笑容。

李莲英和慈禧太后终于松了一口气。尤其看到光绪不想选叶赫那拉氏时，李莲英急得差点要叫了出来，如果皇帝不顾一切地按照他自己的意思把如意给了其他人，慈禧太后肯定会非常生气，而自己这个出主意的人也不会有好结果。不过，他还意识到更进一步的问题：皇帝已经开始有了自己的想法并有意努力实施，再也不是那个任人控制的小孩子了。

最生气的是慈禧，通过这件事，她觉得皇帝长大了，已不想再被自己玩弄于股掌之上，这是再清楚不过的。出现今天这惊险一幕，慈禧也没心情接受众人的道贺，便在李莲英的引导下起驾回宫了。

慈禧太后强迫光绪帝按自己的意思立了自己的内侄女为皇后，在光绪帝身边安插了一个最大的耳目，认为终于可以放心地为光绪帝举行大婚。按规矩，皇帝大婚之后就要亲政，皇帝亲政就意味着慈禧太后要失去权力，她觉得自己不能不对这个问题好好地考虑一下。至于大婚问题，反正皇后是自己的内侄女，自己操心不操心也无所谓了，于是便把李莲英找了过来。

李莲英最近正得意忘形，自己的立后主意虽然经历了波折，但总算没坏什么大事，最终老佛爷的内侄女为后。慈禧以后就可以随时知晓光绪帝的动向，这对她是一个绝大的优势。自己若能成为皇帝大婚的经办人，钱财必定会滚滚而来。

现在慈禧问他该怎么做，李莲英当然想大操大办，这样才能捞钱更多，但又不能直说。他就以保持皇家威仪和大气为由，建议慈禧应该隆重举办皇帝的大婚仪式。

慈禧太后就想显示皇家威仪，于是决定大办，但又苦于经费不足，因为此时中法战争刚刚结束，国家财政吃紧。不过，这难不倒李莲英，对此他得心应手，建议慈禧令各省报效，到时候各省官员还不得削尖了脑袋给皇宫送财送物。

慈禧见李莲英对此熟门熟路，就把主持大婚仪式的经办人一职让李莲英来担任，李莲英欣喜不已。

光绪帝的老师翁同龢是户部尚书，给各省分派了任务，其中湖南分得 30 万两。湖南巡抚汪祺祥又把任务增加到 45 万两，因为他听说这次皇帝大婚的经办人是李莲英，多征的 15 万两拿出 10 万两贿赂李莲英，为自己谋个好前程。

李莲英自从成了大婚的经办人，立刻成了大忙人，到处去采购礼品，当然从中捞了不少好处，常常是花了 20 万两银子却报称 35 万两，搜刮钱财到了丧心病狂的地步。

湖南巡抚汪祺祥匆匆忙忙赶到京城，给李莲英送上10万两白银。李莲英欣然接受，并夸他会办事，告诉他自己一定找机会在慈禧太后面前为他美言几句。

经过一段时间的筹备，各种礼品和所用物品都置办妥当。正月二十四，开始将皇后的妆奁运到皇宫。一里多长的队伍，由东城方家园——皇后的娘家，迤逦至东华门、协和门、后左门，到达乾清宫。仅此一项，就花了足足两天时间。

正月二十六日，便是宣岗奉迎皇后之日。一大早就百官齐集。午正三刻，皇帝在太和殿升座，在一片喜气洋洋的气氛中，文武百官行了三跪九叩首的大礼，然后由礼部官员宣读册封皇后的诏书。等皇帝回宫后，随即护送皇后由方家园经史家胡同、东太街、长安牌楼、兵郭街、东江米巷进大清门。这时，午门的景阳钟钟声大作，声震九城。天子脚下的百姓都知道皇后进宫了。

就在光绪皇帝大婚紧锣密鼓的同时，还有慈禧太后向皇帝归政的问题。相较于能获得多少金银财宝，李莲英更加注重自己的前途。于是，他抽空去问了一下慈禧太后关于归政的打算。

慈禧太后对自己“退休”后的生活并没有特别要求，只需设个祭坛或者建一座祠堂即可。李莲英不失时机地称赞慈禧太后不仅恩德惠及天下，而且心胸宽广，实在是国家的一大荣幸。

趁着慈禧太后高兴，李莲英趁机提及湖南有个巡抚汪祺祥在湖南做得不错，人特别谦虚，政绩也不错，建议慈禧太后褒奖一番。慈禧太后于是有心在归政前通令嘉奖他。这天，慈禧太后召见军机，光绪皇帝也在场。慈禧太后回顾自己垂帘听政了二十多年，表示有些人为国家出了力，自己却还没有对他们进行奖赏。如今就要功成身退了，要给他们有个交代。光绪知道慈禧这是要提拔官员，为自己留下好名声，就建议她开出一个单子，一并褒奖。慈禧太后于是就重点提到了几个人，一个是醇亲王，一个是恭亲王。另外，还有为国建功的曾国藩、左宗棠（此时二人均已去世)。除此之外，慈禧还特别提出了湖南巡抚汪祺祥，称他在任上做得很好，也应该褒奖。

朝中大臣都知道汪祺祥在湖南民愤极大，却无人敢出来反对——反正又不关我事。慈禧太后说完这些，其余的就让军机处自行裁夺。

军机大臣世铎与同僚商议着开了一张三百多人的单子，其中包括醇亲王、僧王、头品顶戴花翎的总税务司赫德。另外，还有现任及前任军机大臣，现任及前任军机章京，各国驻京公使，殉难的将帅及一二品大员等。生者加官晋爵，赏赐珍物；死者或建祠堂，或赐祭坛，完全体现了慈禧太后的神恩广泽。

慈禧太后一切准备就绪以后，便于二月初三在太和殿为光绪皇帝举行了正式"亲政"典礼。

光绪当然要谦虚一下，表示自己有些大事还要向慈禧问政。慈禧见光绪如此谨慎，心中大安，就即刻起驾去了颐和园，临行前又嘱咐他要分清"君君臣臣父父子子"，凡事要学会果断处理。

光绪帝告别慈禧太后，然后急匆匆来到太和殿。刚在御座上坐稳，午时的钟声便已经敲响了。于是，由军机大臣世铎向百官宣读亲政诏书，然后光绪皇帝便在众王公大臣"吾皇万岁、万岁、万万岁"的山摇地动般的呼声中正式亲政了。

光绪皇帝听信康有为之言，实行变法，维新派与守旧派展开了搏斗。光绪皇帝罢了守旧派文悌的官，文悌乞求怀塔布到颐和园求救。慈禧虽然没有对此事表态，但却命令光绪速速斥逐翁同龢。光绪皇帝没办法，只得把翁同龢开缺回籍。

其实，慈禧太后的这种行为是受了李莲英的提醒和建议，让光绪皇帝身边失去一个出谋划策的人。紧接着，慈禧太后又特降懿旨，令荣禄为直隶总督、裕禄任军机处行走。光绪皇帝不得不按照慈禧的意思办。但他心有不甘，暗中察访得知是怀塔布从中作梗。光绪龙颜大怒，立刻下旨把礼部尚书怀塔布、许应骙，及侍郎壁岫、徐会沣、溥颐、曾广汶六人一律免职。

守旧党大为震惊，立即通过李莲英请求慈禧太后重新执政。慈禧太后表面上不动声色，暗地里却积极准备力量进行反扑，免得变法改了老祖宗的东西。

维新党由于得到光绪皇帝的支持，一时间声势非常浩大。他们的一项改革触犯了李莲英的利益，维新党人要求光绪帝罢斥太监。光绪帝本来对李莲英就恨之入骨，若维新党的要求得到应答，李莲英肯定没有好下场。因此，李莲英担心万一维新党人成了气候，自己必然性命难保，于是向慈禧极力哭诉光绪帝支持康有为等人欲图谋不轨，恐怕要对慈禧太后不利。

慈禧太后恐怕维新党对自己不利，也非常痛恨他们。于是，她按照李莲英的计谋，准备以荣禄请求光绪去天津检阅水军为名暂时将光绪调出京城，然后便宜行事。光绪对慈禧之命，当然不敢不遵。但觉得其中有问题，就传召康有为、杨锐、刘光第、林旭、谭嗣同等一班维新人物到勤政殿商议。康有为分析利弊后认为，这是一个诱骗皇帝出京的骗局，恳请光绪不要轻易出京。

光绪帝制止康有为继续说下去，康有为也明白光绪帝的意思——宫中耳目众多，谈论过多难免会泄密。于是，康有为等人商议出宫密议后再作打算。最后，他们也采取了和守旧派一样的策略，就是先派人在天津把荣禄除掉，再迅速调陆军万人，星夜入城围住颐和园，除掉李莲英；然后把慈禧太后圈禁西苑，令其颐养天年，不再过问政事。这样一来，光绪帝的维新运动才能得以继续实施。商定之后，康有为入宫报于光绪帝。光绪思之再三，觉得康有为的话虽有道理，但却缺乏实际可操作性：兵哪里来，谁去杀荣禄？派去的人可不可靠？这些都是问题，可又别无良策，只好令康有为先退下。

光绪皇帝想来想去，觉得康有为的办法虽然好，可惜京畿之内的兵都掌握在荣禄手中，因而不可轻举妄动。除非先夺荣禄的兵权，否则难以成事。光绪思来想去，无法确定派哪个胆大心细的人去执行这一策略。

恰在此时，直隶按察使袁世凯入京觐见。光绪立刻眼前一亮：此人当年在朝鲜带头攻打王宫，定是自己寻找的胆大心细之人。光绪喜出望外，立刻召见。

光绪虽然急于把重任交给他，但他也不是三岁顽童，当然会先试探袁世凯对维新变法的态度，于是问他对新政有什么看法。袁世凯是个八面玲珑、极会见风使舵之人，向来知道光绪皇帝有意推新政，便顺着光绪帝的意思讲。袁世凯吹捧光绪是有为之君，大清欲图自强，必须实行新政。他还以邻邦日本作例子，说日本自明治维新以来，发展良好，不久即成为世界强国。倘若新政在国内兴起，凭借国内地大物博，必将很快发展成为世界强国。

光绪帝被袁世凯说得有些飘飘然了，认为袁世凯是支持维新的，于是又问他是否愿意听自己调遣，带领军队去刺杀荣禄。袁世凯虽然没有想到光绪会让他去刺杀荣禄，但觉得自己的机会来了，连忙下跪表示自己定会尽心竭力报答光绪厚恩，只要一息尚存，必定为光绪尽力。光绪闻言大喜，很快降谕：

现在练兵紧要，直隶按察使袁世凯，办事勤奋，校练认真，着不缺以侍郎候补，责成专办练兵事务，所有应办事宜，着随时具奏。当此时局艰难，修明武备，实为第一要务。袁世凯当勉益加勉，切实讲求训练，用心朝廷整饬戎行之圣意。钦此。

惊恐万分的守旧派见了此谕，连忙报于慈禧。其实，宫廷内外遍布李莲英心腹，就是他们不报，慈禧对康有为、袁世凯入宫也都了然于胸，只是不知道康有为要图谋颐和园。慈禧曾要求凡二品以上官授任，当亲往太后处谢恩。此次袁世凯擢任侍郎，官居从二品，理应面见太后谢恩。袁世凯到颐和园谢恩时，慈禧立即召见，细问上殿时的话，袁世凯一一回答。慈禧太后嘱咐袁世凯不要操之过急，上了光绪的当。李莲英也在他退出后，嘱咐他小心光绪帝有什么阴谋。

八月初五，袁世凯请训往天津。光绪在乾清宫召见，支走所有人，秘密嘱咐袁世凯到天津后，立即带兵捉杀荣禄，然后马不停蹄回京围住颐和园，控制慈禧太后。同时，许诺他事成之后，直接任命为直隶总督，还赐给他大内令箭一支作为凭据。袁世凯这才想起慈禧太后跟自己说的话，心中大吃一惊。其实，他是个墙头草，谁强就跟谁混饭吃。光绪帝势力弱小，大权仍然在慈禧太后手中，他不敢冒险杀荣禄，来换取不确定的直隶总督。所以，他决定出卖光绪帝，把一切都告诉荣禄。但为了稳住光绪帝，他镇定地领旨退出了。

袁世凯退出后当即乘火车去了天津，然后去荣禄府上和盘将光绪的计划说出。荣禄大惊，当天就返京去了颐和园面见慈禧太后，把袁世凯的话又说了一遍。慈禧直到当时还不能确定是否真有此事，直到荣禄拿出令箭。慈禧见确实是大内之物，才知道向来胆小懦弱的光绪真的要除掉她。

李莲英也吓坏了，连忙下跪请求慈禧太后立即采取行动，否则后果将不堪设想。惊恐未定的慈禧太后连忙命荣禄速召满族亲贵，守旧派人物世铎、刚毅、怀塔布、许应骏等人。不多时，众人来到慈禧太后面前，黑压压跪了一片，叩请慈禧太后速出训政，挽救局势。

慈禧太后立即命令荣禄速回天津带兵入京。谁知荣禄早就让官兵启程，已经抵达京师。慈禧赞扬荣禄有先见之明，命他立刻将紫禁城侍卫一律调出，换成荣禄的亲信，并去天津截住康有为的同党，以免逃脱。荣禄奉命而去。

在慈禧召开秘密会议的时候，碰巧被一个姓孙的太监获知消息。这个小太监素来被光绪帝信任，于是连忙赶回皇宫，向光绪帝禀报了情况。光绪帝才知道袁世凯出卖了自己。现在事已泄露，他首先想到的是康有为处于危险之中，便立刻草拟一份谕旨，命人送给康有为。康有为接到光绪的亲笔，知道计划失败，急忙化装乘火车到了塘沽，然后登船去了上海。等荣禄赶到天津时，康有为早就逃走了。

第二天，慈禧太后传旨在西苑召见光绪皇帝。光绪帝知道这是慈禧要来算账，但也不得不去。太监引导光绪帝来到西苑，李莲英早就领着一帮人等着，见到光绪帝，不由分说，簇拥着光绪帝上船，直达瀛台。从此，光绪帝就被囚禁在那，大权又被慈禧收回。

很快，慈禧太后领着皇后、珍妃等人到了瀛台。光绪慌忙跪迎慈禧太后。慈禧太后一边数落光绪的不是，一边称大臣们都要求她出来训政，言语之间似乎有即行废主之意。

珍妃害怕光绪被废黜，出来求情，却被慈禧怒斥不配出来讲话。

珍妃一时情急，就大着胆子说慈禧太后不能随意废黜一国之君。慈禧见珍妃竟敢挑战她的权威，一怒之下便将她囚禁起来。

慈禧太后余怒未消，还在申斥跪在地上的光绪，被一旁的李莲英劝住。临走之前，令皇后留在光绪这里，监视光绪的行动。

慈禧回宫后，下令迅速逮捕维新党人，很快就拿住了杨深秀、谭嗣同、杨锐、林旭、刘光第、康广仁六人，这就是赫赫有名的“戊戌六君子”。只有康有为、梁启超避走海外，未被捉拿。谭嗣同、杨深秀等人慷慨就义。

光绪皇帝自此被囚禁于中南海瀛台，形同废黜。

庚子拳乱，慈禧西逃

慈禧太后在“百日维新”后没有立即废掉光绪，而是将他囚禁起来，另立溥俊为大阿哥，溥俊是端王载漪的儿子。后来，考虑到各国的态度，只好作罢。

此时的朝廷，官场腐败，政治软弱，清朝慑于洋人的坚船利炮，政治上步步退守，常常割地赔款，弄得民不聊生。全国各地的失地农民纷纷揭竿而起，其中影响最大的是义和团。不仅如此，就连各国的传教士也打着传教的名义伺机到各地进行破坏活动。

朝廷对这样明目张胆的活动当然不会坐视不管，但因为实力不济，无法一一剪除，眼光短浅、腐败无能的清政府对此也只好忍气吞声。法国天主教神父梁宗明与当地教民王志尊等人率领教民三四十人，将冠县梨园屯的玉皇庙拆掉，砸了神像，并要在原地修天主教堂。当地

18个村的老百姓见洋人如此蛮横无理当然不服气，于是推选文生王世昌、姜志亮等6人到冠县府告状。冠县知县明知道理在老百姓一边，可因为惧怕洋人，最后判教民赢，还把王世昌的生员身份革除。这6人不服，又告到府里，府里也是不想接手这个烫手的山芋，这6人又告到省里，省里也是一样的态度。官司打了两年，结果还是教民赢。老百姓看清了官府的真面目，见官府怕洋人如虎，遂决定以武力护庙。由阎书勤、高元祥等18个人带头，组织了一个护庙会，以此对抗那些天主教的教民。

威县城东30里的沙柳案村，有一个武师系梅花拳的传人，姓赵，名三多，字老祝，为人慷慨义气，喜欢打抱不平。他有徒弟两千多人，这还不算他的师兄弟和徒孙辈，形成了一股很大的势力。当时，国内的天主教徒多是地痞无赖或失势的土豪恶霸，依仗教堂的势力，讹诈良民。赵三多看不惯，常常表示要教训他们，阎书勤等人见他颇有正义感，又有舞刀弄枪的本事，便拜赵三多为师，学些枪棒防身。

而那些教民也将他们组织私人武装的事报告了梁宗明，梁宗明又报告了官府，请求派兵镇压。官府见此事涉及洋人，立刻派去了一哨人马，驻在梨园屯。赵三多知道是冲着他来的，虽然心中非常气愤，但并不糊涂，他知道不能和装备精良的官兵硬碰硬，否则就是死路一条，为了不连累同门，便将梅花拳改为义和拳，这就是义和拳的由来。

教堂与义和拳的矛盾日益不可调和，背后其实是官府与民众利益的博弈。政府惧怕洋人，所以，最终山东巡抚张汝梅不得不派他的贴身卫队到梨园屯将玉皇庙强行拆除，这一行动严重伤害了村民的感情。赵三多忍无可忍，暗中筹划起义，并商定于光绪二十四年（1898年）八月十八举事。他们的队伍共有三千多人。他们首先在邱县常家屯与清军打了一仗，互有伤亡，不分胜负。后来，政府又调拨了大量援兵，在威县侯魏村南将拳民打败。赵三多带徒弟外出避难。

第二年春，山东巡抚毓贤出于平息事端的考虑，发了安民告示，拳民才得以回家。赵三多则活跃在冀鲁豫三省一带，由枣强到武邑，又从武邑到晋县、正定，又到沧州，到处设坛授徒。从此，这义和拳顺着大运河向北传开了，日渐兴盛。恰巧天津北乡在开挖支河时掘出一块残碑，字迹模糊，经过认真辨认，原来是一首歌谣。歌词是："这苦不算苦，二四加一五。满街红灯照，那时才算苦。"原来，义和拳有两种功夫，一种是金钟罩，是男子练的，一种是红灯照，是妇女练的，皆称可刀枪不入。

毓贤本是受了端王提携才做得山东巡抚，而且深知端王载漪因为洋人干预朝廷而不能立自己的儿子溥俊为大阿哥，所以痛恨他们。现在，自己辖区有自称刀枪不入的义和拳可以抵抗洋人的火枪利炮，于是忙不迭地飞马快报端王称："东省拳民，技术高明，不但刀兵可避，抑且枪炮不入，这是皇天庇佑大阿哥，特生此辈奇才，扶助真主。望王爷立即召集，令他们保卫宫禁，预备大阿哥即真。"

端王接到密报后欢喜得不得了，他认为慈禧太后之所以不立即废光绪而立大阿哥，主要是顾忌洋人凭借坚船利炮强行干涉。现在若得这种拳民保护，驱逐洋人可谓不费吹灰之力。到那时，大阿哥溥俊稳稳登基，自己也顺便做个太上皇。别说光绪，就连慈禧也可以一起废掉。

乐昏了头的端王也没考虑毓贤所述是否事实，当下便立即入宫告知慈禧太后，说毓贤来了密报，称有身怀异术的拳民可用。慈禧比端王要清醒些，她起初不信，并以东汉末年张角等人妖言惑众，终致天下大乱、汉室覆灭的史实来驳斥端王。

端王却不死心，一边赞扬慈禧太后明察千里，一边却坚信毓贤是忠心耿耿之臣，定然不会蒙骗朝廷。为了慎重起见，他建议招集拳民先行试验，若果有异术，再行添募，从中选择忠勇诸徒，送到内廷供奉，传授侍卫太监，以便将来消灭洋人，报仇雪恨。

慈禧太后被他说动了，但还是有些放心不下，于是征询李莲英的意见。立端王之子溥俊为大阿哥，就是载漪给李莲英送了大量的礼物促成的，而且端王知道李莲英在慈禧面前的分量，呈报慈禧之前，早就打点好了李莲英。因此，即便慈禧不征询李莲英的意见，他还要想办法为端王说话。现在既然问到他了，更要表示支持了。不过，李莲英可不是那种急于表现的人，他表现得很圆滑，对慈禧太后说：“既然端王说了，不妨让直隶总督裕禄试验一下。如其有效，可再作商量。倘若无效，立刻停止就是了，也不会有什么损失。”

慈禧听了李莲英的话，连连点头——这确实不会对朝廷有什么损失，就算没什么效果，就当培养兵士算了。于是，恩准端王前去办理。端王见慈禧点了头，立刻高兴地退出跑去军机处拟旨：饬裕禄召集拳民，编为团练，先行试办。

裕禄也是端王的亲信，遂立即行文山东，咨照毓贤。毓贤见自己的提议获得端王赏识，立刻心花怒放，很快将大队拳民送至天津，由裕禄一一试验。毓贤送到天津的人都是经过千挑万选出来的，个个身体强壮，挥拳如风，但毕竟枪炮无眼，不敢大意。

慈禧太后被端王和李莲英蒙蔽，说义和拳的拳民可用。外有亲王大臣，内有宠监，都极力劝说，慈禧太后终于相信了。于是，便命设立团练局，居住拳民，树起一面“义和团”的大旗，教习拳民。这样一来，大家都以为义和拳真的有刀枪不入的本事。由于有朝廷的支持，到光绪二十六年 (1900 年) 春，山东、直隶一带已成为拳民州县，势力发展得很快。

慈禧虽然被蒙蔽了圣听，但朝中还是有忠义之士不相信这种邪术。大学士荣禄就屡次禀报慈禧太后说义和团全系虚妄，就算有小小的灵验，也是旁门左道，万不可靠。无奈慈禧太后左右都被端王控制了，一干人等都对义和团称赞不已，势单力薄的荣禄也只能妄自喟叹。

慈禧因得了刀枪不入的义和团，顿觉腰杆子硬了许多，于是准备对洋人宣战。她首先想到的是让义和团围攻各国使馆。各国使馆一面防守，一面咨照总理衙门，严词诘问。但总理衙门已归端王载漪管理，根本无人理会他们的公文。端王还对日本使馆书记官杉山影和德国公使林德男爵被拳民杀死而喜形于色。

洋人当然不会吃哑巴亏，于是联络八国组成军队，威胁向朝廷索要大沽口炮台。端王载漪却被“胜利”冲昏了头脑，表示只要有拳民效力，多少洋人都不可怕，坚决奏请慈禧太后向八国宣战。

慈禧太后刚开始还迟疑不决，端王载漪趁机呈上伪造的外交照会，谎称要慈禧太后归政于光绪皇帝，废了大阿哥溥俊，并允许洋兵一万入京。慈禧大为恼怒，也不辨真假，立即决定向八国宣战，并下旨让众大臣第二天上朝讨论开战事宜。

第二天，在大殿上，荣禄对这种貌似儿戏的国家行为表示极力反对。慈禧却呵斥荣禄只会嘴上功夫，没有好主意对敌，荣禄听了只好叩头而出。

众军机大臣见荣禄也受到了责骂，无人敢再违逆慈禧的意思，只好异口同声地附和慈禧。光绪皇帝见慈禧太后不经过自己同意就擅做决定，实在是视祖宗社稷如儿戏，便壮着胆子替荣禄说了句话。不想慈禧身后的李莲英却狐假虎威，用恶狠狠的眼光瞪了光绪一眼，吓得光绪心头一颤，身子一抖，差点儿就从龙椅上掉下来。

眼看场面十分紧张，幸好刑部尚书赵舒翘出来解围，请求慈禧太后明发上谕，灭除内地洋人，免得各国心怀不轨，探听我国军情。

赵舒翘的这一行为不仅转移了慈禧、李莲英、载漪对光绪的愤怒，而且也给光绪救了驾。慈禧这才转怒为喜，命军机大臣斟酌复奏。

后来，兵部尚书徐用仪、户部尚书立山、吏部侍郎许景澄、内阁学士联元、太常寺卿袁昶等也都站出来表示反对：与世界各国宣战，寡不敌众，必致败绩。外侮一人，内乱随发，后患无穷。太常寺卿袁昶表示平时的外国人都平和讲理，不致干涉中国内政，并质疑照会内容的真实性。这可戳到了端王载漪和李莲英的痛处。端王载漪立刻恼羞成怒，说袁昶是汉奸，竟然替洋人说话。

慈禧命袁昶退出，没有人再站出来反对了。慈禧见目的已经达到，遂下旨命军机处颁发宣战的谕旨，电达各省，又令荣禄通知各国使臣，如愿离京，即派兵保护，妥送至天津。

两江总督刘坤一见大事不妙，便联络两广总督李鸿章、湖广总督张之洞，共同商定本辖区不与洋人开战，这就稳定了一部分局势。

很快，英、法、德、俄、美、奥、意、日八国联军开始攻打大沽口。他们共 23000 多人，日本兵最多，12000 人，俄兵次之，8000 人，意兵最少，只 50 人。不料大沽口提督罗荣光是个贪生怕死之徒，不曾与敌军接触就奔回天津，大沽口炮台失守。只剩下裕禄带着宋庆、马玉昆退守北仓。而本来受朝廷重视的义和团，也因互不统辖而无法统一调度和指挥，不仅不能和政府军互相作战，反而互相打杀，以致洋人乘隙而入。

八国联军节节胜利，乘机向北京进攻，到了廊坊又遇到义和团的抵抗，伤亡惨重，只好退回天津，伺机再进。

局势并没有像料想的那样一帆风顺，因而众大臣不敢向慈禧明奏，只有端王仗着胆子说出了实情。但众大臣仍然说北京城坚固无比，洋人是无法攻进来的。

谁知荣禄已经探知照会是端王捏造的，并禀报给了慈禧太后。慈禧太后呵斥端王大胆欺瞒朝廷，并揭穿了他的阴谋：端王只是想让他的儿子溥俊即位，他自己好监国，掌握实权。

慈禧太后真的怒了，她向来对权力极其敏感，如今端王竟敢觊觎大权，岂能不怒？慈禧警告端王小心安分，否则就家产充公，赶出京城。

端王自用事以来，从没有被慈禧太后呵斥过，第一次受到这么严厉的斥责，惊得手足无措，只好俯伏在地，一边不停地磕头，一边向慈禧身旁的李莲英求助。明哲保身的李莲英见慈禧太后真的动了怒，也就只求自保，不敢给端王求情。

李莲英在这一系列事件中真的做到了大隐隐于朝。明里处处不见他的影子，暗中却都是他在搭桥引线。正是他和端王处处勾结才得以影响慈禧做出出战的决定，以致局势一泻千里，难以收拾。

载漪出宫正好见到荣禄急急忙忙入宫。端王知道荣禄向来对自己谄媚慈禧不满，因而心中放心不下，就在外边等着探听消息。过了一个多时辰，才见到荣禄匆匆而出。早有内监向载漪密报，慈禧太后立即采取弥补措施，命荣禄讨好各国，各送重礼一份，并要他转饬庆王，前往慰问，同时命李鸿章补授直隶总督。

慈禧见如今的局势确实难以收拾，这才想起一直劝自己不要动兵

的荣禄，于是立即命人前去召见。李莲英怕端王难以面对荣禄，连忙给端王使眼色，端王才灰溜溜地起身退出。

慈禧虽然表现了低姿态，可惜并未打动联军的心，他们一直攻势不减。到了光绪二十六年 (1900 年) 七月，清军连失北仓、杨村。裕禄见局势难以逆转，自杀殉国。不久，张家湾、通州失守，八国联军直犯京城。

形势急转直下，宫中的慈禧太后后悔自己的莽撞行为，但已经难以挽回局势，只好暗自叹气。幸好荣禄提醒慈禧太后早做打算，否则，联军一进城将一发不可收拾。

不等慈禧作出决定，联军就已经推进到北京城中心，先锋队已驻扎在天坛附近。慈禧刚开始还想坚守，以免失了皇家风范，谁知大臣闻听洋人已经进京城，早就作鸟兽散。只有刚毅、赵舒翘、王文韶三位大臣还坚持侍候在身边。

慈禧见危难时刻只剩下三个忠义之臣，心中涌起无限悲凉。为了使朝廷不至于被联军控制，只好同意暂避，并命三人随行。

联军攻打甚急，很快就攻到外城。慈禧也顾不得平时的体面，当下叫宫娥取来一件蓝夏布衫穿上，又命光绪皇帝、大阿哥溥俊以及皇后、瑾妃都穿上平民服装。

一行人准备停当后就出发了。各王公大臣或骑马，或徒步，随后扈从，组成了一个奇怪的队伍。一路上大家谁也不敢大声喘气，只怕惹怒了心情不佳的慈禧太后。真是屋漏恰逢连阴雨，行至西直门时，天下起雨来。慈禧坐在轿中还没什么，可苦了李莲英和那些平时锦衣玉食的王公大臣，他们头上淋雨，脚下踩泥。但其中最伤心的却是慈禧太后，她何曾想过会落得如此下场?

队伍一路向北，路过颐和园的时候，慈禧还特意停下来小憩了一会儿。可惜现在逃命要紧，没有闲心观赏景物，稍事休息，便又匆忙起身赶路，害怕联军赶来。

在这一过程中，从京中先后赶来随驾西行的有庄亲王载勋、蒙古亲王那彦图、辅国公载泽、刚毅、赵舒翘等人，另有兵勇数千护驾。

慈禧太后如同惊弓之鸟，惶惶不可终日，但队伍中最害怕的人当属李莲英——一切依靠慈禧的金钱、地位都随着洋人进攻北京而烟消云散。

慈禧太后在西逃路上的生活可谓是她人生当中最艰难的时候，不仅仅表现在生活条件的匮乏上，更体现在她的安全方面。由于朝廷对各地起义军民采取了强硬的做法，所以，当听说慈禧外出避难的消息时，各地有不少民众都想着要把她捉住，除之而后快。

太平天国时期，北方活跃着一支反朝廷的捻军，分为东捻军和西捻军。西捻军领袖张宗禹的侄子张玉河和主帅罗立海在山东徒骇河一带作战，结果一败涂地。二人到处搜集失散的捻军弟兄，经过三十几年的苦苦追寻，无意间救下了郑亲王曾经的保镖上官锦。不仅如此，而且还找到了以前的黑龙会掌门人萨德洪，但萨德洪此时已经是大内副总管和侍卫统领。

罗立海等人和上官锦都是坚决反对朝廷的人，而萨德洪却是朝廷的坚定支持者。罗立海劝萨德洪一同前去行刺慈禧太后，为自己的兄弟报仇，萨德洪当然不同意。

罗立海不仅大骂慈禧是个老妖婆，而且怒喝萨德洪枉活 70 多岁。原来，罗立海他们当初积极抵抗洋人，却被慈禧授意下的聂士成、马玉昆等人从背后放冷枪，使他们腹背受敌，大败而逃。

萨德洪见罗立海骂慈禧和自己，立刻怒火中烧，眼看就要动手，却被匆匆赶来的端王载漪劝住："萨副总管且慢，本邸奉了太后老佛爷的懿旨，前来相劝这位罗义士。"

萨德洪见是端王载漪来了，而且还说是奉了慈禧的懿旨，于是不由自主地将身往后一撤，给端王闪开了一条路。

其实，此时的端王载漪已失去了往日的风采。一是逃离北京时走得慌忙，出门的仪仗执事都未曾带出；二是一路上寝食不保，早已疲惫不堪，再也没有了往日的威风和气度。不仅如此，因为连日的起早睡晚，吃不好饭，喝不上水，加上先前的老毛病，一直有些咳喘，还发了烧，嗓子也哑了。福无双至，祸不单行。就在这个节骨眼儿上，

慈禧给了他一件棘手的事情去办——劝退罗立海。

原来，逃亡路上的慈禧听说有人要杀她，吓得浑身颤抖，哀叹自己命运多舛——北京城来了洋兵，自己在逃难之中，带来的这些兵丁侍卫，别说不肯为自己卖命，即便有心保护自己，恐怕经过几天的连续奔波也是有心无力，而王公大臣就会钩心斗角，若要对付刺客，那更是不敢指望。

就当慈禧即将绝望的时候，脑子活络的李莲英凑到慈禧太后跟前，给她出主意说前面路上的刺客是义和团的人，端王和义和团打过多次交道，让他去和他们进行接触，肯定有效果。

慈禧在绝望中终于抓住了一棵救命的稻草，立刻把手一摆，没让李莲英往下说，而是让他快宣端王。李莲英见慈禧急于召见端王，知道是同意了自己的建议，心里比抹了蜜还甜，便到外面找到载漪，说太后召见他。

载漪这时正在独自神伤，自己一身的毛病在短短几天内爆发了，本想趁机歇一歇，没想到太后又要召见自己。他知道现在召见准没好事，提心吊胆地来到慈禧面前。

慈禧也不再计较君臣礼节，直截了当地对他说："这次刺客是义和团的散匪，而你以前和义和团打过交道，这次只要让他们退去，以前的罪过就一笔勾销，永不再提。"

端王载漪一听，知道这是一个苦差事，自己的身子骨又差，有心不去，但又不敢说，只好一个劲儿地在地上"砰砰"地磕头。

慈禧自从逃出京城后，心情一直都不好，脾气也大，尤其是见了惹起这件事的载漪，更是怒火中烧。如今见载漪不肯去，不由一股无名火冲上脑门，咬牙切齿地说："怎么！难道你想抗旨不遵吗？"

李莲英在一旁见大事不妙，眼看载漪要吃苦头，连忙出来解围，劝跪在地上的端王不要惹老佛爷生气，还是速去办理为宜。

李莲英的这一句话提醒了载漪，心想自己在这里磕头有什么用，说不定惹恼了慈禧太后还会有杀头的危险。倒不如去和刺客谈判，成功了就是大功一件；即便不成功，甚至被杀了，总归是为国尽忠，总比在这里被杀强，而且还会连累到自己的儿子，说不定大阿哥也做不成了。因此，他连忙磕头起身，遵懿旨前去劝说逆贼，并说了一些为慈禧太后和大清国尽忠的豪言壮语，令在场的人无不动容。

端王走后，李莲英怕慈禧仍然难消怒气，又反过来劝慰她。“如今，西逃在外，人心惶惶，应尽量做到少惩多奖，以免众心离散，即使众大臣一时之间行为有失偏颇，也是非常时期的反应，但对老佛爷的一片忠心还是不变的。”

慈禧见端王领旨而去，心中已经释然大半，又听李莲英说出这番诚恳的话，更体现出他的一片忠心。便连连称赞李莲英思虑周到，并要求他以后多多提及，不使众大臣有所懈怠。

端王载漪横下心来走到外边，正好见到萨德洪要与罗立海交手，便立即制止了萨德洪，壮着胆子来到罗立海面前，表明自己和义和团的关系，说明自己的来意。他说：“如今洋兵侵入京城，太后、皇上蒙尘在外，诸公应该以大局为重，多多杀洋人方为正道。”

罗立海已经被政府军伤害过多次，早就不相信他们了。他说，虽然端王以前和他们有过很好的合作，可惜清军背信弃义太多，自己不再相信他们。不仅如此，罗立海还揭穿了慈禧的阴谋——慈禧利用义和团是为了坐收渔人之利，并不是真的信任义和团，而是为了利用义和团去抵抗洋人，从而保住端王之子溥俊大阿哥的位子。

与此同时，他还表明，义和团才是真正抵抗洋人的组织，而太后到各级官员只关心自己的前途和命运，从不把百姓放在眼里，甚至为了保住自己的利益而专门帮着洋人压迫老百姓。

罗立海嘲讽端王载漪没有资格来和他谈判，要他滚回去，并说虽然载漪身为郡王，又是大阿哥的父亲，还是军机大臣的领班，但自己并不害怕，况且他这会儿就像老鼠钻到了风箱里，两头受气。

被罗立海这一通抢白和奚落，载漪气得直翻白眼，说不出话来。

萨德洪可没他那般好脾气，在一旁早就按捺不住了。他见端王气得浑身发抖，连忙上前劝他，端王载漪正好有个台阶下，无可奈何地叹息着退后了几步。

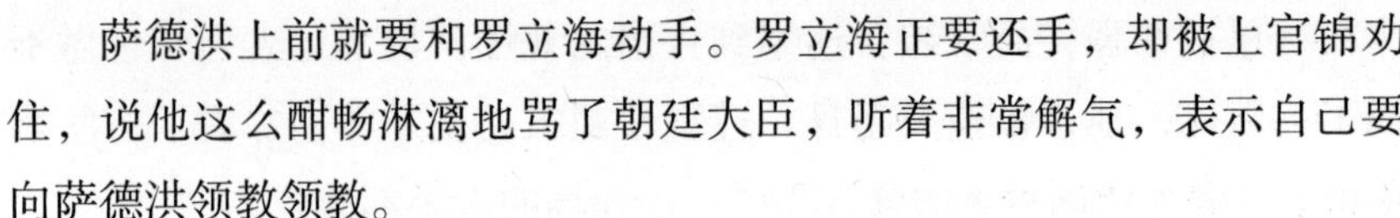

萨德洪上前就要和罗立海动手。罗立海正要还手，却被上官锦劝住，说他这么酣畅淋漓地骂了朝廷大臣，听着非常解气，表示自己要向萨德洪领教领教。

上官锦的话把萨德洪吓得不轻，他曾经和上官锦多次交手，知道他每次的进步都非常明显。但既然话已经说出口，就绝无后退之理，只好硬着头皮应战。果然，萨德洪在抵挡了一阵后，终于露出破绽，被上官锦一脚踢在腿上，当下就败了。

端王载漪见萨德洪落败，怕罗立海他们趁势围攻上来，连忙和慈禧的胞弟桂祥一齐命令暗中调来的侍卫队开枪，要把罗立海他们置于死地。侍卫一阵拉枪栓，哗啦啦山响。正当举枪瞄准之时，却被一声断喝给吓得呆住了。

原来，另一位义士张占奎趁载漪和罗立海纠缠之际控制了慈禧。眼见罗立海他们要遭殃，立即大喝一声："谁要敢放一枪，我先把这个老妖婆宰了!"他要挟慈禧和李莲英让侍卫退下。清军面面相觑，无所适从，但主子被控制，只好乖乖听话，所有的侍卫都把枪放下了。

这是慈禧入宫几十年来第一次被人如此欺侮，她吓得脸色蜡黄，浑身颤抖。张占奎本来是要慈禧太后亲自下旨让侍卫们退下，可是她吓得语无伦次，早就说不出话来了。于是，李莲英传达慈禧的懿旨，众人见是慈禧太后最宠信的太监传旨，只好纷纷把枪和大刀放在地上。

李莲英从来没见过这等局势，但见到慈禧太后被控制，只好哀求他们放过慈禧太后和自己。说慈禧太后和自己平时都居住深宫，从来都不曾得罪侠义之士。

不等李莲英把话说完，怒发冲冠的罗立海早就一步抢到慈禧面前，历数起她的罪恶：是她逼得太平天国和义和团造反；是她逼得百姓没有活路，只好卖儿卖女；外国人办教堂欺压老百姓，她却视而不见，还给外国人当起了奴才；太平军死了几百万，捻军死了几十万，慈禧太后难辞其咎。

张占奎是个急性子，让罗立海不要跟他们多费口舌，建议一刀杀了慈禧痛快。见他们要杀慈禧，载漪、载勋、载澜、戴泽、刚毅、桂祥等呼啦啦跪成一片，齐声哀求，一旁的张玉河早就气愤已极，他哪管谁叩头不叩头，抡起钢刀就要向慈禧砍去。慈禧早就吓得没了三魂七魄，连求饶都不会了。

正在此时，上官锦却要罗立海等人冷静，千万不能逞一时之快而做出错事。他提议先让慈禧说说看法，然后再做定夺。罗立海、张玉河、张占奎对上官锦非常尊敬，见他这么说，便把刀放了下来。

慈禧本以为自己要一命归天，却见冒出个上官锦主张不杀，不觉对他投去感激的目光。

上官锦却不理会这些，上来就恶狠狠地质问慈禧："洋人欺压中国人，逼得老百姓起来烧教堂、杀洋人，你到底知不知道？山东、河南、湖北、安徽等省连年水旱灾荒，为何朝廷仍然横征暴敛，甚至为了皇家的一己私利而没来由地加税？"

"灾区百姓饿殍遍野，皇宫大内却依然歌舞升平；食尸的飞禽走兽趋之若鹜，皇宫大内的锦衣玉食却不曾减半分……"

上官锦越说越气，简直跟训自己的孩子似的责问慈禧太后。李莲英刚开始还是恭恭敬敬地听，到后来听出了门道——上官锦是在教育慈禧，让她励精图治，要关心人民百姓的疾苦，不能再荒淫无道下去。

这些当然都是劝人上进的好话，李莲英也知道慈禧肯定会答应。而且根据当前形势，如若应了兴许死不了，如若不服软，上官锦一怒，手起刀落，慈禧就要驾鹤西游，那些人难免会说他是慈禧的帮凶，到时自己这条小命恐怕也难保。事情紧急，由不得他与慈禧商议，便自作主张和上官锦开始了讨价还价。

首先，他尽量帮慈禧太后脱离干系，表示她住在深宫内院，很多事都不知情，从而让下面的官员给蒙蔽了。他承诺只要各位侠义之士能高抬贵手，不伤害慈禧太后，等慈禧太后"西狩"回京后，一定选贤任能，让那些爱民如子的人去当父母官，努力让老百姓过上好日子。

慈禧见李莲英说出了自己要说的话，连忙附和着说："是! 一定要省刑罚、薄税敛，让人们安居乐业。"

一旁的张玉河却一点儿也不相信，说朝廷的人向来都是当面一套，

背后一套，两面三刀。他对慈禧和李莲英更是横眉冷对，随时都可能挥刀向他们砍过去。

形势对慈禧很不利，慈禧在罗立海手中，朝中大臣也不敢轻举妄动。眼看张玉河面露杀机，却被一旁的罗立海挡住了，他劝张玉河看上官锦如何处置。

上官锦听了李莲英和慈禧的话，心中有些松动，问慈禧是否真的有意这样做。慈禧垂帘听政几十年，只有她指责人、教育人，哪想今天这样被别人指责？上官锦明里是询问，但却有指责她过去的胡作非为、把国家社稷搞得一塌糊涂之意。虽然慈禧逃亡在外，毕竟坐惯了万人之上的位子，突然间有人用这种口气跟她说话，一时不知道如何回答，索性不说话。

慈禧不说话，可急坏了一旁的李莲英，李莲英心想即便你随便应承几句，总比什么也不说强啊! 万一惹恼了他们，脑袋随时都会搬家。

李莲英见慈禧仍然一言不发，再也坐不住了，真是太后不急太监急。李莲英刚想打破沉默，替慈禧太后说几句好话，却被张占奎喝止了。

慈禧见不得不做出表态，就顺水推舟说，侠士提的那些都是她一向主张的，只是因用人不淑才落得如此局面。

上官锦见慈禧太后终于承认自己的错误了，就认为还是可以影响慈禧的，于是提出让慈禧满足自己的要求才能放过他们。慈禧经过刚才的一番表态，说话也不再语无伦次，就故作镇定地让他们细细讲来。

上官锦见慈禧这样说，以为事情有商量的余地，就把自己的主张提了出来：首先，不许对百姓横征暴敛，减轻租税；其次，要任命贤能之士，惩治贪官污吏；再次，要富国强兵，积极抵抗洋人；最后，也是最重要的一条，对太平军、捻军、义和团及其家人，不得抓捕和杀害。

李莲英听说答应了这四个条件就不杀，当下便和一众大臣齐刷刷下跪，请求慈禧太后答应这份于国于民都有好处的条件。

慈禧心想，自己还在危难之中，到底以后会怎样，形势扑朔迷离，自己也没底。但这四条倒是对朝纲没什么不利，如果洋人走了，自己还是大权在握，到时候任凭你们提出的四条、四十条、四百条都将统统废止。

她心里这样想，嘴里却对上官锦连连称赞，说他处处为国家着想。考虑到自己正在“西狩”路上，无法诏告天下，等回到北京之后，即刻下诏颁行全国。

张玉河提醒上官锦不要相信，但上官锦却认真地对慈禧的话进行求证，慈禧则以自己向来不会失信于人回应。

李莲英在一旁帮腔，说老佛爷为万民之主，当然不会说话不算数。张玉河却以江湖义士的思维方式思考问题，要他们起誓才肯放过，却不知当官者向来对发誓最在行——反正不实现也没关系。

李莲英心想，起誓算个什么，若是起誓管用，不知有多少人要倒霉了，于是发下重誓保证会实现刚才的承诺。

张玉河见事已至此，只好狠狠地将刀插入刀鞘内，气鼓鼓地走开了。上官锦得到了朝廷的承诺，感觉很满意，话不多说，扭头招呼罗立海等人纵身离去，瞬间就离得远了。

端王载漪从一个侍卫的手中夺过一支快枪，刚要对着飞去的黑影射击，以挽回面子，却被桂祥拦住了。理由是免得惹怒他们去而复返，到时候局面不好收拾。

慈禧见那些人走得没影了，才舒了一口气，脸色却很难看。李莲英则赶紧过去扶住慈禧。休息一阵后，慈禧才恢复了往日的神采，语气也平和了下来。慈禧为了不让世人知道刚才朝廷丢脸的事，严令不许外传，否则诛灭九族，挫骨扬灰。众大臣听后诺声而行。

休整了大半天，慈禧才命令继续起驾西行。走到康庄后，食物才得到补充，又在山区乡村休息一阵。他们只给慈禧太后找了些小米煮粥吃，之后她的精神恢复许多，脸色也似乎好看了一点。

休整后，他们又继续向西行进，功夫不负有心人，终于离怀来县不远了。一路上奔波了多天，到了县城就可以好好地休整一下。多天来的缺吃少睡实在是太苦了，尤其那些王爷们，都盼望到怀来县城好

好地休息一下，吃上一顿像样的饭。

可他们都没料到，又有一道难题摆在他们面前。原来这怀来城东有一条河，平时并没有水，可不巧的是，刚刚下过暴雨，汇集的洪水咆哮着将河面迅速淹没，混浊的河水奔腾而下。更加危急的是，河上没有桥梁可渡，如果此时洋兵追来，那他们可真就处在前无去路后有追兵的死地了。

慈禧不禁感叹自己命苦，莫非就身绝于此？就连诡计多端的李莲英也是一筹莫展，桂祥急得直跺脚，仰天唉声叹气。恰在此时，有一个本地的山民路过，见一队形容枯槁、衣着凌乱却仍极力保持体面的人望河兴叹，知道他们是急于渡河。于是，他对桂祥说此时要是闯一闯还有可能渡过，等一会儿上游的水来了，神仙也过不去，只有等三天后洪峰过了再说了。

桂祥一听有门，但考虑到皇亲国戚的人身安全，便让此人去试一试，谁知此人却笑着说："试一试可以，但恐怕会因此耽误时间，到时候山洪来到，可就真的过不去了。"

这时，李莲英也凑了过来，听了那人的话，便一五一十跟慈禧太后说了。慈禧太后照例征询李莲英的意见。

李莲英开始逐步分析：一来，他是本地山里人，对这种情况有经验；二来，如果洪水来之前不过河，难免洋人会追来，到时候只有束手就擒。所以，他的意见是冲过去为上，相信吉人自有天相。

慈禧算是被洋人和义和团的人吓怕了，她宁可冒险渡河，也不想置自己于危险的境地，于是同意渡河。

李莲英传旨做准备，载漪却以安全难以保证为由劝慈禧太后不要冒险，认为太后是万金之躯，不可轻率行事。

慈禧落到今天这步田地，大部分原因就是载漪的馊主意，总是对他没好脾气。如今端王载漪又来阻挠她渡河，于是反问他，若不过河，洋人追来怎么办？这么多人没吃没喝怎么办？

端王载漪本是好心劝慈禧太后不要冒险，不想却碰了个大钉子，只好下跪连称自己只是担忧太后的安危，没有别的意思。李莲英也怕载漪再惹慈禧生气，到时候做出出格的决定，谁也无法挽回，连忙假装生气让端王载漪赶快退下。载漪终于如释重负，拜谢而出。

桂祥本来也要进来劝慈禧不要渡河，见载漪碰了钉子，知道慈禧是让洋人和义和团的人打怕了，宁肯冒死渡河也不想落入他们的手中，于是声称自己马上去做渡河的准备，慈禧点点头，挥手让他出去。

桂祥知道渡河事关慈禧安危和自己的前程，不敢有半点马虎。他从侍卫和兵丁中，精心挑选了精壮人员300人，其中36人帮助驮轿把式，其余人在驮轿两边防卫保护。做了细心的准备后，觉得没什么危险了，才请慈禧过河。

慈禧吩咐开始渡河，众人众星捧月般护卫着慈禧的驮轿。慈禧听着轿子外面怒吼的波涛，免不了心惊肉跳。她忍不住从驮轿中向外望去，只见近在咫尺的河水浪涛滚滚，激流猛进，声如奔雷。慈禧不看便罢，看过后直觉得一阵头晕目眩，仿佛自己已经掉入河中一般。

由于不知道河床的具体情况，轿夫只好小心翼翼地深一脚、浅一脚摸索着行进。到了河中央，一来水势更猛了，二来此处本就是河水流速最快的地方，驮轿摇晃得更加厉害了。慈禧心中紧张得要命，直念阿弥陀佛。幸好轿子外面有桂祥和李莲英不停地安慰她，让她不至于感到无助而更加紧张。

其实，桂祥和李莲英的胆子比她也大不了多少，只是觉得相互吆喝呼喊可以提起精神，赶快渡河而已。慈禧不清楚轿子外面的具体情况，其实桂祥和李莲英是在招呼给他们牵马的人，而并非在鼓励慈禧太后。无论如何，至少此时慈禧太后心里有了依靠，知道危难时机还有亲信想着自己也就心满意足了。

好不容易渡过了河，此时再回头望望湍急的河水，水面又上涨了二尺多，滚滚激流比刚才更加凶猛。慈禧不禁一阵后怕——若非李莲英劝自己赶快渡河，恐怕真的要处于危险境地了。因此，心里对李莲英的宠信又增加了几分。

等随行人员全部过河之后，他们不敢停留，稍事休整就直奔怀来县城而去。此前早有前站人员报知了怀来知县吴永。因此，当慈禧、光绪的驮轿离怀来县城东门还有三里地时，知县吴永早已带了怀来县的大小官吏数十人跪地迎驾。慈禧自从逃离北京后，终于第一次受到地方官吏的迎接。慈禧也顾不得觐见大礼，命人速办理队伍的食宿事宜。吴永知道慈禧太后数日未曾好好休息，连忙带他们入城而来。

在入城的路上，慈禧从轿中仔细观察侍候在轿子旁边的吴永，只见这位30岁上下、中等身材的读书人虽然是一个文弱书生，却透着一股精明能干，觉得此人值得信任，可以把一切事宜交由他去做，自己好好休息一下了。

事实上也证明了这个吴永是能干的：吴永不仅将两宫的皇族进行了妥善的安排，而且连王公大臣也都各有住所，这对小小的怀来县来说实在不易。为了保证皇室、大臣的粮食供应，他让慈禧带去的散兵游勇一律不许进城，都在近郊的各乡村进行了安置，这种巧妙的安排不仅使粮食供应的紧张局面有所缓解，而且保证了安保问题，保证了城内日常秩序如常，民众毫无惊扰。

其实，慈禧的到来对吴永也是一个绝好的表现机会。他处处都进行了精心的考虑、细致的安排。安排好食宿问题后，他见慈禧、皇上都未曾带御寒的衣物，便吩咐自己的眷属准备一些棉衣、夹衣供奉，让他的夫人亲自送了过去。这样做不仅解决了慈禧的燃眉之急，而且还给她留下了好印象。

在这个潦倒的时刻，慈禧和光绪皇帝受到吴永的款待，难免心中一阵感动。慈禧立即召见了吴永，并称赞他办事妥帖，不怕辛苦。

别说一个七品知县，就连道台想见慈禧一面都非常难，如今吴永不但能见到太后，并受到太后的嘉慰褒奖，若非特殊时期，怎会有这般景象？吴永当下也对慈禧感激不尽，并表示自己能力有限，肯定还有许多照顾不周的地方，而且自己治下又是贫瘠小县，供奉难免有疏忽，希望慈禧太后不要怪罪。

慈禧见吴永不仅办事周到，而且面见她时问答的言词也表现很得体，立刻心情大悦，并让吴永起来说话，吴永谢恩后，起身侍立一旁。

慈禧因为饱饱地吃了一顿饭，而且得到了很好的休息，精神焕发，想多跟吴永说说话。就问吴永是哪里人，何等出身。吴永报称自己原籍浙江，两榜进士出身，放任怀来知县，并说自己的外祖父乃是两江总督曾国藩。

慈禧一听吴永是曾国藩的外孙，想起了曾国藩的平叛大功，若自己身边仍有这个老成持重的大臣在，也不至于落得如此下场，因而对吴永不由产生了爱屋及乌之感，有意提拔他。当下就命他将县中一应事宜交与县丞代管，第二天去西路各州县开办传驿，赴前站预备皇差，征调粮食供应，负责行营的一切事务。

吴永谢恩而去，第二天便到前面各州县催促一切供奉去了。没过几天，慈禧下旨将吴永以知府留于直隶候补，并且先换顶戴花翎。后来慈禧回京，又将吴永升任广东道台。吴永可谓是鸿运当头。

慈禧赏雪

吴永虽然接待工作做得好，但慈禧不能在这儿久住：一是这儿离北京太近，洋人说来就来；二是县城粮食供应已经日渐匮乏，难以支撑庞大的队伍，最主要的是外地勤王的部队难以开进，即便来了也不能保证他们的供应。因此，慈禧决定继续西行。

慈禧的驮轿在怀来县城被吴永换成黄绫围子，终于有了体面的坐乘。怀安知县张良暹接到吴永的通知，外出到很远的地方去迎接。同时，沿途沿街挨户搜寻粮食，杀猪宰羊，置办筵席。

慈禧到了离怀安还有一段距离的北九仓，张良暹慌忙带了大小官吏跪在道旁迎候，慈禧太后一行进了张家大院。由于离北京远了，又有地方官接驾，慈禧这才安下心来。

慈禧回想离开北京的这段日子，一路上艰辛的经历，不禁感叹逃亡的狼狈和悲凉，一时间难以自抑，不由得放声大哭，那情景难以言表。慈禧的这一举动，吓坏了随行的王公大臣，载漪、载勋、奕劻、刚毅、桂祥等人都不知道慈禧太后为什么哭，就齐刷刷跪下，谁也不敢说什么。

要说还是李莲英最知道慈禧的脾气，知道她的心思，就上前劝说道："太后老佛爷吉人自有天相，总能逢凶化吉，这话一点不假。老佛爷到了怀来，圣驾刚刚过了河，山洪就大至，任凭他洋人义和团都难以再过河；如今张县令又出几十里接驾，这也是老佛爷的福分。正所谓否极泰来，老佛爷应该高兴才是啊!"

李莲英的话真是对症下药，句句都说到了慈禧的心坎上，再加上这一阵发泄，慈禧心情也平复了许多，遂命众王公大臣退出早些休息。

慈禧一来远离京城，没了后顾之忧，二来得到了充分的休息，这才终于有机会在饭桌上惦念一下北京城的局势。

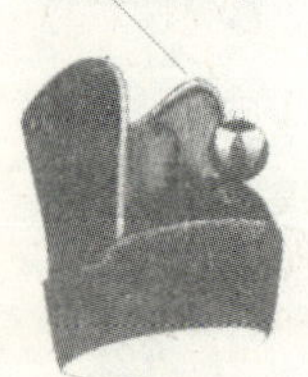

光绪却是个忧国忧民的窝囊皇帝，他首先想到的是洋人的两次进京，上次烧了圆明园，这次还不知道会怎样呢？然后想起了临行前珍妃的惨死，心中难免有些伤心。因此，面对连日来的第一次珍馐佳肴，也无心下咽。

李莲英看出了光绪的心思，为了不让他影响到慈禧太后，他连忙开玩笑似地劝说光绪不必太过悲伤，倒不如让慈禧太后再给他张罗着选一个妃子。慈禧一听李莲英的话，不自觉地皱起了眉头。李莲英见话锋不对，连忙闭口不言。光绪不敢触怒慈禧，也就勉强吃了一些。

慈禧饭后养足了精神，也不用再担心洋兵追来，这几天来的疲劳也大为缓解，就悠闲地在院子里散步。由于周围百姓家的鸡鸭猪狗等都被官兵们杀了充饥，所以没有了鸡鸣狗叫，显得非常寂静。慈禧不知道其中的缘由，还以为此处人心向善，丰衣足食，民风淳朴，不由地赞叹此处像个"太平庄"。从此，北九仓就改叫太平庄了。

慈禧太后住的张家大院隔壁有一户姓冀的人家，只有父女二人度日。女儿叫冀妮子，正值二八年华，长得也俊俏秀气，说话也是温温柔柔，软语细声，十分动听。本来慈禧带领队伍要来的消息传开后，村民都纷纷躲到山里去了，冀妮子因为父亲卧病在床，不忍心留下父亲一个人在家，也就没有离开。

一队官兵来到她家后倒也没有对她不敬，只是一个劲找吃的，还把她家的鸡都抓去了。

冀妮子从小生在山村，从来没有出去过，只听人说北京城的繁华，皇宫大院的雄伟壮丽，还有皇后娘娘长得如何漂亮，从来没有想过会亲眼见见。如今她听说自己的隔壁就住着慈禧太后、光绪皇帝和皇后娘娘，就想去看一眼他们长的样子。有了这个机会，无论如何也要想办法去看看。要不然过了这个村，就没有这个店了。

话虽这么说，可见到门口那些神情严肃的士兵，她有些害怕了，又不甘心近在咫尺却看不到，于是就想从自己家的墙头伸出头去看一眼。她找来几块石头垫在脚下，又用手指扒在墙头上，这才勉强把头伸出高墙去看另一边的情形。

正巧，慈禧正在张家大院里不紧不慢地散步，不经意间抬头望见了墙头上正在向这边观望的冀妮子。这要是在北京，早就是满门抄斩的大罪，可是偏巧慈禧心情好，她不由地赞叹冀妮子的美貌和纤纤玉手。李莲英何等会察言观色，他立刻凑过去恭维慈禧眼力好，在这深山中发现了一位绝色女子，正好给光绪纳为妃子。慈禧见李莲英这么明白自己的心思，就吩咐李莲英去办理此事，李莲英应命而去。冀妮子见院中的两个人似乎是在谈论自己，吓得没有心思看皇上、娘娘了，连忙跑回屋里。

李莲英得了慈禧太后的懿旨，连忙让怀安县知县张良暹和自己一同来到冀妮子家，宣读了慈禧太后的懿旨。冀父一听，就如同遭到五雷轰顶，心里老大不乐意，连忙跪地求饶说自己的女儿是穷山村的丫头，少见识，缺礼教，琴棋书画样样不懂，怕伺候不了太后、皇上。

张良暹见他竟然要拒绝，立刻呵斥他不识抬举：皇太后亲自选中的贵人，是冀家的福气，也是县里的荣耀，应该感谢皇恩浩荡，别人还求之不得呢！李莲英也在一旁帮腔，让他领旨谢恩。李莲英和张良

暹不管哭成一团的父女二人，径自回去交旨去了。

李莲英回报给慈禧太后，慈禧太后夸他办事利落又稳妥，命他速速报于光绪知道。李莲英乐呵呵地向光绪报喜去了。他认为，一来有慈禧的口谕，他自然要讨慈禧的欢心；二来珍妃死后光绪就一直闷闷不乐，自己虽然是奉了慈禧的旨意逼死珍妃，毕竟得罪了光绪。李莲英害怕慈禧归政或升天后，光绪会给自己定罪，所以一直想找个机会弥补一下。如今，太后给皇上选了一个妃子，这个妃子如若得宠，一定会记得自己的好处。现在将这个喜讯告诉光绪，即便光绪不高兴，也不会对自己不利。

因此，李莲英高兴地领了旨意，忙不迭地跑来告诉光绪皇帝这个消息。他笑嘻嘻地来到光绪跟前，二话不说，“扑通”一声跪在地上给光绪贺喜。光绪虽然让李莲英给跪蒙了，但脑子还保持冷静，说现在朝廷危机四伏，太后和自己蒙尘在外，有什么可道喜的，莫非是击退了洋人，现在可以回京了？

谁知李莲英说的不是击溃洋人的事，而是慈禧太后给他选一个妃子，光绪见深处危难之际的慈禧和李莲英还有这等闲心，立即一口回绝，让他们速速退掉这门亲事，并表示“国难当头，我不纳妃”。李莲英见光绪帝这般死脑筋，只好对光绪帝说老佛爷的懿旨，千万不要违逆！说完，径自复旨去了。

李莲英回去可没说光绪不同意纳妃，只说已经告知皇上了。慈禧听了李莲英的回报，以为光绪对此事不会置之不理，接着便命李莲英送去订婚的聘礼，不仅如此，还令怀安县令张良暹速速给冀贵人修建行宫，待日后光绪帝择吉日迎娶。

此事就此打下了死结，慈禧以为光绪已经知道，自己就不必再操心了；光绪则认为已经明确拒绝，所以不必再过多考虑此事。到后来慈禧回到北京，早把此事忘得一干二净了。而冀妮子因为是慈禧太后钦定的妃子，更是无人敢娶，而光绪皇帝却根本不知道有这个人。最终这位冀贵人一直孤独求活，刚满 50 岁就抑郁而死。皇家的一时疏忽竟然断送了一位少女的青春，真是可悲可叹！

卖官鬻爵，沿途搜刮

慈禧太后一路向西，离北京越来越远，路上虽有些小麻烦，但总算不用提心吊胆了。他们一路来到了陕西境内的潼关。

潼关是中原进入三秦大地的咽喉要道，潼关太守施祥一直想高升一步做个道台，可惜没有合适的机会。不料前方来报，说大内总管李莲英要随着慈禧太后路过潼关，这真可谓千载难逢的机会。他决心做好充分准备，好好在李莲英和慈禧太后面前表现一番，到时候别说道台，说不定还会进京做京官。

待到慈禧的队伍抵达潼关，施祥跑前跑后将慈禧太后和李莲英伺候得面面俱到，不料李莲英根本没有把这位施祥放在眼里。眼看着第二天慈禧太后起驾继续西行去了西安，投入巨额资金办理接待工作的施祥当然不甘心。在闻知慈禧太后驻跸西安之后，他派了自己的得力亲信，赶赴西安，通过关节见到李莲英，说明要谋求一个道台的职位。

李莲英听后，觉得道台的职位非同州县官员，需要禀报慈禧太后才能做决定。慈禧太后听说有人要谋求道台的职位，表示如今虽然蒙尘在外，价格可以适当降低一些，但不宜低于一万两银子，否则州县的官位就更不值钱了。

李莲英领命而出，心想至少要给自己五千两白银，否则自己不会去运作的。李莲英回去后将慈禧的意思和自己的想法如实地告诉了来人。

来人飞奔回潼关，报于施祥知道，施祥一合计，整个打点下来两

万两银子就够了，而一个道台在任一两年就可以捞回老本，往后就是净赚，如果这期间再花银子弄个巡抚或者藩台当，赚得就更多了。思来想去都是上算，就决定花这笔钱。

因为上次的那个亲信办事利索，所以这次施祥还是派他前往西安联络此事。他的这名亲信也是乐得不行——施祥做了道台，说不定自己就可以做个七品县令。

正所谓乐极生悲，这个人为了赶快实现自己也能做官的愿望，到了西安便急急去找李莲英。很不凑巧，李莲英不在。他知道李莲英经常陪伴在慈禧身旁，便鬼使神差地到行宫去找。棉线掉进针眼里，巧了。偏偏门口警卫的侍卫只顾和人说话，并未注意宫门口，这个亲信竟然轻松地进入了慈禧的行宫。不仅如此，那么多房间，他居然独独闯进了慈禧的寝宫。刚好慈禧正要起床，忽见窗外有人影晃动，似是有人窥视，立即让护卫将他抓捕。

亲信还沉浸在自己的美梦中，不知道怎么回事，就已经被逮捕了。慈禧命人将案子交于岑春煊审问，如实回奏。此案本来非常简单，经审之后，事实很快就清楚了。但由于此人供出是来掏钱买官的，岑春煊就觉得有些棘手。他早就听说慈禧太后串通李莲英卖官鬻爵，如今终于见识了。可是，他若真的如实和盘托出，不但李莲英会恨他，就是慈禧太后的脸上也不好看。倒不如来个“臣为君讳”，将此事永远隐藏起来。于是，就胡乱判了个“冒名人犯禁宫”的罪名，并依律立刻予以正法示众。

李莲英听说此事后，急匆匆赶来，可惜岑春煊已审理完毕，正在整理判词。李莲英取过口供一看，什么都如实招供了。李莲英一想，事情败露了倒没什么，只怕太后知道后会嫌他办事不牢靠，坏了她的名声。因此，他大声替自己开脱，声称自己从来就不认识那个人，更不知道他的名字。也许是因为自己名声太大，才被陷害栽赃。岑春煊等的就是这句话，现在李莲英不承认有此事，这名亲信的供词就更是栽赃了。为了彻底掩人耳目，李莲英还建议慈禧将施祥革职遣回老家永不录用，这才算放下心来。

慈禧命陈丕仁为钦差，到潼关给施祥宣读圣旨。施祥此时还蒙在鼓里，听说钦差到了，立刻大喜，心想这两万两银子果然奏效。他连忙命人设宴，准备盛筵款待钦差。谁知听到的内容却大大出乎他的意料之外，竟然是革职查办、永不录用的消息，顿时瘫软在地，连领旨谢恩都忘了。

施祥费尽了心机，花了两万两银子，却鬼使神差地买了个遣送回籍，真是又急又气，最后竟死于回家的路上。

慈禧在西安驻跸了十个月，终于等到了光绪二十七年 (1901 年) 七月二十五日丧权辱国的《辛丑条约》的签订。同时，为了平息洋人的怒气，朝廷也把端王载漪作为替罪羊削职为民，发配新疆。慈禧解决了这件事后，终于看到了回京的希望。她不以为耻，反以为荣，对自己能够回京欢喜异常，却一点儿都不管这一不平等条约对国家的影响。她一面命李莲英传谕诸大臣准备仪仗，待命起驾回京；一面派崔玉贵先回到北京探听消息。崔玉贵回到北京后，先到各个留守京城的大臣家问明情况，又去皇宫中察看一番，发现宫中人都算安好，殿宇也没多大损坏，只是古玩珠宝丢失了不少，到底是洋兵抢走还是宫中内盗，无可查究。不过，市场秩序井然，买卖铺户正常营业，洋兵也逐渐撤走，回銮谅可无虞，便连夜返回西安，向慈禧太后详细说明了北京城的情形。

慈禧听说皇宫和颐和园并没有损坏，便对李鸿章大加赞赏，称他有功于朝廷，回京后一定要重赏。

因为岑春煊与李莲英在施祥买官案中有些误会，慈禧特意派陕西巡抚升允为前路督办食宿事宜。升允因启銮在即，奏请交卸抚篆。慈禧便传旨，命布政司李绍芬暂行护理陕西巡抚大印，同时并委臬司攀增祥署理布政司，道员吴树芬署理按察司，西安府知府胡延升署粮道，候补府傅士炜署理西安府。

连续的人员调动升迁，使得西安官场一阵莫名的兴奋——真是一人动而全场动，大家各升一级，免不了相互道贺吃饭。不知内情的人还以为这班人是因为慈禧即将回京，一时高兴升了他们的官，其实都

要归功于银子的功劳，否则慈禧不会这么慷慨大方给他们升官加爵。

慈禧准备起驾回京，当地官员和京官都打点行装。慈禧太后起驾回宫，当然要送礼。地方官也要给京官准备礼物，以便日后升迁。因此，所有的官员都在各自忙活着。光绪二十七年（1901年）八月二十四日，慈禧携光绪等人终于离开了古城西安，踏上了回京的路。

西安作为行宫的将近一年的时间里，市场一片繁荣，让慈禧非常满意。其实，这繁荣是陕西官员刻意打造出来的：街面上店铺增多了，可对广大劳动人民来说没有半点儿益处——都是为那些突然增多的官员服务的；而且为了维护慈禧太后和京官的日常食宿，当地官员对周围的农户横征暴敛，慈禧不但没有给老百姓带来福气，还使得他们的生活日益艰难。所以，对启驾回銮，老百姓不仅毫无挽留之意，而且还盼望他们早早离开。

慈禧在西安收了不少的金银珠宝，回京时需要大量的车马一路驮运。虽然此时关中大旱，但当地官员、慈禧太后和那些王公大臣对此却漠不关心，而是为了一己之私强行向老百姓征集交通工具和人力畜力。

那些京官当然不会亲自去征马征牛，于是把任务摊派到当地官员头上，当地官员又层层摊派任务。八月的关中平原，正是农业收获和耕作的黄金季节，既要收获玉米、大豆、花生等，又要抢种小麦，正是一年中最需要车马耕作的时候。可是，为尽快启驾回京，慈禧给当地官员下了死任务。因此，朝廷的鹰犬们见车抓车、见人抓人，甚至不顾年轻与否，老少都抓。

清朝有着严格的制度，官吏过境，地方官吏均得按品级供应食物。如今慈禧回京，一路上的消耗巨大，再加上随驾的京官品级也大都很高，途经之地恐怕难以供给，因此决定分三批启程：先行一批是在陕西无关紧要之人，其次是回京路上随驾人员，最后是在京中并无要紧职务者。沿途又分为尖站（临时歇脚）与宿站（住宿、休整），以便协调好供应工作。

不仅如此，在饮食供应办法上也严格按官职品级而定。例如，王公大臣的标准餐为每人“上八八”一席，就是鸡鸭鱼肉等八盘八碗：“下六六”一桌或数桌，供随员及卫士食用；中下级官员每人“中八八”一桌，有鸡鸭肉菜。

因为官员众多，这种平时百姓们过年过节才精心准备的一桌菜一办就是几百桌。所经过的各州县，供应酒菜的临时厨房就黑压压占半条街。再加上齐刷刷摆开的八仙桌，真是一片壮观景象。官场的腐败到了这种地步，谁能想到这是一个王朝末期的“颓废”表现？

慈禧还特意搞了一个起驾回宫的盛大仪式。最显眼的是慈禧和光绪的坐轿，这种轿子是八抬的亮轿，十分豪华。李莲英仍然一刻不离地骑马服侍在慈禧的轿子旁边。轿子不仅内部装修十分精致，就连轿夫都穿红绸驾衣，一切都是按照京城的规矩办的：轿前有御前大臣及侍卫并辔而行，再往前就是侍卫，而最前面的是24面黄龙旗仪仗队开路。不仅如此，大道上还象征性地垫了黄土，两旁有护驾军士站道，以示隆重。同时，陕西巡抚升允的陕军、甘肃提督邓增的甘军、四川提督夏毓秀的川军，还有直隶提督马玉昆的毅军都赶来欢送，与一年前狼狈不堪的样子完全不同。

仪式完毕后，慈禧一行出西安东门，当天行进20公里，于临潼县落脚。因为慈禧和皇后要到当年杨贵妃洗浴的华清池去看一看，体验华清池的豪华与高贵，于是在此处休整一夜。

次日继续向东前进，很快就要进入华阴县界。早在出发前，李莲英就派人给自己的同乡华阴县令刘林立送信，要他在慈禧太后路过华阴县时，要做好接待和食宿安排工作。李莲英当然不是要巴结一个县令，只是因为刘林立给他送过大礼的缘故。刘林立见到李莲英的信高兴得手舞足蹈，心中暗喜，接待工作做得好的话说不定自己的官位又要升一级。因此，他派人四处张罗，细心操办。

八月二十八日，刘林立西迎15公里到敷水镇迎接慈禧。在回华阴县城的路上，道路两旁百姓跪地山呼万岁，并托出各种土特产一一进行贡献，大小官员也都随行共同敬迎慈禧太后到华阴县驻跸。

当天下午，慈禧便住在县衙，按例召见刘林立并询问民间疾苦、地方利弊。刘林立对此早就背熟了一套恭迎之词：

"自从太后来到陕西，风调雨顺，五谷丰登，万民乐业，这都是皇太后给老百姓带来的福气。所以，华阴县的老百姓闻知皇太后、皇上的銮驾到来，都不远数十里的路程，来迎接圣驾。"

慈禧本来就是顺便问问，并不是真的要解决民生问题。听了刘林立的这些逢迎之词以后，不由地笑逐颜开，一高兴就下旨豁免从敷水镇至华阴县30里内道路两旁三里之内乡民的本年钱粮。刘林立心中一喜，赶紧领旨谢恩，因为虽然朝廷免了这些赋税，但他仍然可以打着其他旗号收取，这些钱粮可就落入自己的腰包了。

慈禧最近一直心情很好：一来洋人退出了北京，自己可以正大光明地回北京了；二来她在陕西的日子过得还不错，时常有各地官员贡献本地特产，这些东西在京城一般很少见到，令她开了眼界，于是，她决定游览一番华阴县的景色。第二天就传令驾幸玉泉院，并有心要登华山三峰。

在玉泉院游了一遍之后，慈禧面对华山那崎岖山路，不由地一阵害怕，可话已经出口，又不好轻易收回。正自举棋不定之际，善解人意的李莲英见慈禧太后有畏惧之意，连忙劝说。以山势陡峭，难以保证人身安全为由，劝慈禧不要上山登顶，况且太后是万金之体，有个闪失别人难以担当。本来慈禧见华山壁立千仞就已经打了退堂鼓，如今听李莲英这么一说，便顺势就坡下驴，决定不上去了。

回到华阴县县衙，慈禧仍对未能去成华山三峰心有不甘，便命状元陆润庠书写匾额，分别悬挂在山峰的各庙宇之中，也算不虚此行。

慈禧在华阴县住了三天，由于刘林立服侍周到，供应及时，而且有些官员知道他和李莲英的关系，纷纷在慈禧面前说刘林立的好话，慈禧便对刘林立非常满意，忍不住夸赞他是个懂得孝敬朝廷的官员。

有了慈禧太后的亲自夸奖，刘林立立刻觉得趾高气扬起来。《华阴县志》也有记载：刘林立在华阴县东门外树了"多福多寿多子孙"碑，不仅如此，还仿效慈禧太后的做法，将亲自书写的"春华秋实"四个大字镌刻在岳顶东峰崖石头上。

善于钻营的刘林立由于得了慈禧的嘉奖，再经过李莲英的从中斡旋，很快就调署陇州知州，做了五品官。

慈禧太后和光绪皇帝虽然这一年受到很大压力，但慈禧最宠信的李莲英在这一年却是最有权势的。慈禧太后最信任李莲英，外出的这段时间都让李莲英去打理事务。因此，李莲英的权势比在北京时还大。那些有权有势的京官由于已经有名无实，只好对李莲英又气又妒忌。

不要说那些为了升官而给慈禧上缴的钱，就是地方官要给慈禧送礼，也要给李莲英准备一份，不然就别想把礼物亲自呈送给慈禧。李莲英因此在这一年中聚拢了不少钱财和珠宝。一路上，除了慈禧的箱子，就属李莲英的箱子最惹眼了。由于李莲英存放钱财的箱子太多，不得不用“天字一号”“天字二号”等进行编号。慈禧因为本身也参与其中，况且慈禧的金银财宝就是用了李莲英的“失之东隅，收之桑榆”的妙计得来的，对李莲英的这种搜刮行为也是睁一眼闭一眼。

慈禧一路向东，经过陕县、三门峡、渑池，直向洛阳。

慈禧一路悠闲地抵达洛阳。这一年是清光绪二十七年 (1901 年)，恰逢河南全省年景好，巡抚松寿又善于逢迎，发动沿途百姓互相竞赛供应，慈禧甚是高兴。慈禧为了显示皇恩浩荡，传旨不用清理沿途街道，让百姓们能扶老携幼，到御驾所经大道两旁跪迎两宫，一睹太后和皇帝的“天颜”。老百姓也都群情激动，争相向他们的轿子敬献瓜果。李莲英一直陪在銮舆之旁，趁机说一些哄慈禧太后高兴的吉祥话和有趣话，引得慈禧不时阵阵发笑。

慈禧在洛阳驻跸三天，顺便和光绪去龙门、千佛岩游览了一番，还去香山庙烧香缅怀了一代诗人白居易。进城的路上还特意去关林庙拈香致意。

离开洛阳后，又一路向东经过偃师县、巩县、荥阳县、郑县、中牟县，于十月五日抵达河南省城开封府。欣逢两宫万寿 (光绪生日在十月初八，慈禧生日在十月初十)，于是决定在开封驻跸半月。开封是北宋都城，地处平原，场地开阔，便于搞庆祝活动。祝寿定在十月初十举行。

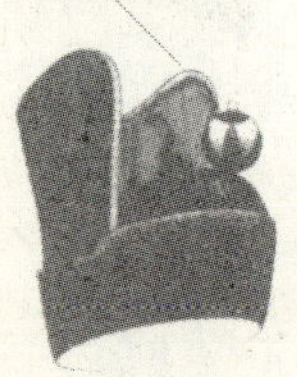

当天，在李莲英的主持下，祝寿活动排场搞得很大，极尽皇家风范，和在北京的皇宫中几乎没有差别。不仅如此，此时正值黄河鲤鱼长成之际，各级官员都吃了个肚大腰圆。虽然花了不少银子，但他们都把这笔开支算到百姓头上，花大钱装面子，一点儿也不心疼。

在开封驻跸半个月期间，慈禧太后和光绪皇帝以及皇后共同游览了龙亭。期间接到了北洋大臣、直隶总督、重臣李鸿章病逝的消息：失去了这样一位有着重大影响力的谋国老臣，慈禧不免内心悲痛；李莲英也十分悲痛——自己又少了一个重要的进财门路。

慈禧看来是真的伤心了，开封是北宋国都，慈禧也没心情到处游玩了。李莲英见慈禧对李鸿章这般倚重，便劝说慈禧下旨优恤。慈禧鉴于李鸿章对朝廷的贡献极大，就传旨除了在各省曾经立功的地方许立专祠外，并在北京准立一祠，赐谥文忠。

在隆重庆祝了万寿之后，又经过几日的休整，慈禧决定离开开封启程北上。开封在黄河南岸，离黄河不过10公里左右，慈禧一行很快就到了黄河岸边。

因随行人员和车马众多，便分别在柳园口、黑岗口两处渡河。黄河的水流本来就不是很大，加上此时已经过了汛期，河面宽度不过十里。加上本地官员精心为他们准备了龙舟，所以一行人很快就安安稳稳地渡过了黄河，这比之前在怀来县仓皇涉险过河不知强多少倍。

自从离开西安向着北京进发，随行大臣的政治斗争又蠢蠢欲动了。就在慈禧离开开封准备启程北上之前，有几位御前大臣认为这场大祸是由载漪惹起的，有意要奏请慈禧太后废掉大阿哥溥俊并逐出宫。可他们又不清楚慈禧的意思，不敢贸然上奏，免得葬送了自己的前程，便凑钱给了李莲英一大笔银子，让李莲英从中劝说慈禧。大阿哥溥俊已年满17岁，西安发生的一切他都亲身经历了。其父端王载漪发往新疆充军，倘若他继承帝位，日后君临天下，肯定会对这些大臣进行报复。

李莲英一来收了银子，二来那些人的话也大部分属实，况且只是提个建议，也不算什么大事。更重要的是他自己也是放逐端王的主要谋划者，现在不斩草除根，将来说不定真的会被清算。加上慈禧太后年事已高，就算不归天也总会要归政，到了那个时候，如若自己活着，就是插翅也难逃。即使死了，恐怕也免不了戮尸谢罪。这样综合考虑以后，李莲英就立刻答应了他们的请求。

当天晚上，李莲英向慈禧诉说了诸位大臣请求废黜大阿哥溥俊的意思，慈禧不清楚其中对她的不利因素。因此，对这一提议不知道真正动机，就照例征求李莲英的意见。

李莲英连忙将白天听到的那些说给慈禧听，又说太后罢黜端王虽是为洋人所迫，但大阿哥溥俊和端王毕竟是父子，难免登基后做出对老臣甚至对太后不利的举动。不如依从诸大臣之言，趁尚未回京，及早废掉，免得回京后受到各方面的干扰。如果洋人趁机抓住不放，到时候可就比现在麻烦多了。

经过这次出京避难，慈禧早就对洋人非常害怕，虽然把端王放逐到新疆是洋人逼迫这么做的，可溥俊不一定这么想，把溥俊留在身边总是个祸害根子。如今经李莲英这么一说，又是诸大臣的意思，于是点头同意了。李莲英见事情已经取得进展，连夜派人通知了这些大臣。

果然，慈禧在第二天早上召集诸位大臣举行御前会议，降旨废黜了大阿哥溥俊。

就这样，慈禧太后一纸诏书就把溥俊从太子的宝座上轰了下来，地位一落千丈，顿时无人再与他来往。因既无继承大统之望，又无法继承端王的荫职，加上他平日就是个纨绔子弟，如今“墙倒众人推”，很快就消失在众人的视线中了。

处理完这个心腹大患，慈禧继续一路北行。经顺德 (河北邢台) 到达正定，在正定驻跸三日。期间，慈禧带了光绪、皇后及诸王公大臣一同到大佛寺降香，并为铜菩萨悬匾一方，算是感谢菩萨护佑自己平安归来。

直隶总督、北洋大臣袁世凯听说河南巡抚为了迎接慈禧太后在开封搞得排场十分大，深得慈禧赞赏，好胜心极强的袁世凯决心要在场面上超过他。于是，他加紧督造行宫，重修莲花池，好供慈禧享乐

游玩。

袁世凯为了在短期内保证行宫完工，就到处抓壮丁。在抓来的施工工匠当中，有这么两个人：一个是“赛鲁班”关彤山，他能绘画，善雕塑，瓦、木、石工无所不能，无所不精；一个是“夺天工”何璞，他是个专攻石雕的高手。这两个人为人仗义，秉性耿直，技艺超群，脾气也相投。经过这次八国联军入北京的真实经历，他们既痛恨外国侵略者，因为亲眼目睹了英、法、德、意等洋鬼子血洗了这座文化古城；又痛恨朝廷的那些统治者，只顾自己逃命和吃喝玩乐，为了活命就可以投降卖国，却无心抵御外辱。

他们二人被袁世凯抓做壮丁，知道是要为慈禧修建行宫。为了揭露慈禧太后的卖国罪行，讽刺她奴颜婢膝、一味媚外、软弱无能，最终狼狈而逃的丑恶嘴脸，两人共同商量，就决定在自己负责的建筑范围内精心设计一个图案——莲叶托桃。借助这四个字的谐音，指责慈禧不抵抗洋人，连夜脱逃的狼狈样。为了让慈禧很明显地看到这个图案而不至于被忽视，关彤山把这个图案设计在凉亭顶上的戏楼上面，让慈禧留下千古骂名，使后人引以为戒。

袁世凯不仅为慈禧打造了豪华的行宫，而且还要向慈禧奉献礼品，命令何璞制作一件玉石雕刻作为敬献慈禧的大礼，若无法完成就重重责罚。幸好关彤山过去在山里采石头时，得到过一块美玉，为了帮助何璞渡过难关，他把这块玉石交给了他。

何璞见了这块玉非常惊奇，觉得它是世间珍品。只见它天然奇巧，玲珑剔透，下边碧绿，中间发白，顶尖上有一块红，正好雕刻成一件莲叶托桃。如果慈禧太后把这件宝贝带回宫去，那对她可真是绝妙的讽刺。于是，何璞按照袁世凯的要求，日夜赶工，终于赶到慈禧太后来到保定前完成了任务。

慈禧太后率领一干文武、光绪、皇后等人浩浩荡荡地来到了保定。袁世凯亲自带着大小官员，将慈禧接入了金碧辉煌的行宫。慈禧见行宫造得如此气派，对袁世凯十分满意，尤其是见到那凉亭上栩栩如生的莲叶托桃的石雕，更是赞不绝口。一同跟着的文武大臣也是随声附和，对袁世凯和行宫不吝溢美之词。

袁世凯得到慈禧的夸奖，不禁自鸣得意起来。不料，李莲英却一脸严肃地说凉亭上的图案大有文章。随行的王公大臣见他不像开玩笑的样子，可也不知道他说的是什么意思，都直愣愣地看着李莲英，想听听他的高见。

慈禧也是一脸的疑惑，让李莲英说出理由来。李莲英既然看出了其中的门道，当然就不敢直说是讽刺慈禧的意思，因而先行求得慈禧免他“出言不恭”之罪后，才敢将真相和盘托出。

慈禧点头恩准，只见李莲英用手一指那凉亭的石雕，说大家都看到了一个莲叶上面托着一只桃，这明明就是利用谐音在讥笑慈禧太后西巡是连夜脱逃!

其实，官员中也早有看出门道的，只是不敢明说，如今见李莲英一语点破，也都纷纷点头，互相交头接耳。其中，最害怕的就是袁世凯了。虽然此时已是初冬天气，人们都换上了冬装，可听完李莲英的解释后，袁世凯那汗从额角上就滚下来了。他心想，李莲英，我平时对你不薄啊，我又没有对不住你的地方，现在你这么一说，不是在要我的命吗？就算你看出来了，也应该过后告诉我，我换下来就是了，何必让我在太后面前出丑。

袁世凯正在猜想慈禧太后会怎么处置自己，知道当着众大臣的面让慈禧丢脸了，怎么也逃不过罪责，立即“扑通”一声跪倒在地，连连向慈禧太后磕头求饶，说并非本意，自己一直对太后都是忠心耿耿，绝对是无心之失。慈禧见袁世凯让自己当着这么多人的面出丑，哪里肯听他的，立刻命人把袁世凯摘去顶戴花翎，推出去问斩。

眼看袁世凯就要身首异处，却无人敢上前给袁世凯说话，就连那些平时与袁世凯不错的王公大臣，见到慈禧正在气头上，谁也不敢上前奏本。此时，李莲英却出来为袁世凯说情。本来就是李莲英点破袁世凯的，现在却又出来为他说话，大家谁也不知道李莲英到底葫芦里卖的什么药。李莲英不顾大家的疑惑，对慈禧太后说袁世凯不是知恩不报的人，他对朝廷一片赤诚，而且还立过大功，受到过慈禧太后的

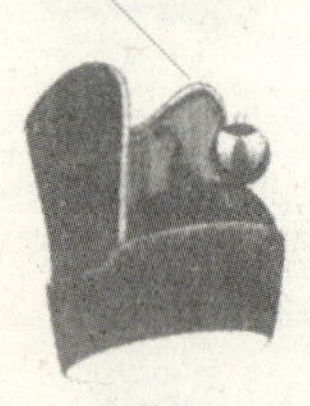

奖赏，平时对慈禧太后也十分孝顺。所以，袁世凯肯定不会做这样叛逆之事，而且从袁世凯的反应来看，他并不知情。所以，一定是修建行宫的工匠捣的鬼。此人不仅想借此嘲弄太后，而且想把这件事栽赃到袁世凯身上。

李莲英最后提醒慈禧太后，千万不可中了坏人的一箭双雕之计，并恳请慈禧太后让袁世凯立即砸碎石雕，并抓石匠来详加审问，以将功补过。

慈禧对李莲英总是最信任的，如今李莲英的一席话不仅条理清晰，分析透彻、合理，而且让慈禧的头脑清醒了许多，考虑到当年多亏袁世凯告密，光绪的变法才没有成功，自己才避免了被囚西苑的命运，立即下令放了袁世凯。袁世凯谢恩起身，立即让人砸碎图案，并亲自带人去抓负责这一工程的关彤山和何璞。

李莲英为什么会给一向关系很好的袁世凯来这么一出呢？很多人认为他这是在把袁世凯推向自己的对立面。其实，这也真正体现了李莲英的阴险和狡诈。袁世凯急于向慈禧邀功，把场面做得很大，获得了慈禧和众大臣的一致称赞，风头日盛。李莲英在王公大臣面前故意玩这一手，是想让大伙看看，只有他李莲英才是能将慈禧惹怒，然后又能瞬间让慈禧息怒的人。哪怕慈禧怒火冲天，只要他李莲英的一句话，便可以让慈禧的怒气烟消云散。他才是慈禧面前最红的人，满朝大臣都识相点儿，认清谁才是真正的实权人物。

袁世凯会怎样看李莲英呢？他还是对李莲英充满感激的，在危急关头，毕竟是他冒着触怒慈禧的风险出手相救，使自己渡过难关，关系还是非同一般。

愤怒不已的袁世凯带领大队人马到处找人，很快关彤山的儿子关月良得知慈禧要袁世凯拿人的消息，便连夜逃出了保定，告知父亲，要他赶快逃走。

关彤山知道自己一旦逃走，袁世凯肯定会把全省各地搞得鸡犬不宁，说不定会随便冤枉其他人，到时自己的罪过就大了。于是，他决定先让儿子逃走，自己骗他说要去找何璞，其实是抱着必死之心留下来，免得官兵继续为害百姓。

关彤山把消息告知何璞后，不久就被袁世凯抓起来杀掉了。

而何璞得知袁世凯要抓他的消息后，连夜让儿子和女儿带着他雕的“莲叶托桃”远走他乡，他自己却拿了一件玉石雕刻的蝈蝈白菜去见袁世凯，想以此交换老朋友关彤山的命。老奸巨猾的袁世凯却把宝物留下，把何璞也杀了。

民间有敬仰何璞、关彤山的为人者，偷偷买通袁世凯的手下，将关彤山和何璞的尸首偷出来埋在了城外公墓，供后人瞻仰。而且，人们为了纪念关彤山、何璞的爱国之心，又重新雕刻了一件莲叶托桃，放在保定莲池书院里。

慈禧在保定休息了一天，除了“莲叶托桃”，总的来说心情还不错。第二天，她就乘火车赶往北京。当时，火车还是新鲜玩意儿，慈禧把它作为自己的御辇，将火车内部也按照宫廷规矩进行布置：均用黄缎障壁，铺黄龙图案的地毯，整个车厢看上去金碧辉煌，富丽豪华。

李莲英住室

半天不到，火车即顺利抵达北京丰台的京汉铁路起点站马家堡车站。京中王公大臣早早得到慈禧要抵达的消息，率领文武官员均到车站迎驾。周围甚至还有一些外国人，他们为一睹垂帘听政多年的中国皇太后以及大权旁落、实属傀儡的中国皇帝的风貌，都赶来车站看热闹。

等到慈禧太后、光绪及皇后出站时，洋人蜂拥向前，毫无秩序可言，而且还有不少人用照相机拍照。这些举动实在是对慈禧皇太后的“大不敬”，要是平时，不等慈禧太后吩咐，李莲英早就让人拿下问罪了。但面对洋人，心有余悸的慈禧也不敢怎么样，只好任他们拍照喧闹。无论如何，外出一年多总算是回来了，这才是慈禧最高兴的事。

邀宠有术，处世圆滑

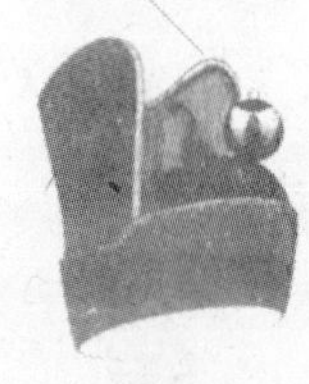

李莲英在宫里的主要任务就是让慈禧高兴，只要是慈禧喜欢的，李莲英便千方百计地去做，至于给别人造成怎样的影响，他从不考虑。

宫里有一个叫魏宝华的首领太监，是大城县大祥村人，和李莲英是老乡，年纪跟李莲英也不相上下，入宫时间比李莲英早两年。两人虽然是同乡，但因志向不同，平时交往不多。魏宝华性格直爽，快人快语，不会阿谀奉承，做事兢兢业业，勤恳谨慎，也算小有成就，熬了一个四品花翎顶戴，当了一名首领太监。

魏宝华没有那些绕弯子的脑筋，平时就喜欢养狗。他养了很多狗，其中最招人喜欢的是一条哈巴狗。这只狗外表一身杏黄的颜色，柔软的细毛，还有一双黑亮的眼睛，四条腿匀称有力。不仅如此，它还机警而且通人性。魏宝华用手一指地上的靴子，它就会立刻把它衔过来。而那些吃剩的梨核、桃核，魏宝华一指，它就会叼出去扔在院中。总之，这条哈巴狗不仅是魏宝华的宠物，更是他生活中打发寂寞时光的好伙伴。所以，这条哈巴狗也成了他空闲时不可离开的宝贝。

魏宝华有这么一条通灵性的狗，当然逃不过李莲英的眼睛，李莲英很快就知道了，于是，到魏宝华住处，打算向他要来这只狗。

魏宝华听了，好似晴天霹雳。他万万没有想到李莲英竟然相中了自己心爱的这条小狗。魏宝华向来说话不会转弯抹角，况且李莲英要的又是他的心肝宝贝，当下心中一急，脱口而出："李总管，若是你要别的东西，什么我都答应，唯独这条小狗，我是万万不会答应的!"

魏宝华强硬的态度直噎得人喘不过气来，他可能忘了对方是慈禧面前最红的人，是大内总管。不仅朝中的王公大臣，如北洋大臣、直隶总督李鸿章要敬他三分，就连光绪皇帝也要受李莲英的摆弄。魏宝华不过一个首领太监，竟敢恶言顶撞李大总管，在场的太监都为魏宝华捏一把汗。

李莲英见魏宝华不给面子不说，竟然还当着众人的面顶撞他，立刻怒火中烧。但转念一想，自己一个总管犯不着跟他场面上过不去，即便仗势压他，压服了，传到老家大城县也不好听；如果压不服，更不好下台。因此，他立刻换了一副面孔，赔笑着说两人不必为了一条狗闹僵，不过还是让魏宝华再考虑考虑。

李莲英的这句话其实笑里藏刀，稍微脑子活络的人都知道其中的意思：一来李莲英给自己找个台阶下；二来也给魏宝华留足思考的空间，好让他识相点儿回心转意，献出那只小狗。

谁知魏宝华不理李莲英这一套，并且还要李莲英死了这份心。李莲英见话没法往下说了，只好抬起腿来走了。

李莲英目的没有达到，当然不会善罢甘休。他本想用强硬的方法，但觉得最好还是先礼后兵，于是又请来魏宝华，表示自己愿意出60亩好地、五大套的一挂马车作为交换。

一只小狗就可以换60亩好地，外加一挂五大套的马车，别说一般人家，就是中等地主，也觉得非常划算。李莲英本以为出这么高的价码，魏宝华肯定为之心动，乖乖把狗让出来。

谁知魏宝华上来了倔脾气，就是不肯让步，而且还说："不要说60亩地，就是600亩地、6000亩地我也不换!"李莲英本来是抱着能够买通对方的心理去的，不想却碰了一鼻子灰，只好继续回去想办法了。

魏宝华以为李莲英还会继续来纠缠，可一连十几天都没事，还以

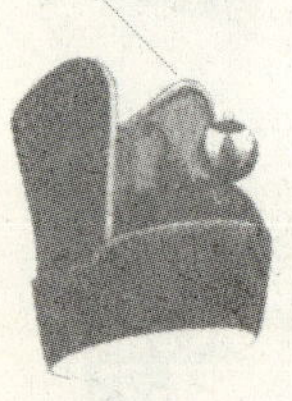

为李莲英就此死了心，就把这件事扔在脑后了。

一天，宫里二总管崔玉贵派他出宫办事，魏宝华不能不去，但又割舍不下小狗，只好把狗留在宫中，让小太监给他看着点儿。

其实，这是李莲英采取的调虎离山之计。魏宝华刚出皇宫，李莲英就立刻派几个小太监把那小狗偷去，马不停蹄地献给了慈禧太后。

慈禧太后平素最喜欢养狗，据说慈禧养狗的地方，都是用汉白玉铺地，建筑很是讲究。到了冬天，怕狗受冻，棉被都是用绸子做的，还专门派了几个太监负责养狗。她看了李莲英送来的小狗，非常喜欢，夸李莲英知道孝顺，是个有良心的人。李莲英受到慈禧的夸奖，心中自然也十分高兴。

魏宝华办完事回来的时候，已经傍晚时分。他发现心爱的小狗不见了，心中非常着急，一晚上没有休息好。第二天一早就到处打听，这才知道是李莲英派人把狗偷去，献给了慈禧太后。既然狗已经到了太后手中，自然不可能要回来。魏宝华一肚子气没处撒，只好跑到李莲英的住处大骂。

宫里的宫女、太监们，多数人痛恨李莲英依仗慈禧的势力，欺压众人，今天有人出来骂他一顿，也给大家出出气。所以，人们都看着，谁也不去劝说，谁也不去阻拦，任凭魏宝华骂下去。

魏宝华是越骂越有气，眼看就要闯进去打人，周围与他交好的人连忙把他拉住，劝他忍下这口气。为了一条狗，闯出祸来不值得。再说朝中大臣都惹不起他，你又能如何？再说这狗李莲英没有自己要，是献给太后了，太后说要再心疼都得给，就算是经过李莲英献给了太后吧。

魏宝华骂了一顿气也消了大半，再加上众人一劝，冷静了许多，想想自己以后还要在李莲英手下混饭吃，只好忍下这口气。

不过，这事还是被人报告给了李莲英。李莲英怀恨在心，从此经常故意刁难他，魏宝华终于难以在宫中立足，早早被打发出宫回了老家大城县。

李莲英费尽心机哄得慈禧高兴，就是为了不断巩固自己的地位。

慈禧每年十月初十都要在颐和园庆寿，王公大臣、文武百官都要贡献奇珍异宝。在拜完寿之后，慈禧为了表示她心地仁慈，不杀害生灵，以体现上天的好生之德，要在排云殿举行放生活动，放生完毕之后才去听戏。这一年，李莲英为了在慈禧太后大寿的日子里让她开心，禀报说自己养熟了一群鱼，可以在放生后自动游回筐中，若不回来，甘愿受罚。

王公大臣中会养鱼养鸟的人很多，知道把鸟儿驯养熟了并不很难。可这鱼儿就不同了，鱼儿是养不熟的，最多就是见到人不游走，但让它们自动游进筐中，真是闻所未闻。王公大臣们出于好奇，都纷纷把目光投向了李莲英。

而慈禧也想看一看放出去的鱼儿，会不会自行回来，于是立刻命令李莲英进行表演。如若鱼儿回来必有重赏，否则定当论罪。

李莲英胸有成竹地随着慈禧来到昆明湖边。慈禧落座后，李莲英命人抬来许多条鲤鱼，一起放到湖中。这些鱼一到湖里四散游开，瞬间不见了。然后，李莲英命小太监把几个竹筐放入湖中。不一会儿，只见那些鲤鱼纷纷进入筐中，把头都仰出水面，似乎在说些什么。李莲英趁机说这是在为慈禧太后祝寿，引得慈禧一阵高兴。那些王公大臣见这些鱼儿真的回来了，并且仰出水面，有似叩头、祝寿之相，又见李莲英跪下高呼，便也一齐跪下，祝愿慈禧太后万寿无疆。慈禧太后见到这种场景，心满意足地听戏去了。

其实，李莲英是动了手脚才达到这种效果的。他先把养好的鱼饿上几天。一等十月初十这一天，把它们放入昆明湖之后，那些饿急了的鱼当然会四散去找食吃。这时，再将带有大量鱼饵的竹筐放进水中，鱼儿自然会纷纷游到筐中。

李莲英一生在宫中为奴，几十年的阅历，谙达了封建王朝宫中的你争我夺：帝后之间，帝后与臣僚之间，臣僚与臣僚之间，为了争权夺势，矛盾深重，钩心斗角，尔虞我诈，互相欺骗。特别是为奴的太监们，被驱逐、被杖责、被处死的事屡有发生。李莲英虽然一时显贵，也总是如履薄冰，提心吊胆地过日子。因为在他的前面，早年有宠极

一时、红得发紫的安德海在济南成了巡抚丁宝桢的刀下之鬼，给青年李莲英震撼巨大。前车之鉴，引以为戒。步其后者，掌案太监王俊如，因失宠而被发往盛京，秘密处死。小太监寇连材因敢于在慈禧太后面前直谏言事，在菜市口被砍头。

李莲英深知伴君如伴虎，况且自己所侍奉的这位圣主老佛爷，绝不是仁善者。不仅如此，皇宫内外，王公大臣，大小官吏，哪一个也不是等闲之辈，谁肯把太监放在眼里。要想自己有长远的立足之地，就必须谦恭谨让，老老实实地当好奴才，低三下四地做人。所以，曾有人说，李莲英能终保其身，不失所宠，凭的是“戒骄戒矜”四个字。多年的磨炼，他城府很深，宫廷内外，事无巨细，他都态度严谨，尽心尽力，从不懈怠。

即使在得意之时，也从不张扬，形诸于色，放纵大意，时时提防招惹是非。同时，凡是他属下的人犯了过错，惹慈禧太后生气，他都敢于承担过错，总是对慈禧太后说，这是奴才的错，对属下管教不严，请求慈禧太后惩罚自己。对此，慈禧太后很赞赏他勇于承担责任的态度，也许是出于对他的偏爱，慈禧反倒气消云散，不予追究。他在慈禧面前不仅总是奴颜婢膝，张口老太后，闭口老佛爷，就是在王爷大臣们面前，也是如此，无论何时何地遇到王爷或大臣们，也总是躬身侍立一旁，口称某王爷好或某大人好等。中国人总是说礼多人不怪，李莲英因此结交了不少人。

他一生又喜欢交结各路朋友，诸如亲王、郡王、贝勒、贝子，六部九卿，翰詹科道的大员、外省督抚、封疆大吏，以及至北京的社会名流等，与他交情笃深者不乏其人。他平时善于交友，拉拢关系，又巧于利用慈禧太后对他的信任，利用手中的一点儿权力为他们解决一些问题。因此，取得了一些朝廷重臣对他的信赖，诸如恭亲王奕䜣、醇亲王奕譞、庆亲王奕劻、端王载漪、李鸿章、张之洞、荣禄、孙毓汶、袁世凯、岑毓英、岑春煊、盛宣怀、载洵、载洵、溥兴、溥澜、刚毅、立山、联元、赵舒翘、姜桂题、江朝宗等，且都与他有较深的交情。当然，其中也有人是为了仰承其鼻息，在慈禧太后面前给说好话，以便取得慈禧太后的信任，不失宠幸，保全自己。因此，李莲英在朝野内外就成了一个烘云托日、众星捧月般的人物，甚至京城里的百姓既怕他三分，又都敬他三分。

据李氏后人说，慈禧太后个人使用的太监，最多时不下四五百人，凡在李莲英管辖之下的人，他都要求很严，怕他们做错了事，给自己丢面子。他初当总管时，常用来吓唬手下人的一句口头禅是：谁不老实就送谁去“扫茬”，就是二次净身。其实，太监们都知道，宫中太监扫茬的制度是有的，但那是百年不遇的事情，非玉茎重生者，是不会再遭此酷刑的，甚至是一万人中也不会有一人出此怪现象，并不是谁想叫谁去扫茬就可以的。相反，李莲英对下边的人又很“护犊子”，尽力不叫他们吃亏，如分发赏银，尽量平衡，人人有份。再比如太后吃剩的御膳，有时赏给宫女、太监们吃，叫李莲英去分，如果谁不在，他都给留出一份来。再比如，某太监家中祖父母、父母病故时，李莲英就亲自在慈禧太后面前去为他们请假，讨恩赏银子等。所以，他手下的人既怕他，又敬他，还感激他。

辛亥革命后，清朝的遗老遗少乃至众多官员中，接触过李莲英的人很多，但谈论李莲英的人很少，唯有光绪朝后期曾任过大城县县令的曾毓隽谈到过他与李莲英的一次接触和留给他的印象。曾毓隽曾任顺天府令，接到调任大城县县令的通知后，便去顺天府尹家拜谢，府尹还向他道歉，说把他调到了大城县——李莲英的老家，此处官难当、人难做。

曾毓隽上任前出于礼貌不得不去李莲英的府上拜会，目的是递上帖子，免得失了礼数。没想到李莲英以客礼相待，一口一个“老父台”，告辞时还亲自把他送出门。曾毓隽还说以后李家有事可以直接跟他打招呼，他会尽力办妥的。但是，李莲英却正色道：“老父台，这可不行，家中的子侄和族人如有什么不轨之行，还望你严加管束。否则，你我在北京都没有好日子过，而且对家风不好，还望老父台多多费心。”言辞诚恳，态度甚恭，丝毫没有做作的样子。曾毓隽在任期间，确实未发现李家有什么不法之事，不轨行为。

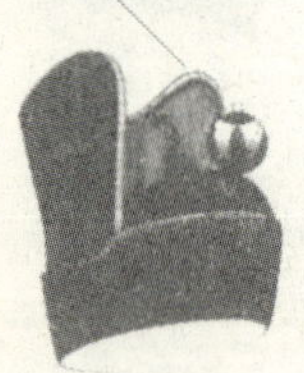

李莲英对家人和对个人的严格要求是出了名的，吴永在《庚子西狩丛谈》中也有相应记载：一是在处理吴永与岑春煊的矛盾问题时，尽管李莲英与岑春煊的父亲岑毓英有深交，但李莲英却并没有故意偏袒岑春煊，这让吴永深感佩服；二是以王之春为首的几位重臣，企图在慈禧面前捉弄吴永，李莲英却出面暗中保护为人正直清廉、深为太后所喜欢的吴永，并事先把此事偷偷地告诉吴永，使吴永有所提防。对此，吴永言谈举止之中始终对李莲英充满感激之情。

晚清时期，吏治之滥早已到了病入膏盲的地步，贪污腐败早已是人所共知。就连慈禧太后也经常把卖官当做主要的收入来源，而且那些花钱买官的人上任后会尽力搜刮百姓，以此收回投资，所以民间素有“三年清知府，十万雪花银”之说。即使你是科举出身，如想混个好缺，也非花钱打点不可，整个官场可谓一片黑暗。

李莲英在宫中这么多年，耳濡目染，早就司空见惯。深知凡宫中有钱有势的太监，大多结交朝中官员，肆无忌惮地收受贿赂，广揽钱财。李莲英看到自己的同行一个个都发了大财，买房子买地，不仅眼红，还紧步后尘，拿他们当楷模，甚至依仗自己的靠山是慈禧太后这个优势，采取了有过之而无不及的手段，大肆捞取外快，搂财聚宝。除了他应得的月食钱粮、恩赏的银子外，他每年都从内务府兑换十万两上等的雪花白银。

另外，凭着他是慈禧太后的宠信，又是宫里的总管，无论外官或内官，求他在慈禧太后面前说情办事的人擦肩接踵，哪一个不得打点他一批厚重财礼。但是，李莲英收受贿赂也有自己的戒条，向来小心从事，从不鲁莽。凡是那些素无来往或不知情的外官，大多拒之门外，主要是怕他们口头不严，走漏风声，于己不利。所以，他自己常常自称不结交外官，以显清白。其实，他背地里结交的外官很多，据说都是经内务府的人引见的，而且大多是有头有脸颇有名气的人，不仅有内廷大臣，而且还有外省督抚、封疆大吏，甚至有著名的李鸿章、袁世凯等有实权的重臣。

虽然他经常收受这些人的金银财宝，但很少在慈禧太后面前为他们求情办事，因为他怕老佛爷对自己交结外官产生怀疑，同样对自己不利。等日后一旦人家问起事情办得如何时，就用所求老佛爷不允的话搪塞或支应过去。对于平日有些交情又收受了重大财礼的人，就算是碍于面子不得不办，也要耐心等待时机。非要等到慈禧太后提起来，李莲英才会顺便开口，或者去找某王爷、某大臣去圆通。当年，袁世凯就是通过自己的好友阮中枢结交的李莲英，经过一番打点之后，求助李莲英。李莲英先把他援引给庆亲王，然后又让他结识了荣禄。他们利用御前会议合法的发言权力，一唱一和，把袁世凯又推荐给慈禧太后和光绪皇帝，才得以恩准到小站督练新军的。

李莲英与庆亲王奕劻及荣禄向来交往频繁，早年李莲英在奕劻身上没少开销银子，所以后来就可以互为利用，相互利益均沾。其实，李莲英并非不可直截了当地恳求慈禧太后，主要是时刻警惕自己，不要因小失大，一旦失宠，摔得鼻青脸肿，正所谓登高跌重。

李莲英收受贿赂，讲究分寸，其实他是很贪婪的，凡是不肯买他账打点他的人，他非常忌恨。有这样一段故事，户部侍郎张荫桓被派往英国参加英女王六十大寿庆典，回国时，途经法国巴黎，买了两块宝石，一块红宝石献给光绪皇帝，一块祖母绿献给慈禧太后。但他却没有给李莲英送什么东西，一贯占便宜的李莲英就忌恨他。于是，就在慈禧太后玩赏这块宝石，爱不释手之际，摸透了慈禧太后心思的李莲英认为教训张荫桓的机会来了，就站在一旁插嘴冷言冷语地说："难道咱们这边就不能用红的吗？"话虽然简单，却触动了慈禧太后的心窝子。按清代习俗，妻妾嫡庶之间衣饰区别极为严格，只有正妻方可使用红色衣饰，而妾媵只能用绿色衣饰。慈禧因为自己原是"西宫"，不是从大清门抬进来的，一直耿耿于怀。

如今，经李莲英这句话一刺激，慈禧也觉得张荫桓是有意将红色的送给光绪，把祖母绿献给自己。所以，瞬间情绪突变，当即令人将祖母绿宝石退还给张荫桓。张荫桓不知底细，便忧心忡忡，担心种下祸根，但慈禧也并不能以此作为惩处张荫桓的条件，便怀恨在心。最终，张荫桓还是受到了处置：一是因户部钱粮亏空，二是支持了光绪

皇帝的维新变法，被谪发新疆。当时，英国驻华公使出面干涉，说张荫桓是出使英国的友好使者，这样做是对英国不友好的行为，将会影响中英两国的关系等。慈禧太后却一意孤行，一心要查办他，从中可以看出李莲英对慈禧太后的影响。

庚子年（即光绪二十六年，1900年），八国联军侵略中国，清军大败。慈禧太后挟持光绪皇帝逃到西安后，借口张荫桓与洋人有勾结，下令将张荫桓在新疆处死。

李莲英一生在宫中深得慈禧太后宠信，终老不衰。他又广交言官，含而不露。一些贪图权贵之人，竟与他磕头结盟拜把子，呼兄唤弟。如军机大臣孙毓汶、白云观道长高云溪等人，都与他结为金兰之好，成为异姓弟兄。还有人说那个恬不知耻的曾经卫戍都门，后来搞复辟的张勋，曾经拜到他的膝下，认他做义父。就连海内外大名鼎鼎的李中堂李鸿章，在去广东赴任之前，也用厚厚的财礼先拜谒李莲英。至于野心勃勃的袁世凯，从光绪二十年（1894年）后就与李莲英过从甚密，大把大把的银子塞入李莲英囊中。李莲英也正是通过这些人大发其财，享有厚福的。

有一种说法是，李莲英并不是一直都在慈禧太后面前吃香的，他晚年失宠的说法有很多。其中之一说，自从光绪二十四年（1898年），慈禧太后发动“戊戌政变”后，由于李莲英态度不明朗，与光绪帝关系暧昧，慈禧太后认为他是靠不住的人，就开始对他冷落。再一种说法就是，自从光绪二十六年（1900年）慈禧太后出逃时，李莲英便失宠了。更有人说，李莲英之所以失宠是因为崔玉贵的得宠。

其实，李莲英在慈禧太后心中并未失宠，崔玉贵在慈禧太后心目中的位置始终也未超过李莲英：一是出逃时，慈禧念李莲英年岁已大，让他坐在车上，跟在自己的身后，免受徒步之苦，崔玉贵则被派往前行探路跑腿的苦差事；二是光绪二十七年（1901年）回銮后，慈禧太后认了李莲英的嗣女儿为自己的干女儿，长期留住宫中，恩宠有加。从某种意义上说，这一举动更加转化了慈禧太后与李莲英主仆的关系。反观崔玉贵，则被撵出宫一年多，不管是什么原因、什么理由，在当时的人们看来，毕竟是不光彩的，而且崔玉贵对此也心怀不满。再就是故宫中保留下来的许多照片，多为光绪二十九年（1903年）裕勋龄入宫后所拍，关于慈禧的照片，每次大多是让李莲英陪同，而崔玉贵的就很少。特别是慈禧太后扮观音菩萨的几幅照片，都让李莲英陪着站在一旁扮作韦驮，充分说明了慈禧太后与李莲英之间几十年所形成的牢固的主仆关系，以及超越主仆关系的特殊感情的一种关系。

慈禧晚年信佛，常扮作观音，李莲英大多扮作韦驮。韦驮全称叫韦驮天，梵文称“塞达陀”。观音菩萨与韦驮也有一段有趣的传说。观音菩萨的生日是阴历二月十九日，文殊菩萨派韦驮挑着一担满满的礼品去南海为观音菩萨祝寿。韦驮怕延误时间，便急匆匆地奔跑，弄得大汗淋漓，眼看快到南海，实在太累了就坐在一块大石头上休息，不知不觉地睡着了。一觉醒来，继续赶路，眺望普陀山，隐现在翠绿丛中发现寺庙楼阁，他不觉松了口气。就在此时，不知从何处突然跳出五只猛虎，把礼品抢吃一光。韦驮怒从心头起，拿起扁担将五只猛虎打死。虎是打死了，礼品却没有了，该怎么办呢？他哭丧着脸，空着两手来到观音洞外徘徊起来。观音菩萨驾着祥云，在他的后面将一切情况全看到了，便收他做了护法神。许多寺庙里韦驮的塑像就是根据这个传说才立在观音菩萨身旁的。

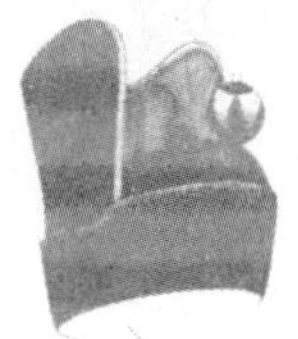

慈禧太后把自己比作观音菩萨，把李莲英比作韦驮，其用心不就在此吗？这就完全证明了李莲英在慈禧太后心目中的地位。光绪三十年（1904年）十月十日慈禧太后万寿节这天，恩赐李莲英蟒袍补服全袭。光绪三十三年（1907年）九月十七日，慈禧传旨为李莲英60岁生日赐大福寿字、画各一轴，实际就是让大家为李莲英60岁生日筹备贺礼。

慈禧太后死后当夜，隆裕太后便降下一道懿旨，要李莲英侍奉“慈驭上宾”，而崔玉贵第三天则被准予出宫，此后便在宫中销声匿迹了。李莲英和崔玉贵的身份地位高下立判。

晚清宫廷太监刘兴桥、赵荣升、冯乐廷等人曾经根据自己的亲身

经历写了一本关于晚清太监生活的书，书中就提到：

清代末年，女主里寡妇多，当权的西太后虽然有好多事要做，但日子过得看起来也是怪无聊的。她闲下来的时候，写写字、画点画、看看戏……倒也清闲。其中，最能解西太后心烦的就是大太监李莲英。李莲英最会服侍她，成了她离不开的人，两人的感情看起来非常密切。每天三顿饭，早晚起居，慈禧太后和李莲英都互相派太监或当面问候："进得好？""吃得香？"不仅如此，有时候西太后还亲自来到李莲英的寝室去看望他。

在宫里，慈禧总是和李莲英走在前边，其余的人则远远随在后面。西太后有时还把李莲英召来寝宫，谈些黄老长生之术，常常谈到深夜。

种种史料都表明，李莲英在慈禧太后面前终老不失所宠。崔玉贵虽然为慈禧太后所宠信者之一，但比起李莲英来，实际上他是上蹿下跳，跑的腿多，受的累多，说的话多，伤的人也多，而所得实惠可比李莲英逊色多了。

宦官参政，官居二品

中法战争之后，光绪十一年（1885 年），醇亲王建议设海军。清廷遂设立海军衙门，以醇亲王为总理大臣，节制沿海水师，由李鸿章专司其责。

光绪十三年（1887 年）的一天傍晚，慈禧躺在摇椅上，对为她捶腿的李莲英幽幽地说：“小李子，皇上年满16岁了，该成亲了。”依照清制，成亲意味着皇帝亲政。李莲英明白主子的心意，说：“老佛爷，按老规矩该给皇上成亲了。不过，到18岁册立皇后也不算晚呀!”

“对，到18岁。再过两年也不晚。不过，皇上16岁了，我再垂帘听政，似乎说不过去。”

“奴才知道。但16岁的孩子还不大懂事。”李莲英凑近主子耳边嘀咕一阵，慈禧便高兴地拍了他的腮帮子。

隔日上朝后，慈禧下谕道：“明年归政。”醇亲王及大臣们相继上疏，光绪帝亦再三恳请太后继续训政。一番文章做过之后，慈禧便应许了。

慈禧仍然心事重重，两年训政总要结束的，这以后的日子怎么打发……她想得直叹气。李莲英见主子愁眉不展，便传来李三顺学狗叫狗跳，想博主子欢颜一笑，结果使慈禧更心烦，斥令都滚蛋。李莲英叩头如捣蒜，连称“奴才该死！奴才该死!”过了一会儿，慈禧见李莲英坐在宫外流泪，满脸委屈之相，不由心生怜爱。“小李子，起来，咱们去御花园溜弯儿去。唉！这宫内也太闷人了。”

来到御花园，李莲英叫道：“老佛爷，快看，多漂亮的牡丹花!”慈禧过去一看，“真是白带你来这么多趟，连牡丹和海棠都分不清。”“我的眼怎能和老佛爷比呢？”李莲英的话，使得一旁的李三顺若有所悟，明白了师傅为何在老佛爷面前久宠不衰的原因。

回到储秀宫，已是掌灯时分。李莲英伺候主子漱洗上床，试探地说道：“老佛爷，您日理万机不辞辛苦，皇上也该体谅才是。南方长毛闹事那些年，多亏老佛爷您镇得住，否则半壁江山不保了。如今您又教导成一位皇上，照历朝祖宗的规矩，皇上该修座园子，奉养老佛爷才是。”

“我何尝不想，可是钱呢？如今朝廷正在难处，又是赔款，又是办海军，我怎能提修园子的事呢？”

“说到这一层，奴才就更不平了。朝廷处处想省，打了胜仗，还要老佛爷拿出自己钱赏他们。就说马尾那里吧，办了个船政局，造了十

几条船，半天工夫就叫洋人轰了个精光，几百万银子扔进了大海。奴才真正心疼。钱扔在水里，还听个响声。几百万银子造兵船，影儿还没见，就都没了。也不知那是些什么船，值不值那些个钱？由得他们胡花，还不如老佛爷您来花。”李莲英边说边看主子的脸色，这是他早想好的话，果然正对主子的心思。

“难为你这么明白，可同治十二年 (1873 年) 的事你也知道。一想起来，我就伤心。”

李莲英知道这是指那年重修圆明园引起的风波。当时，恭亲王和东太后极力反对，事情泡了汤。“就依老佛爷您的功绩，即便今天恭亲王仍在军机，也不便说什么的。况且如今是老佛爷您一人拿主意，事情一定能办得顺顺溜溜的。”

“对，趁这会儿我一个人拿主意，我一定为自己好好拿个主意，可是钱呢?”

“找七爷和李中堂他们要呀。李中堂上折说办海军，一条铁甲船就是一两百万银子。不过也不见得真要那么多。只要七爷和李中堂手紧一点，无论如何也可以省得出一座园子来。”

这句话使慈禧恍然大悟：是啊，可以用偷梁换柱的办法，一面办海军，一面修园子，一切工料费用，都开在海军经费中。等生米煮成熟饭，还有谁敢拆园子不成。这夜，慈禧睡得香甜，美梦接连不断……

次日上朝，发下两道上谕：一是大建海军以张国威；二是修缮三海以奉慈养。

有个叫立山的蒙古人，籍属内务府，与李莲英关系非同一般，因而连续四年外放苏州“织造”之职。这是个肥缺，向来是一年一任。但这立山颇为能干，在织造的绸缎花样上下工夫，不断翻新，专门送往宫中供慈禧和皇上之用，颇得慈禧嘉奖。他每次进京，总少不了以高级绸缎和银票孝敬李莲英。吃利之下，李莲英客气地与立山兄弟相称，有时还留他在宫中一起吃饭。立山外放四年，发了不少财，但这毕竟不是长久之计，便产生回京打算。有李莲英关照，慈禧将立山调入京师，派任内务府堂郎中，这是握内务府实权的职位，勤勉一些，几年就可升为二品的内务府大臣。立山是内务府的红人，修缮三海一事由他一手经办，醇亲王名为主持而已。明眼人一看便知办海军是虚，修三海也别有文章。但慈禧真意是在大修清漪园上，连醇亲王也蒙在鼓里。

在三海工程进行中，李莲英和立山就已踏勘好了清漪园的工程，图纸、材料等一切都在暗地里准备妥当。在三海的修缮即将竣工时，清漪园也动工了。

三海工程由户部、内务府和海军衙门拨款。因此，清漪园的资金只能暗地筹措。起初，由立山挪用内务府的款子，又借修三海之便，为清漪园买了许多木料，但这远远不够。于是，慈禧和李莲英打上了李鸿章的主意。

光绪十三年 (1887 年) 夏，西太后单独召见醇亲王，告知清漪园修缮一事。醇亲王已有所闻，心中虽不愿意，但却不敢像恭亲王那样公然顶撞这位心狠手辣、喜欢奢华的太后嫂子。

见醇亲王欲言又止，慈禧不给他思虑机会，说道："户部已拨巨资给了北洋，可海军到底建成什么样子，我想让莲英跟你一道去李鸿章那里看看。别是把银子白白扔了才好。你就通知李鸿章准备准备。"

醇亲王一听让李莲英随行，忙说："莲英乃三品顶戴，随臣视察，怕太招摇。""那就让他戴六品顶子去好了。"慈禧这么一说，醇亲王也就明白了此行的目的，只得勉强答应下来。

消息一出，朝野大哗。太监出京检阅水师，岂不是唐朝宦官监军之祸重现吗？但自从慈安暴毙，慈禧在朝中唯我独尊局面形成已久。言路上曾喧嚣一时的张佩纶等一班清流，亦因中法战争中马尾之败而灰头灰脸。只有贝子 (宗室封爵的第四级) 奕谟向醇亲王据理力争，醇亲王只好将责任全部承担下来，说李莲英随行检阅是他自己的奏请。

北洋舰队中最大的舰是定远舰，购自德国。舰上最大的一间舱房是管带 (舰长) 室，经过布置作为醇亲王卧室，次大的舱房，原为李鸿章专用，特意留给李莲英。醇亲王与李莲英抵达天津后，李鸿章就用定远舰接待他们去旅顺检阅海军。

天津海关道周馥，亲自带李莲英进舱，他原以为会听到几句好听的客气话。一身灰布行装的李莲英问道："周大人，这间舱如此讲究，大小也跟王爷那间差不多，莫非舰上的舱房都是这个规格？"

周馥回答："舰上的规矩是最好最大的一间给管带，就是王爷那间。其次大的这一间是给管驾的。"

"那李中堂呢？"

"中堂是主人，用的比这两间小些。"

"那怎么可以？我怎敢僭越，破坏朝廷体制。请周大人替我换一间小的。"李莲英直摇手。

周馥大感意外，想这"皮硝李"是假客气吧，若信以为真可就太傻了。"李总管不必过谦，这是李中堂交代布置的。"

"李中堂看我是太后跟前的人，敬主而尊仆，但我自己明白轻重分寸。若真没地方可换，也不打紧，我看王爷舱里那间套房，四白落地，倒很清爽，我就在那里打个地铺吧！"

周馥欲笑不敢，这李总管不认识白瓷抽水洋马桶，竟要睡在那洋茅房，传出去岂不是大笑话！只好去请示李中堂再说。

李鸿章一听，脸色郑重，对一班心腹道："他是三品大员，却肯委屈戴这六品顶子，此人不比安德海，你们须小心侍候。"周馥便将自己的舱房让了出来。

次日早上六点钟，醇亲王一觉醒来，李莲英已在侍候洗脸水了。看他有条不紊，联想到太后，醇亲王立生警觉。"莲英，歇着吧！你也是李中堂的客人，不必为我张罗。"

"老佛爷交代过我，让莲英侍候七爷。就是老佛爷不交代，莲英也该如此呀。"

醇亲王再三劝说，李莲英才歇手，但已将一应所需物品放在醇亲王床前，并规矩地垂手侍立一旁。这与传闻中飞扬跋扈的样子相去甚远。李鸿章来给醇亲王请安，李莲英也给李鸿章请安，一点也无大总管的架子。这倒使李鸿章想起几年前的一件事。

光绪初年，李鸿章已是朝廷要员，他进京想面见两宫太后，陈奏与日本交涉及台湾和沿海防务事宜，请求拨巨款振兴洋务以张国威。进京时他带了不少银子，从军机到六部小堂官，都备有“红包”。依照定制，疆臣进京未见驾前，不会客亦不拜客，由崇文门直接往宫门请安，然后回贤良寺行辕歇息，等待陛见。可李鸿章的请安折子上去三天仍不见宣召，索性又上第二道折子，仍不见音。莫非两宫太后故意冷落？只好破例面见恭亲王问个究竟，恭亲王气愤而言：“八成又是那狗奴才作梗！”李鸿章再问是谁？军机大臣宝鋆才说：“是太后身边的太监李莲英，大概是上次你觐见时少给了见面礼，招来如今的报复。”恍然大悟之后，李鸿章差人送去 5 万两银票。第二天，即召陛见，但李鸿章心中气愤难遣：堂堂一品大员，文华殿大学士竟受制于搞皮硝出身的阉人，有机会非出这口恶气不可！接到醇亲王要来的消息，李鸿章觉得吐这口恶气的机会来了，可以利用言路上参他一本，即使不至安德海那般下场，也可煞煞他的威风。不料，这“皮硝李”谦让有礼，如此毕恭毕敬，与安德海的张狂截然不同，反倒让李鸿章改变了初衷：此人城府之深，非一般可比，只可笼络交结，不可马虎大意。于是，他派周馥接待，借机探其此行真正目的。

周馥哪是李莲英的对手，反让借此行来探摸北洋实情的李莲英套出了不少秘密。他喝着周馥特意送来的上等法国葡萄酒，漫不经心地问着北洋的收支、购船的经费等问题。周馥卖弄地说出北洋的款子都存在汇丰银行，买船通过银行进行。

“外国银行的利息比咱们的银号钱庄要高一些吧？”

“也不见得。主要是因为银行可靠，洋人做买卖最看重主顾。如果你有钱存在银行，不仅靠得住，即使有人去查问，他们也会保密。”

“就是说，钱存在洋人银行里，除了本主外，无人知道？”

“是的！李总管想把钱存到那里？在下愿代为引见。”

“难道奉旨去查也不行吗？”

“是的！”

“那不成了抗旨吗？”

这时周馥的心眼才活动了，开始有所警惕，暗自后悔把北洋的

"底子"抖给了李莲英。他急忙解释道："其实也不全是我说的那个样子。外国银行由他们的公使管辖，咱们太后的懿旨行不到洋行那里，也谈不上什么抗旨。"

"周大人，我想讨教一下，跟外国银行借款行不行?"

"是不是李总管有用? 如果需要，只要您说一声，李中堂和我一定想办法。"

"谢谢周大人美意，到时我会求二位大人的。"

这番谈话，李莲英明白了两件事：一是北洋的存款在汇丰银行；二是可以通过李鸿章向外国银行借款。

第二天，李鸿章陪同醇亲王奕譞和李莲英检阅海军。李鸿章下令会操，全部舰队、大小船只，庄重地演示了一番。不过无论是醇亲王，还是李莲英，都是门外汉，根本不懂得海军操练是怎么回事，只是看得眼花缭乱，二人也说不出个所以然来。第四天，李鸿章又引导奕譞、李莲英出巡北洋海口，醇亲王不敢坐船，只让李莲英一人巡视，李莲英便趁机装腔作势，大摆威风。待巡视结束，二人该回京时，醇亲王奕譞把脸拉得老长，不置可否。李鸿章晚上便密见李莲英，询问："这回来津阅兵，太后有何懿旨，需要做些什么?"李莲英这才对李鸿章说："所抽海军经费用做修建清漪园的款项，仍然不够，太后之意，要中堂大人想办法，再抓紧筹措些。"李鸿章听完哪敢说半个不字，只好点头答应。

等醇亲王奕譞和李莲英启程之前，李鸿章为了讨二位欢心，又从海军军费中抽出二十万两白银，十万两馈送王爷，另外十万两背地给了李莲英。李莲英得了银子，小心翼翼，背着王爷把这笔银子留在天津，托人备置砖瓦木料，运回故里，修建庄园。待返京以后，李莲英在慈禧太后面前，讲起李鸿章操练海军之事，滔滔不绝，说得天花乱坠。然后又说抽款的事情，李中堂答应立即筹办。慈禧听了很是心满意足，并对李莲英的"才干"倍加赞许。

而此刻，总管太监刘多生，眼看着慈禧太后对李莲英越来越宠爱，担心自己一旦失宠，前景不堪设想。因为乾隆七年 (1742 年) 曾有过明确规定：太监官职不能高出四品，且这规矩永不可改。李莲英随醇亲王去天津阅兵，却赐穿黄龙马褂，戴二品花翎顶戴，虽未明确品级，但是谁都明白，这黄龙马褂、二品顶戴，穿戴上是不会脱下来的。刘多生便以上了年纪为理由，奏请慈禧太后准许他出宫，去白云观做道人。果然一请便准。然后马上就把李莲英晋升为二品花翎顶戴，内廷大总管。

尽人皆知，慈禧太后为了自己个人政治上的需要，对祖宗家法时常置之不理的，这就是她所谓的“我行我素”。从此，人们便称李莲英为“九千岁”。满朝文武议论纷纷，怕重蹈唐代覆辙，开太监监军之例。御史朱一新，耳闻目睹，忧心忡忡，遂冒死上疏慈禧太后，参劾李莲英，他在奏折中说：“从古阉宦，巧于逢迎而昧于大义，引援党类，播弄语言，使宫闱之内，疑贰渐生，而彼得售其小忠小信之为。皇上明目达聪，岂跬步之地而或敢售其欺。顾事每或于细微，情易溺于近习，侍御仆从，罔非正人，辨之宜早辨也。”

结果，朱一新被慈禧太后痛责一番，并降旨，革职回籍，永不起用。

慈禧太后之所以这样做就是要杀一儆百。也就是说，谁敢弹劾我的心腹，下场与朱一新一样。这就给李莲英权倾朝野大开了方便之门。难怪李莲英后来曾大言不惭地说，天津阅兵，令我名利双收，而御史朱一新却自讨没趣，被革职回籍。

根据历史记载，经李莲英和李鸿章之手，为修清漪园，以各种名义挪用的海军军费多达2000多万两。李鸿章哑巴吃黄连有苦不能言，到中日甲午海战时，北洋舰队只有七艘像样的舰船，所用经费只有700多万两，仅是被挪用军费的1/3。中日之战，中国的失败于此也就可想而知了。而监修清漪园的李莲英，伙同立山，私吞经费达60余万两，并且偷工减料，借机大修私第，以至京城内有好几处“李宅”。

光绪十五年（1889年）正月，光绪帝举行大婚。一应的准备工作，从上年就开始了，慈禧指名李莲英为大婚的“专司传办”。这其中的用心在于利用职务之便，挪用户部、内务府拨的“大婚专款”去修万寿

山和昆明湖。光绪大婚费用1000余万两，其中400万两被李莲英挪用给立山去修园。光绪十四年（1888年）年底，紫禁城太和门失火，言官认为是天象示以警诫，慈禧才不得不有所收敛。

李莲英借修三海与清漪园、总司大婚之机，实在捞得太多了，盈满之惧，时刻萦心，唯恐言官再把矛头指过来，因而也顺水推舟说："几件大事搁在一起办，是显得花钱多了些。"慈禧知众怒难犯，且也"寅畏天威"，特地让立山缩小园子的工程范围。到光绪十五年（1889年）年初，工程总算完工了，依照慈禧之意，改名为"颐和园"。修颐和园及三海，耗资总计4000万两，是当时清政府一年财政收入的1/2。

颐和园在京城西北郊，包括万寿山、昆明湖两大部分，占地4300多亩，原为乾隆所修，后毁于英法联军入侵。重修之后的颐和园，有三层楼高的大戏台，相对着平行于戏台的三间大屋，供慈禧看戏、休息、待客；还有供慈禧烧香敬神的大佛堂。在李莲英建议下，园内拉了电线，装了电灯，夜晚更显得金碧辉煌。是年二月，慈禧正式宣布撤帘归政，移住颐和园，惬意享受为她准备的一切。

李莲英当上内廷大总管的第二年，即光绪十三年（1887年）十月十七日，是他四十岁生日。慈禧为了给李莲英抬高身价，就亲传口谕，要给李莲英庆祝"四十大寿"。李莲英生日当天，慈禧亲赐蟒袍一件、白银两千两、大福寿字画各一幅、玉猫一个。慈禧这一举动，满朝上下无不效仿，上至皇帝、下到文武百官、外省督抚，无不以厚礼祝贺。一时李家门庭若市，人来人往，所得寿诞礼品举不胜举。珍奇古玩、名人字画、金银器皿等，应有尽有。这时李莲英在北京的外宅已多至五六处。据说，是在后公用库的宅院内举办的生日庆典（此处宅院当时的门牌是八号和甲八号，1940年为其嗣长子李成武卖掉）的。生日当天，李家张灯结彩，大摆筵宴三天，宾朋满座。不仅如此，慈禧太后还在宫中大开筵席，明摆着把李莲英凌驾于王爷、朝臣之上，宫中品级低于李莲英的官员、太监、侍女等都要给李莲英磕头庆祝生日。对于一个太监来说，这是前无古人，后无来者的。弄得满朝文武大臣无可奈何，对慈禧太后大破祖宗家法、我行我素的做法，个个敢怒而不敢言。此举不仅再一次提高了李莲英的身价，助长了他的气焰，而且使李莲英在众目睽睽之下，攫取了一大批金银财宝，装入私囊。

自此以后，李莲英比以前更嚣张跋扈、目空一切。

罗致党羽，结交大员

李莲英当上总管太监后，为了巩固自己的地位，就在宫廷大内拉帮结派，安插亲信，以权谋私。如果谁说了李莲英半个不字，马上就会传到李莲英耳朵里，而李莲英便不择手段地把这个人收拾掉。据说，不仅在宫廷内李莲英安插了很多亲信，就是各王府里也为数不少，都是以慈禧太后赐用太监的名义，把已被李莲英收买的人派去，所以各王府里有个大事小情，李莲英都能迅速得到情报。经筛选，然后再转报慈禧太后，从中又可邀功请赏。人们常说慈禧太后耳目众多，其实都是李莲英一手安排的。不仅如此，就是伺候慈禧太后的佣人，也都是他精心安排的自己的同乡、亲信。据说，当时李莲英手下的人，不仅是大城县的，还有大城县邻近县的人。李莲英也是用心良苦。因为宫内太监，拉帮结派，形成风气，各宫的总管太监都有自己的势力集团，集团之间矛盾重重，斗争也十分厉害。由于李莲英的后台是慈禧太后，所以也就没人敢和他争斗。比如宫内多次禁止吸鸦片，众所周知李莲英吸鸦片，可是就没人敢去查他。就是慈禧太后本人，对李莲英吸鸦片的事，也佯装不知，别人谁能奈何得了他？

据说，李莲英在慈禧太后宫里安排的主要人物，不算二总管崔玉贵，还有三个首领太监，分别姓徐、吕、骆。前两人是任丘县大尚屯

人（今属大城县），距大城县县城特别近，与李贾村也仅相隔三十多华里。李莲英就以同乡为借口，把他们安排在自己的门下，并推荐他们做了首领太监。这两个人都是做了父亲后净身入宫的，后来捞到很多财产，各置地五顷多，盖房三四十间，从此富裕起来。姓徐的儿子名为徐一成，除房地外，还开了两个店铺，竟然也跻身于士绅行列，直到“七七事变”时还是有钱人家。姓骆的名叫骆四甲，骆贾村人，与李莲英是同乡。1903 年，已生了三四个孩子的骆四甲，因贫穷无法度日，自己净身后去北京投奔李莲英，并得到保荐当了首领太监。到 1911 年清朝灭亡后出宫归乡时，已成了当地的一个财主，拥有土地四百亩。除此之外，在慈禧太后的寝宫，还有四名太监也是李莲英的同乡或近邻，两个姓王、一个姓刘、一个姓徐，不过这几个人都没捞到什么钱财，晚年回到家乡，普普通通地过活，有的还死得很惨。慈禧太后御膳房给她熬粥的师傅（不是太监），也是经李莲英介绍去的，是大城县四陈庄子村人，姓陈，后来，也讨得慈禧太后喜欢。因为慈禧太后饭后一定要喝半碗粥。在她吃饭时，要提前摆好二三十碗，等她吃完饭，摆膳太监要挨个碗摸，哪一碗温度正好，就赶紧奉献上去。热一点儿，凉一点儿都不行，这事儿很难伺候，常常有人为此挨慈禧的责打。后来这陈师傅弄到手很多银子，在家乡又盖房子又置地，成了富户，人们称他是二财主，意思是仅次于李莲英的财主，其实他和李莲英是无法相比的。另外慈禧太后茶房的太监，是大城县薛故献村人，白操劳了一辈子，虽然也受李莲英的关照，但不过得点小恩小惠，晚年病死在家乡。还有光绪寝宫的太监，有两个也是李莲英的亲信，所以光绪皇帝的一言一行，李莲英都了如指掌。光绪皇帝被囚时，慈禧太后命李莲英监视，其实李莲英也不是天天寸步不离光绪，只是派自己的亲信太监轮流看守。

李莲英横行无忌，以权谋私，就是光绪皇帝归政期间，光绪帝也无计可施。慈禧太后每年四月进颐和园之后，被召见者要给李莲英门费，才能见到，连光绪皇帝也毫不例外；而且光绪皇帝所要花的“门票”钱最多，每一次要花 50 两白银。对此光绪皇帝虽然忿忿不平，在慈禧太后面前一再提起此事，可是慈禧却置若罔闻，别人也就更不敢轻言了。

由于慈禧太后给李莲英说一不二的特权，所以他随心所欲，肆无忌惮。他不仅在宫内横行霸道，就是在他的宅邸里，即使把人活活打死，也无人敢于过问。据说在庚子之乱的头一年，李莲英宅邸的一个小太监，因不小心摔碎了一个精制器皿，李莲英便命人责打，一两天后小太监死了。在宫内更是如此，不管大小太监，稍不顺他心，动辄杖责。光绪二十九年 (1903 年) 夏天，李莲英在宫内打死了一个太监。

乌鸦是太监们最厌恶的一种鸟，因为乌鸦的叫声非常不好听，被认为是不祥之鸟；更因为北方人叫乌鸦“老鸹”，和“老公”发音相似，太监们听了很不顺耳，觉得是叫他们。因此太监逮住乌鸦以后，总是弄死。有一天中午，一个太监提着一只乌鸦，在它腿上绑上爆竹，点燃以后，松开手，当乌鸦飞往高空时，爆竹一响，乌鸦被炸死，许多太监在旁边见了，哈哈大笑，喊叫个不停。这种做法已经不止一次。宫中的规矩是太监不准放鞭炮的，恰巧这只乌鸦正飞到慈禧太后寝宫的上空爆炸了。慈禧正睡觉，当即被响声震醒了，又听到院内喊叫声，立刻怒不可遏。就让侍者拿来黄袋子，取出竹鞭交给宫女们，令她们到院子里去鞭打这些太监，好把他们驱散。可是也不能让他们马上安静下来。这时，李莲英带着几个随从赶来了，院子里的声音戛然而止，一些太监吓呆了。原来李莲英也正在午睡，听到声音，就起来查看，查完就回禀慈禧太后。慈禧二话不说就让李莲英立刻把这个惹祸的太监抓来责打。李莲英吩咐侍从将那个太监按在地上，令另外两个太监各持一根竹鞭，在他的腿上狠劲抽打，李莲英在旁边直数到一百下才喊停。然后李莲英回过身，跪在慈禧太后的面前说：“这是奴才失职，管教不严所致，请老佛爷治罪。”慈禧说：“快起来吧，这事和你没什么关系，把犯人给我带走!”这个太监趴在那里，两腿被打得血肉模糊，已无法动弹。李莲英立刻命两名太监拖着他的腿，拉了出去，后因流血过多，天气又热，两腿溃烂，又不给药调

治，没几天就死了。

“你不老实，再给你扫扫茬。”这句玩笑话，根据李氏后人说，是李莲英留下来的。据说，李莲英担任副总管以后，有些太监非常不服气，背后都说他是拍马屁拍上官的。这话传进李莲英耳朵里，李莲英愤愤不平，便自言自语地说：“迟早我要让你们知道我的厉害。”一天，他把两个贴身的小太监叫到跟前，吩咐道：“眼下有些人在背地里对我说三道四的，你们两个要暗中留心查访，找出为首的，事情查明白了我要赏你们银子；查不明白，你们和他们就是一伙的，我要一起整治你们!”两个小太监听了胆战心惊，只得听命。几天以后，果真把事情查清楚了，禀告了李莲英。李莲英说：“好，我赏你俩一人四两银子，以后再有什么情况，随时向我禀报。”两个小太监点头说是。第二天，李莲英给慈禧梳头时，趁机说：“有几个人净身不干净，他们常跟小太监们散布污言秽语，是不是检查一下，以防宫中发生违反祖宗家法的丑事来。”慈禧听了将信将疑，问：“有这种事?”李莲英忙说：“奴才所说句句属实，请太后明察。”慈禧说：“既是这样，你去找毕刘两家，给他们检查一下，事情属实的话，马上给他们再净一次身。”李莲英听了，心中窃喜，面不改色地说：“是，请太后放心，奴才遵旨去办。”当天午后，李莲英来到刘家，拿出他事先写好的名单，交给小刀刘，说这几个人不本分，给他们扫扫茬，再净一次身。两人又耳语了一番，李莲英便兴致勃勃地回到宫里。因李莲英当年是小刀刘给他做的净身，现在李莲英当了副总管，刘家不敢不唯命是从。第二天一清早，李莲英把这些常说他坏话的几个太监叫到自己屋里，说：“奉太后旨意，今

李莲英宅院

天送你们到刘掌柜那里去检查，如果有谁净身不干净，要第二次扫茬。”这几个太监一听吓得目瞪口呆，知道这是李莲英有意要整治他们，一下子全跪在地上求饶。李莲英板着脸说：“这事我说了不算，太后的旨意谁敢违抗!”几个太监无计可施，只好跟着李莲英到刘家去检查，结果一个不留地都给扫了茬，做了第二次净身手术。

李莲英一辈子，在宫中几十年如一日，狡猾多端，处处迎合主子的心思，终由散役小太监渐升为二品花翎顶戴，内廷大总管，参与国家大政方针。慈禧太后到了晚年，居然与李莲英相依为命，事事与他商量，而且言听计从。因而使李莲英飞扬跋扈，权倾朝野，真可说是一人之下，万人之上。他无视王公大臣的存在，就是光绪皇帝也要受他监视。文武百官、外省督抚，为保高官厚禄，无不唯他马首是瞻。像立山、孙毓汶、袁世凯、李鸿章之辈，无不拜于他的门下。李莲英可谓一个集奸、狡、伪、诈、诡于一身的人。

原来声名显赫的荣禄，自因纳贿被革去工部尚书之职后，离朝已有十三年之久，一直销声匿迹。哪知他与慈禧太后还有一段风流的事。荣禄是满洲正白旗人，早年曾与那拉氏情投意合，心照不宣。后来那拉氏被选进宫，当了咸丰的妃子。有情之人虽不能终成眷属，但藕断丝连。他甘做慈禧太后的忠实奴仆，曾忠心耿耿地从避暑山庄保护两宫安全回宫，立下汗马功劳。他曾位居步兵统帅、工部尚书，成了显赫一时的人物。慈禧把他革职也是迫不得已。李莲英深知他和慈禧的暧昧关系。因此，故意好言相劝，在慈禧面前说了许多荣禄的好话，把荣禄吹捧得有胆有谋、品学兼优、精明忠诚。慈禧一直牵挂着情人，经他一说，正中下怀，终使这个沉默一时的荣禄东山再起。荣禄开始起任为西安将军，三年不到就官复步军统领、会办军务，后来又荣升为直隶总督、军机大臣。荣禄对李莲英感恩不尽自无须多言，少不得以重金相酬，二人成了慈禧太后的左膀右臂。

这日，荣禄在官邸正悠闲地抽着水烟袋，忽报外面有人求见。请进来一见，原来是他的故友刚毅。刚毅是镶蓝旗的满员。他因审理“杨乃武与小白菜”一案出了名，时来运转，平步青云。他虽没什么大

本事，却有一套投机取巧的手段，处理官场风情、人情世故，对他来说易如反掌，善于周旋。就凭这一手，刚毅不费吹灰之力混到山西巡抚的官位。起初他还挺知足，没过几年，又觉得在京城比在省城好，便处心积虑地想往京城运动。此刻，慈禧太后六旬万寿马上要到了，他借进京给慈禧送寿礼的机会，想找门路向慈禧太后通通风。

荣禄见到刚毅来京，旧友重逢异常开心，即设宴招待。酒席间，二人畅叙友情，谈古论今，相互吹捧。因是知己，谈话也就直言不讳。三杯酒下肚，刚毅便把此次进京的目的，向荣禄讲了出来。荣禄一听，恍然大悟，乃举杯让酒道："兄弟！凭你的才能，理应荣升高位，但是京城的仕途、官场的情况，得了解才行。"

刚毅仔细地聆听着："请兄长明示！"

荣禄慢慢地呷了一口酒，夹了一口菜，耳语道："现在京城里流传着如此两句话——'慈禧太后当政，九千岁掌权'，'王公大臣要进京，得找总管李莲英'。这李莲英可有通天的本领啊！"

刚毅点点头，放下杯，生怕漏听一个字。荣禄继续说："你看那些升官的、上调的，哪个不是他一手促成的？我熬到这个地步还不是多亏他关照？"荣禄说到这里，环顾一下四周，见无人，便又耳语说："当今朝廷里拿得了主意的，就是李总管了。他虽然不过是个家奴，但是就凭他那一张铁嘴，能当朝廷半个家。凡是李莲英说的话，慈禧太后是言听计从的。听说东太后之死，就与他有关。你想，慈禧太后能不听他的吗？"

"酒后出真言。"荣禄因与李莲英关系密切，才知道这些底细，现在他乘着酒兴全盘托出。刚毅听到外边有脚步声，故意打住他的话，来了个反客为主说："荣兄！来，吃菜，吃菜！"只见荣禄醉眼蒙胧，端起酒又咕咚咚干了一杯，然后把杯"咣啷"地往桌上一放，向刚毅示意过来，刚毅急忙凑过去。荣禄对着刚毅的耳朵压低声音道："老弟！你……要是进京，不过……李莲英那一关，哪怕是金山……玉海，都搬来做寿礼，李莲英要不让老佛爷过目，你……你也是……白、白进人情！"

荣禄虽说的都是酒后之言，但刚毅是听得清清楚楚，心领神会。心想：既然李莲英爱这些东西，我何不投其所好，先用白货（白银）探探路，然后视情况而定。心意已决，二人又喝了一会，刚毅就告辞了。

两天后，荣禄派人密报刚毅，说李莲英今日在颐和园验收万寿彩楼，午后会回家，让刚毅按时去彩和坊。

刚毅来到李莲英府求见，得知李莲英出去还没有回来。刚毅正在踌躇，只见一辆轿子来到门前停下。从轿上下来一个头戴镍兰顶戴花翎，身穿孔雀褂子宫服的人来，他中等身材，看上去四十多岁，白白的下巴上光秃秃的……刚毅一猜，就断定是李莲英了，赶紧向前施礼道："山西巡抚刚毅，特来拜见李大人!"

李莲英一直不在家里会见外臣，这是他一直恪守的一条规矩，也是他棋高一筹于其他权贵之处。他凡事小心谨慎，不过分张扬。今天凑巧在门前相遇，使他有些犹豫不决。他想：这位巡抚远道而来，如果拒之门外，有些不妥。于是面带微笑说："巡抚大人大驾光临，怎奈兄弟屋室寒陋，请巡抚大人后厅一叙。"二人来到后厅，分宾主坐下，仆人端上茶来后，刚毅拱手道："总管大人整日操劳，为老佛爷的万寿庆典尽心尽力，文武百官无不敬佩!"李莲英答说："哪里，哪里！西圣母万寿，满朝上下都尽职尽责，本人更应全力以赴了！"刚毅不停地夸赞万寿节的设置安排，李莲英一再谦让。刚毅吹得李莲英眉开眼笑后，话题一转道："我听说令郎将于年前完婚，小弟远离京城多有不便，唯恐到时赶不上祝贺，趁此次进京为太后祝贺万寿之机，略备薄礼，不成敬意，还望总管大人赏脸笑纳！"说完，把一个红色礼单献上。李莲英打开一看，原来是一张十万两银票，心想：二子成亲，日子刚刚才定，只有我和亲家翁知道，他的消息也太灵通了！李莲英向来不在家受礼，但这个刚毅竟以儿子婚礼为名，送上这么大数的礼物。真要拒而不收也太可惜，再说这个礼也在情理之中。他踟蹰地笑了笑说："二子完婚还有两个多月，有劳巡抚大人破费实在不好意思。"刚毅见李莲英将银票收下，喜出望外，说道："这点小意思是人之常情，请千万不要介意。"

李莲英九岁净身进宫当差，儿子从哪而来呢？原来他弟兄五个，不算他；其他四个都是儿女满堂。当时人们有“人留后代草留根”的传统思想，有过继嗣子养老的习惯。因他排行老二，就过继了四个弟兄的二子为他的嗣子，和两个侄女做女儿。刚毅听了荣禄的指点，决定在李莲英身上找出路，因此，千方百计打听有关李莲英的消息，一找到这一点线索，特意前来拜见。当刚毅问到各地官员为慈禧太后贡献什么礼物时，李莲英说：“从这些天收到的礼单看，多数为玉如意，翡翠珠宝方面的东西。”刚毅又问：“老佛爷意下如何？”李莲英摇摇头说：“这些太后已是不足为奇了。”刚毅紧接着说：“在下想请总管李大人指点，此次太后万寿大庆，我该进献些什么最好？”李莲英想了想说：“颐和园新建不久，室内空空，需要些装饰，珠宝玉器虽价格昂贵，却不显眼，依我之见醒目的摆设最好。”刚毅听了，心中窃喜：他很了解，凡李莲英说好的，慈禧太后都会赞赏。于是说：“多谢总管大人明示，下官按您的意思，将礼物献上，不过还要劳烦李大人多多关照!”刚毅起身告辞，因李莲英急着回宫，也没加挽留。

刚毅辞别了李莲英后，前思后想李莲英的话，最后决定找最好的能工巧匠，特制了十二面铁花屏风进献。不久，刚毅把礼品进献园中，李莲英见是刚毅进献的，看在上次十万两的情面，他便多方设置安排，故意将这十二面铁花屏风摆在最显眼的地方。不出所料，慈禧太后一眼就看到了这副铁花屏风，它雕镂精细，其上花鸟栩栩如生，中间一扇有鹿鹤松图案，象征六合同春。慈禧端详了一会，喜形于色，问李莲英道：“这屏风谁献的？”李莲英忙答：“是山西巡抚刚毅恭奉！”慈禧点了点头，心想，他这礼物正合我意，这“六合同春”好！李莲英看慈禧面带微笑，故意赞不绝口，慈禧一时高兴，便吩咐李莲英将这十二面屏风移入寝宫。事隔不久，李莲英又乘机向慈禧提议，把刚毅提升为刑部尚书。

其实，刚毅进献给慈禧的雕花铁屏风只花费了给李莲英送礼的 1/10 银子，就得到如此重任，就因为他找准了门路，求对了人，否则，他再多花上百十万两银子，所献之物，也不一定被慈禧太后瞧上眼，何谈加官晋爵了。

慈禧一贯重奴才不重人才，刚毅能否担当得起如此重任，她想也不想。因此，这位刚毅人刚到任就笑话百出。他在一次批阅案卷时，其中有“瘐毙一犯”字样（囚犯因受刑、在监狱中生病、饥寒而死叫“瘐毙”），他根本不懂这个字的意思，便挥笔改为“瘦毙一犯”。有位司员见了对他说：“大人，瘐字无误，怎么改成瘦字呢?”刚毅一听勃然大怒，斥责道：“什么‘瘐毙’? 犯人在狱里瘦死又不是新鲜事。你写错了还说不错，真是岂有此理!”闹得这个司员哭笑不得。此事传为人们的笑柄。谁料到这种不学无术之人，后来竟任兵部尚书。通过贿赂李莲英，有多少酒囊饭袋之徒得以高升，由此可窥一斑了。

光绪二十五年（1898 年）时，李鸿章已卸任回京，居住在贤良寺(今北京协和医院一带)。当时朝廷内部分崩离析，矛盾重重。以端王载漪、大学士刚毅以及载勋、载澜等为一派，与庆亲王奕劻，争夺权势、互相倾轧，使得朝政渐乱，纲纪渐紊。慈禧太后有一次召见李鸿章，曾当面提出让他留京办理朝政。李鸿章听完，吓得汗流浃背，心想这是非之地。当时他只是叩头，未置可否。过了一会儿，慈禧太后见他一言未发，便让他先下去，说商量一下再说。李鸿章磕头谢恩，回到寓中，心里忐忑不安。过了两天，传闻两广总督谭钟麟被御史参劾，说他老态龙钟，不能充职。一天晚上，李鸿章浏览邸报，果然见有两广总督出缺的事。李鸿章看后，满怀高兴，笑了笑说：“避祸有方了”，便匆匆整好衣冠，直奔李府。碰巧这天李莲英没去棉花胡同外宅。李鸿章由东城跑到西城白费力气。时值寒冬腊月，寒风刺骨，李鸿章气喘吁吁，团团自转，没有见到李莲英，便急忙折往李莲英的另一处宅邸，这才见到李莲英。见面之后，稍加客套一番，李鸿章两眼环视了一下李莲英的客厅，只见珠宝玉器、古玩字画，琳琅满目，绝不次于宫廷大内中的名贵珍玩。心想我堂堂一品大员，竟比不上一个总管太监，有事还得求他相助，不觉一阵心酸，竟老泪纵横。随后，一来二去谈到粤都出缺之事。李鸿章说自己不愿在京任职，愿任外臣，请李总管相助，在老佛爷面前美言几句。李莲英听完，毫不犹豫便满

口应承，这事包在他身上，一定在慈禧太后面前代为启奏。因为根据惯例，慈禧太后凡事都要先与李莲英商议，而且对李莲英的话又是言听计从，所以李莲英毫不推诿，非常自信。果然没过两天，慈禧太后问李莲英，粤督出缺由谁去补，比较合适，李莲英已胸有成竹，马上回话："依奴才之见，李鸿章在京无所事事，他久任封疆，老成练达，最合适不过了，请老佛爷定夺。"慈禧太后听了，点头称是，还夸奖李莲英事事为她着想，体贴周到。随即写了手谕："两广总督遗缺，着李鸿章补授，钦此。"李鸿章接到懿旨，喜出望外，临行之前又亲临李府，拜别李莲英，少不了又赠送一大笔白银和珍奇古玩之类的东西，使得李莲英喜不自禁，还摆酒设宴为李鸿章饯行。

光绪二十六年（1900 年），由于庚子之乱，八国联军入侵北京。经慈禧太后与李莲英商议后，举行御前会议议决，将李鸿章再次调任直隶总督兼北洋大臣，回京与八国联军谈判议和。李鸿章进京后，李莲英早已随同慈禧太后逃往西安避难。李鸿章这次回京后，再没有与李莲英见过面，因此头年离京之别，则成了诀别。

李莲英本身最会逢迎拍马，但他更加喜欢别人拍他的马屁，这样既可显得高人一等，又可趁机大肆敲诈勒索。当时许多利欲熏心之人和一些中下级官僚，都很羡慕李莲英的权势地位。有些人不惜任何代价，卑躬屈膝地巴结李莲英。俗话说：穷在闹市无人问，富在深山有远亲。像孙毓汶、袁世凯等曾显赫一时的上层人物，都是事先通过与李莲英拉上关系，贿以重金，结拜金兰之交，而后再由李莲英这个内线，奏请慈禧太后的准谕，一步步爬上较高地位的。李莲英的一个莫逆之交，就是那个声名显赫、一心想复辟当洪宪皇帝的袁世凯。

袁世凯，字慰亭，号容庵，是河南省项城县人，所以人们也称他袁项城。因为他当总统时制的银币上有他一个光秃秃、肥头大耳的头像，由此又得来"袁大头"的称呼。咸丰九年（1859 年），他出生在一个官僚地主家庭。早年在山东投靠淮军统领吴长庆，任职营务处帮办，后因保举同知衔，改任驻朝鲜通商大臣。光绪二十年（1894 年），中日甲午战争时期，袁世凯从朝鲜返国，到北京禀报军情。等到中日甲午战争结束，由于听说日本人要杀他，就再也不敢回朝鲜，因而在北京闲住。此刻的袁世凯是一个默默无闻的小人物，李莲英并不知道他。不过袁世凯很会投机钻营，每天挖空心思，拼命想与上层名流人物接近，以求青云直上。当他得知他的结拜兄弟阮忠枢在李莲英家里做教馆后，高兴异常，因为通过阮忠枢定能拜见李大总管。

袁世凯在十几年前就认识了阮忠枢。当时袁世凯还没有出山，他从河南到上海，托人办事不成，又从上海去山东投奔伯父之好友吴长庆从军 (光绪八年)，途中与去北京候试的阮忠枢不期而遇，二人搭伴同行，朝夕相处，很是投缘，到济南分手时便结拜为兄弟。阮忠枢还为袁世凯拿了一些路费，从而成为挚友。

此时此刻，袁世凯追忆昔日情谊，觉得如果有好友阮忠枢帮忙，拜见李莲英并非难事。而阮忠枢自从那年和袁世凯分手之后，即往京城候试，考中举人。当时李莲英正为他妹妹聘请教馆先生来家教读，机缘巧合，阮忠枢就应聘到了李府，此刻已在李府教馆数年，李莲英很赏识他。当袁世凯打听到阮忠枢的地址后，赶紧前去拜访。二人久别重逢，稍叙昔日情谊之后，袁世凯便迅速把话题转到请求阮忠枢帮忙，想拜见李大总管的事上来。

阮忠枢见袁世凯迫不及待，便答应他促成此事，不过要试探一下李大总管的意思。事隔不久，阮忠枢便对李莲英说，自己有位挚友叫袁世凯，自朝鲜回国后，在北京无所事事，想求见李大总管，不知能否赏脸？李莲英给了这个面子。

一天晚上，袁世凯被阮忠枢带进了李府，拜见了李莲英。二人一见如故，臭味相投。从此，二人来往日益密切，李莲英还在府中接二连三地招待袁世凯，视为上宾，并且席间又常请阮忠枢作陪。袁世凯借机使出全身解数，大献殷勤，千方百计讨李莲英喜欢。不久，两人便换帖结拜金兰。袁世凯一心惦记着升官发财，便牢牢抓住李莲英这个内线大红人不放，经李莲英介绍拜庆亲王奕劻为师，接着又结识了荣禄、康有为等人，很快便把浙江温州道台的官职弄到手。

有一天，袁世凯来到李莲英府上辞行，打算去浙江赴任。李莲英

告诉他不要忙于启程，说愿意帮助再做周旋。李莲英便找庆亲王说袁世凯想留北方供职，如此便由庆亲王奕劻和荣禄出面，保荐他去小站督练新军。李莲英又在慈禧太后面前不停地推举，结果没有费吹灰之力，慈禧太后就奏准了。不久，袁世凯便到直隶总督兼北洋大臣王文韶那里，以道员衔去小站训练新军。袁世凯从此发迹，飞黄腾达。

第二年，袁世凯邀阮忠枢到小站做文案，李莲英准许。由于李、阮二人相处多年，感情深厚，临行前，李莲英竟与这个教馆的老夫子义结金兰。后来李莲英在慈禧太后面前保举阮忠枢，做了顺天府承、邮传部侍郎等职。

袁世凯为报答李莲英的提携之恩，实际更是为了抱住李莲英这个权监的粗腿，求得慈禧太后的宠信，便接二连三地在李莲英身上大把花钱。仅在光绪三十三年（1907年)，李莲英母丧之时，就送了40万两白银，至于平常所送的财物就更数不胜数了。

光绪二十四年（1898年)，袁世凯巴结荣禄，出卖光绪，慈禧太后发动“戊戌政变”以后，李莲英曾一语道破和袁世凯的密切关系，他说：“皇上想假用袁世凯之手杀荣禄，囚禁太后，袁世凯怎会恩将仇报!”

李莲英与袁世凯两家成为世交，恐怕鲜为人知。1901年李鸿章死后，由袁世凯继任直隶总督兼北洋大臣，势力更是高涨。李莲英的侄子李福堃，本是个游手好闲的公子哥，以“散财童子”的绰号名著津门。在天津下天仙戏院，他常年备有包厢，无论去不去都得给他留着。一次，袁世凯的大儿子袁克定也去下天仙戏院看戏，两人的包厢正好挨着。二人素未谋面，都是公子哥的派头，各有随从陪伴，各显各的阔气，偶因一点小事发生了争辩，便以拳头相见，闹得不可开交。袁克定的一个随从怕事情闹大，便跑回府衙报告了袁世凯。袁世凯一听是李莲英的侄子，心中叫苦，若是惹恼了李大总管，可不是好玩的，急忙下令，让差人拿着他的名片把李福堃接到府中再说。

李福堃来到袁府，余气未消，也没把袁总督当回事儿。心想你既然把我请来，看你如何处置？袁世凯走到李福堃面前，拍了拍李福堃的肩膀，接着就左一个贤侄，右一个贤侄地好言相劝了半天，李福堃的怒气总算消了不少。接着袁世凯先把袁克定痛斥了一番，然后又叫他向李福堃赔礼道歉。袁克定无可奈何，只好硬着头皮叫了声三哥，这场风波才得以平息。随后大摆宴席，把李福堃奉为上宾款待。事后袁世凯怕事情张扬出去，传到北京，惹怒了李莲英，便赶紧给李莲英写信，差人送到北京，说明事情全是误会一场，两人现已重归于好。李莲英看了信，未放在心上，并写信给李福堃，要他到袁府登门拜访，回敬袁世凯世叔大人。后来袁克定在袁世凯的授意下，又与李福堃义结金兰。从此，李、袁两家又多了一层世交关系。

慈禧太后后期，虽然削减了袁世凯的兵权，但是袁世凯基本未失宠信，地位脾气日益见坏，召见各部大臣和外省督抚时，大家都胆战心惊，生怕说错一句话，招致横祸。而袁世凯却可通过李莲英的关系，了解到慈禧的底细，然后献慈禧所想要的东西，说慈禧所爱听的话，把慈禧哄得开开心心。

光绪三十年（1904年），日俄双方交战，被日本侵略者吓破了胆的慈禧，心情沉重异常，担心中国卷入这个旋涡，难以自拔，便召袁世凯进京，想摸摸袁世凯的底，万一中国被迫应战，到底能不能抵抗日本。袁世凯不了解内情，到了北京不敢立刻去见慈禧太后，便先去拜见李莲英，打探召他进京的目的，见了太后说什么好，进献什么礼品等。李莲英告诉他：慈禧太后最近心情欠佳，说话要谨慎，要留神观察她的脸色，她喜欢听的就多说几句，不喜欢听的就别说。袁世凯听了深感为难，因为回话时不能看着慈禧太后的脸，怎么判断她高兴不高兴呢？李莲英说，你回话时，注意看我的脚，如果我两脚靠拢，那是太后不喜欢听，你就不要说了；如果我的两脚分开就是喜欢听，你就放开胆地说。所以袁世凯回答慈禧问话时，两眼目不转睛地盯着李莲英的脚。这一招的确很灵，袁世凯讨得了慈禧太后的欢心。

袁世凯身材矮肥，慈禧太后召见时，他紧张不安，弯着身子，低着头，时间一长，憋得满脸通红，气喘吁吁，等到退出殿后，一身冷汗把衣服都渗透了。为了解决这个难题，袁世凯给了李莲英二十万两

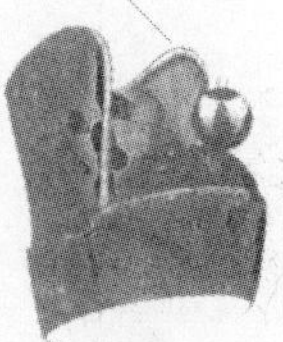

银票，请他出谋划策，在慈禧召见的时候，不要叫他站得时间过长。李莲英说这事好办，我和太后打个招呼就行了。袁世凯又问李莲英，现在老佛爷心情欠佳，进献点什么能让她开心。李莲英说，这阵儿老佛爷对中国的古董珍宝都没有兴趣，献点洋玩艺儿好些。袁世凯回到天津不久，就买了一辆外国制造的三轮自行车送到宫里，慈禧非常高兴，赞扬袁世凯办事称她的心。便叫几个宫女扶着，她骑在上面，在院子里兜来兜去。后来有几个大臣觉得这样有失体统，可是又不敢直说，便说不安全，万一出点闪失，都担当不起，慈禧太后听了非常不开心。

后来袁世凯又买了一辆汽车，问李莲英可不可以进献。李莲英说，这可是宫里没有见过的洋玩艺儿，老佛爷见了准会喜欢。于是袁世凯派人把汽车进献到宫内。慈禧一见，觉得很新鲜，便要坐上试试，可是司机把车放下就走了，宫内没人会开，慈禧大为扫兴。有个大臣说汽车怪物，坐上恐怕不安全，万一出点差错如何是好呢？慈禧一听说是怪物，心里不禁有点害怕，一直不敢坐，只好把它作为陈列品搁置起来。

李莲英与袁世凯狼狈为奸，骗得慈禧太后的宠信，直到她双眼合上也没有看透他们的狡诈伎俩。

慈禧太后一生中，最宠爱的太监除安德海、李莲英、崔玉贵之外，还有那个外号叫“阴刘”的刘多生。但他和安德海、李莲英相比，都稍逊一筹。他在李莲英入宫时，已是首领太监了。他见安德海得宠当了大总管以后，慈禧太后又倍加宠爱李莲英，害怕自己失宠以后会走投无路，便请准慈禧太后出宫当道士。

当时，太监出宫后当道士的不在少数。随着李莲英的权势地位越加显赫，白云观方丈高云溪为了寻找后台，便千方百计要和李莲英套近乎。后由刘印成从中巧做周旋，竟使高云溪与李莲英义结金兰。从此果然交情至深，交往密切。

慈禧太后向来信奉神灵，常常烧香拜佛，求神保佑她长命百岁。李莲英见了，暗记在心。为取得慈禧太后的欢心，一有机会就向她讲述求仙修道、长生不老的方法，致使慈禧又有信奉道教的想法。正好峒元道士想经李莲英入宫觐见慈禧，通过李莲英面奏，以便达成心愿。峒元道士倒还算潇洒，身材魁梧，银须白发，面色泛红。慈禧太后一见颇为欢心。峒元虽是出家之人，却非常善于阿谀奉承。再有李莲英帮他周旋，很快便得到慈禧太后的赏识和宠信，竟然封他为中国道教总司，并准许随时出入宫门，高于王公大臣之上，使许多人觉得莫明其妙。

敲诈勒索，热衷敛财

李莲英在慈禧身边，到底搜刮了多少财产，恐怕连他自己也说不清。从土地这一项来说李莲英拥有土地 220 顷，分布于贾村、大城县娘子庄、九宫庄子、静海县刘庄子等地。除此之外，李莲英还有大量的房屋、宅院。李莲英老家的房屋占地二三十亩，有一百四五十间，专门请北京钦天监的人设计、建造，整个宅院以中路一处为轴心，东侧两路，西侧两路，东西两路的大门完全是按照八卦对称布局；镀金的门环、风磨铜的铆钉、黑漆的大门闪闪发光；正门外的楹联是请状元陆润庠写的：东壁图书府，西园翰墨林。

院中不仅有客厅、书房、寝室，还建有磨房、茶房、大厨房 (佣人的厨房)、小厨房 (主人的厨房)、金银库、粮库、车库、鹰房、马厩等，可谓一应俱全。

李莲英在北京的住房虽然没有老家那么阔气，但大部分财物在北京放着，其余的分别放在大城县和天津。李莲英在北京的房产众多，

总计有酒醋局、公用库、黄化门大街、棉花胡同、麻花胡同、东兴隆街、刘蓝塑胡同、彩合坊、堆房居、方弦胡同等众多房产，棉花胡同占地 12 亩，公用库、彩合坊各占地 7.5 亩。由于大清律例有规定，只有王爷才能住 100 间以上的房屋，李莲英的每一处房产都设有 99 间。

除了置地和购买房产，李莲英还经营了多种买卖。西直门外堂子胡同，有李莲英开的“永德堂”皮匠铺，房屋有 30 间左右；鼓楼烟袋斜街建有澡堂子一处；前门外廊坊头条开设古玩店一处。不仅如此，他还大量入股绸缎店、金银店等。

李莲英开古玩店主要是为了方便，因为许多官员为了通过他见到慈禧太后，行贿的礼物大多是古玩字画，李莲英这才考虑开办一家古玩店：一来可以把他们换做金银，二来又赚了那些行贿者的钱。所以，有的古董就一直在李莲英—官员—李莲英之间来回转，但白花花的银子最后都进了李莲英的口袋。慈禧太后六十大寿时，准备大大地庆贺一番，早在三个月前就以光绪皇帝的名义，向全国下旨，要为慈禧太后过万寿节，各省督抚都要派专人前来“祝嘏”(即祝贺寿辰)。实际上，就是早早通知大家准备礼物。

王公大臣、各路官员虽然没有治国安邦之大才，却有溜须拍马之能力，又有谕旨在此，搜刮起百姓来更加卖力。他们都千方百计地削尖了脑袋钻慈禧、李莲英的门路，李莲英也因此赚得盆满钵满。有位御前大臣深知慈禧太后对外国的钟表最为欣赏，于是花高价购得一个自鸣钟，又怕慈禧看不上眼，于是找机会让李莲英给把把关，带了自鸣钟来到李莲英家。别看那御前大臣是一品大员，在李莲英面前还得客客气气。

这位大臣带的这件东西确实是个好东西，只要时针走到 12 点，钟上的阁楼里就会跳出一个黄头发、高鼻子、蓝眼睛、身着西装的小人来，然后双膝跪下，同时自鸣钟也“当当当”地敲了起来，小人双手举出一条横幅，一个一个地跳出四个字“万寿无疆”。敲完后，小洋人又自动回到阁楼里，做工非常精巧。

这件礼物让李莲英非常动心，有心自己拿去献给慈禧太后。他先把这件礼物大大地夸赞了一番，然后又指出其中的大缺陷——这件东西装饰得够好，老佛爷见了也一定会喜欢。可机器毕竟不是人，谁也不敢担保它不出毛病，万一那个小人儿手里“万寿无疆”那个横幅出了毛病，只跳出“万寿无”，可就犯了大罪。虽然是慈禧太后的万寿之日，难免慈禧会怪罪，到时候可就性命堪忧了。

李莲英这番话确实把这位大臣给吓得不轻，连忙对李莲英的提醒表示感谢，并表示要将自鸣钟退回去，另选礼物相送。

李莲英的目的终于达到了，转天找到这家商铺指定要买这件自鸣钟。商家也知道李莲英是慈禧太后的红人，于是低价卖给了他。

李莲英买回自鸣钟后，就命人把自鸣钟进行改造，把“万寿无疆”四个字，换成了“寿寿寿寿”四个字，只是采用不同的字体而已。这样一来，就算出现问题，也不会有字义上的错误，万无一失。

李莲英后来把这件改造好的礼物献给慈禧太后，慈禧果然非常高兴，又重重地赏赐他一番。里里外外，李莲英都大赚了一笔。

靠山一倒，黄粱梦断

光绪皇帝自从戊戌变法失败后，就被慈禧太后一直囚在瀛台，后来八国联军侵入北京，又随慈禧西逃，在西逃路上才算有了点儿自由。一个皇帝只有在逃亡的路上才有自己一点儿自由，真是一个悲哀的笑话。光绪回京后仍然被囚于瀛台，孑然一身。最喜欢的珍妃死了，瑾妃也不敢违命前来，平时显得非常孤独。时刻想着国家大事的光绪伤感自己犹如笼中之鸟，而且还无法讨得主人的喜欢。就连慈禧太后身

边的太监都可以欺负他，真是一个窝囊的皇帝。李莲英曾讽刺他既有万岁之名，又不用分心操持国家大事，真是洪福齐天，乐得逍遥自在。

当一个想有所作为的人被束缚了身心的时候，常常就会忧思过度，难免会生病，况且又得不到及时的调养，所以日益严重，以致形容枯槁。即便如此，在慈禧的万寿节，光绪皇帝还要抱病前往，不过连率领众大臣行祝寿大礼都难以进行，只好早早勉强拜寿，以避免和大臣在一起举行活动，空耗体力。

慈禧见光绪颜色憔悴，行动气喘吁吁，不由起了恻隐之心，让他不必陪侍一旁，命他先行回去休息。

金秋十月的一天，慈禧带领后宫嫔妃、福晋、李莲英等泛舟昆明湖，慈禧太后兴致大发，自己扮作观音大士，命李莲英扮作童子，并拍照留念，日暮方归。

归途中，天气渐凉，侵入肌骨，慈禧回到寝宫闹起了痢疾。不过尚能理朝政，并批阅奏折多件。谁知第二天，竟不能御殿，再加上光绪帝一向身体欠佳，一时间无人能处理国事。

第三天，慈禧、光绪同御便殿，直隶提学使傅增湘陛辞（离开朝廷，辞别皇帝）。慈禧嘱他，近来学生思想，多趋向革命，此风断不可长，要他尽心尽力，挽回风气，言谈间颇多感伤。自此光绪再也没有临过朝，不仅如此，就连慈禧太后也休息宫中，不再御殿。

御医料定情况不妙，早早通知军机处，两宫脉相均不稳定，还需高明医生诊视，以免误了病情。军机处立即加强了皇宫的保卫工作，所有出入人员都要严格搜查。

慈禧身染重病，军机大臣、北洋大臣、直隶总督袁世凯和李莲英都非常着急。因为他们两人都是依靠慈禧太后才爬上了高位，获得了显赫的地位和荣耀。同时，他们又都是光绪帝的大仇人，袁世凯是戊戌变法的告密者，李莲英则亲自将光绪帝囚在瀛台。

光绪皇帝虽身染顽疾，毕竟正值壮年，未必会归天。而慈禧太后年过古稀，太医又称脉相不好，万一慈禧暴死在光绪皇帝之前，光绪皇帝一定会先将他们二人拿下问罪。

袁世凯急急忙忙找到李莲英，李莲英却气定神闲，胸有成竹地告诉他自己已经有所准备，不必担心。袁世凯见李莲英如此自信，便点点头放心去了。

慈禧太后则认为光绪身体病重，无法理政，立刻下旨立醇亲王载沣的四岁儿子、荣禄的外孙溥仪为嗣。庆亲王奕劻大惊，认为立嗣不合礼制，急忙入宫谒见慈禧太后，力陈按照支派而论，溥伦应是第一个继位人，其次就是恭王溥伟……怎么会轮到溥仪？

慈禧不听奕劻的劝告，仍坚持自己的意见，并称木已成舟，无法改变。李莲英也在一旁极力奉承慈禧，让奕劻不必再做无谓的抗争，并让他前去光绪处传达此意。

奕劻奉旨来到瀛台看望光绪，只见光绪皇帝两眼无神，气喘吁吁，骨瘦如柴，恐怕命在须臾。身边只有两个年近60岁的老太监伺候。见此情景，奕劻心想，身为一国之君，却这般惨不忍睹，不禁老泪纵横。

奕劻知道多说会传到别有用心的人耳中，连忙把慈禧的意思跟光绪说了。光绪虽然重病在身，仍觉得此事不妥，认为立长君比较好，并要他答应在慈禧面前力争“承嗣穆宗，兼祧光绪”。奕劻对光绪说一切包在他身上，又询问了病情，就回报慈禧去了。

李莲英很快就知道了光绪想立长君的意思，立刻恐惧起来。如果慈禧一旦变卦，不立溥仪，将对自己不利。于是，他在慈禧面前造谣说光绪对慈禧身体抱病非常高兴，而且还面露喜色。

慈禧对此不辨真假，立刻大怒，并吩咐李莲英像对付慈安太后那样毒死光绪，李莲英立刻领命而出。

这天中午，李莲英到了瀛台，把毒药混杂在光绪吃的药中，让光绪服了下去，然后离开了。出来后，他恰好遇到了皇后正在瀛台外边徘徊，李莲英突然灵机一动，满脸谦卑地问安，并称光绪大限已到，让她进去见上一面。皇后却苦于没有慈禧太后的懿旨而不敢擅入。李莲英则大包大揽，说一切都由他负责，让皇后尽管进去。

李莲英为什么突然间对皇后这般礼貌？原来，他看到最近几天形势急转直下。首先，光绪必死无疑，而且看样子慈禧也不会坚持多久，

自己的靠山眼看就要倒，自己的将来变得扑朔迷离。如今，慈禧太后立了年幼的溥仪为帝，将来一定又是太后秉政。到那时，现在的光绪皇后，也就是将来的皇太后就会像慈禧太后一样掌握实权。自己现在有恩于她，说不定将来会得到她的青睐，攀上新的高枝。就算她看不上自己的行为，也不至于得罪她，也算为将来留条后路。

过了几天，下午三点，慈禧听伺候光绪的太监禀奏，说是皇上疾大渐（正在咽气，即将死亡）。慈禧太后立即带领皇后、瑾妃到瀛台，此时的光绪已经气若游丝。

根据大清律例，在皇上弥留之际，必须着长寿礼服，否则对皇上升天不好，因为若只穿寻常衣服，就不会引起玉皇大帝重视，也会被祖宗责备。

太监们刚要为光绪换衣服，却被他制止了——他不同意。慈禧可能觉得自己欠他太多，因为她一辈子没给光绪好脸色看过，也没给他好话听过，如今到了最后关头，出于对光绪的最后的关爱，就依他的心愿，免得光绪死后还怨她，所以没有坚持让太监给他穿衣服。

到了下午一点，做了一辈子傀儡的光绪皇帝终于驾崩了，这一天是光绪三十四年（1908年）十月二十一日。光绪驾崩时，只有慈禧、皇后、瑾妃、李莲英和几个太监、宫女在侧。王公大臣、军机大臣、御前大臣，一个也没有，场景非常悲凉。

慈禧太后见光绪皇帝崩逝，也不免有些悲痛，哭了几声。随后，立即回去传谕降光绪帝的遗诏，并颁发新皇帝登基喜诏。其实，这份遗诏早就写成，就等着光绪皇帝死后诏告天下呢！

庆亲王奕劻闻听光绪崩逝，便急忙入宫，面见慈禧，要求新皇入嗣，承继穆宗（同治皇帝），并表示大行皇帝亦不可先后，还是由嗣皇帝兼祧为好。

慈禧心中老大不高兴，可皇帝新亡，她不好大动肝火。这时，李莲英认为此时是向光绪皇后、将来的皇太后表现的时候了，便劝慈禧说，庆王爷奕劻之言实在是为大清江山社稷着想。

慈禧见奕劻坚持已见不动摇，又有李莲英在一旁助阵，况且自己也没有精力与奕劻争论下去，只好同意奕劻，并去拟旨。这样一来，隆裕皇后算是大赢家，也算是光绪有后了。

果然不出李莲英所料，兼祧之制已定，隆裕皇后非常感激奕劻亲王和李莲英，因为同治皇后已死，她便是名正言顺的皇太后了。

后来，宣统皇帝登基一年之后，摄政王载沣被隆裕太后逼下台，造成了清帝宣告退位。摄政王载沣要抄李莲英的家，被隆裕太后拦住，算是救了李莲英一命。这是后话，暂且不表。

奕劻拟完兼祧之旨以后，时已夜半，方才退出。第二天是十月二十二日，奕劻将拟好的兼祧之旨拿给慈禧太后看，慈禧太后召军机大臣与皇后、摄政王与摄政王福晋，议论多时，复用新皇宣统的名目，发了一道上谕。尊慈禧皇太后为太皇太后，光绪皇后为皇太后。

午膳时，已经成为太皇太后的慈禧忽然一阵头晕，晕倒在饭桌上。幸好李莲英急忙与太监、宫女们扶慈禧到寝宫，又令太医一阵急救，这才醒转过来。

原来，慈禧晚年曾长期为面风、消渴和痔疮便血等病症折磨。而且据脉案记载，慈禧在光绪十二年 (1886 年)，50 岁时便已患有面风，其症状是“左眼下连颧”时作跳动、“视物不爽”等。面风到光绪三十二年 (1906 年) 才有所好转，但消渴症和痔疮始终没有治好。

慈禧这次病发突然就是因为消渴症才出现了昏迷。她清醒过来之后，召光绪皇后、摄政王载沣及军机大臣等齐集病榻之前，吩咐身后事：将国政交由摄政王办理，并令军机大臣现场拟旨。

奉太皇太后懿旨：昨已降谕，以醇亲王为监国摄政王，秉承余之训示，处理国事。现余病势危急，自知不起，以后国政，即完全交付监国摄政王。若有重要之事，必须禀询皇太后者，即由监国摄政王禀询裁夺。

慈禧太后叮嘱完毕，喉中突然一股浓痰涌上来，噎得她差点儿背过气去，周围的宫女太监连忙给她冲了口清茶，这才缓过来。这期间，所拟旨意经过反复斟酌修改，并参考隆裕皇后的意见，终于定稿。傍晚时分，慈禧的眼神渐渐迷离起来，随即辞世。统治大清王朝近 50 年

的慈禧太后终于离开了这个世界，仅仅比光绪皇帝晚一天。

棺椁是早已备下了的，是选用上等金丝楠木制成的。内棺是楠木红漆填金的，在内棺四周细微的万字锦纹上，刻着藏文佛经，经文整整齐齐全部贴金，在棺盖上有九尊团佛，还有凤凰戏牡丹的花纹。

外棺也是金丝楠木制的。棺木外面涂了 49 道漆，最后一层是金漆，还有喇嘛在上边写的四大天王咒，用来超度亡灵。

慈禧的棺材内部到底都放了些什么东西呢？历来众说纷纭。

但根据李莲英的记载，棺中除慈禧的尸体外，其余全是奇珍异宝。有人根据他的手记粗略地统计了一下，仅大小珍珠就用了 33565 粒，红蓝宝石 3455 块。其他金、银、翠、玉还未计算。

正因为慈禧在棺木中装的宝贝太多，在她死后仅仅 20 年，慈禧的墓就被盗墓者多次光顾，最后那棺中的宝物都落入大军阀孙殿英的手中。

慈禧入棺后，众王公大臣举哀，礼毕后，只剩下李莲英仍然伏于灵前，恸哭不起，比起当年他爹他娘死的时候，哭得还要厉害。不仅如此，他的哭相还很特别，一边哭一边唱着说故事。大意是慈禧太后不应该独自留下他一人在世间，若在天有灵把他也接走等。他表情极其悲痛，足足哭了半天。

其实，在场的人之所以会哭，大多是因为不得不哭，只有李莲英才是真的伤心。首先，李莲英从咸丰六年 (1856 年) 9 岁进宫起，一直到光绪三十四年 (1908 年) 60 岁止，一共伺候了慈禧 51 年；其次，慈禧太后一死，使他失去了靠山，再也不能作威作福不说，自己的归宿如何，他自己也没底，脑袋保不保得住都难说；最后，他还想通过一番表演打动光绪皇后，因为现在他的命就在隆裕太后手心里捏着，只要隆裕太后说一声不能杀他，那他就可保无虞了。相对于保命，这点儿哭声算什么，所以他痛哭不止，谁拉也拉不起来，其实是在等隆裕太后的一句话。

此时的光绪帝皇后 (后来的隆裕太后) 是双重重孝在身：既死了慈禧婆母，又死了丈夫光绪。再说她虽入宫当了皇后，身为六宫之主，可她一天也没做过主，一切都听慈禧的。如今慈禧一死，她有点不知所措。现在李莲英哭声不止，别人又劝不下来，加上李莲英最近对她还不错，于是，劝李莲英不要再哭了，一切都由她做主。

李莲英终于等来了他想要的那句话，有了这句话，他就有了一道护身符。所以，当下就停止哭泣，忙不迭地叩头谢恩。

李莲英早就做好了“跳槽”的准备，慈禧死后，除了有关慈禧的遗物之外，对宫中的其他一切事物他都推到自己的得意门生小德张那儿，说自己年迈体衰，自太皇太后龙驭上宾之后，悲伤过度，对事情颠三倒四，恐误了隆裕太后的大事。

李莲英的这种以退为进的策略，可谓一石二鸟。一来看似把大权交给了办事机灵的小德张，使小德张快速上路，实则避过风头，此时自己不宜张扬；其次就是摆脱慈禧太后的干系后为投向隆裕太后做准备。

李莲英千方百计为自己留条后路，为的是防止有人借他失势之机加害于他，如今没了后顾之忧，自己退下来也不会遭到不测，便在慈禧百日孝满（指慈禧太后大丧）后，请求“退居南花园养老”。这一请求得到隆裕太后的批准。

李莲英在原籍有一偌大的花园，在北京还有七八处外宅、四五处买卖，还过继了四个侄儿。可谓家财万贯，庄田连片，骡马成群，子孙满堂。以他的家私来说，除了比不上皇家，比王爷也不在其下。可他为什么不回到家乡去安度晚年，享受天伦之乐，而甘愿过这孤独的生活呢？

其实，重点就在这南花园上，这南花园是个什么样的地方呢？据老北京人说，这南花园在故宫西华门外南长街，也叫“咬春园”。为什么叫“咬春园”？原来，这儿春天向皇宫进鲜萝卜，名曰“咬春”，所以就叫“咬春园”。到了清代乾隆年间改称为“升平署”，皇宫内戏班就住在这儿，所以又叫“南花园”。园内种植花卉树木，并广种蔬菜，还建有暖室，培植一些名贵花卉，如芍药、牡丹等，到年终岁末，送进宫去，以备帝王后妃们观赏。从这儿不难看出，这确是一个幽雅僻

静的养老好去处。

尽管寻了一个远离宫廷争斗的地方，他还是非常害怕有人会暗算他，在慈禧的梓宫奉安之时（比光绪梓宫奉安迟半年），李莲英一刻也不敢离开隆裕太后，生怕有人趁机下手杀他。

咸丰皇帝的陵寝在东陵，所以慈禧的梓宫当然也要在东陵安葬。从东陵提心吊胆地回来之后，李莲英就住在南花园，平时也很少出门，只有到了清明、十月初一这两大凭吊的节日，李莲英才会到东陵给慈禧去烧纸。

十月初一对李莲英来说确实与众不同。首先，李莲英是在咸丰六年（1856年）十月入宫当太监的，而且一来就分到了慈禧手下，从此开始了他飞黄腾达的一生。其次，慈禧是十月初十生人，而且又死于光绪三十四年（1908年）十月二十三日，这就是说慈禧“生于十月，死于十月”，而随着慈禧而得势失势的李莲英，当然也是“发迹于十月，失宠于十月”。因此，每年的九月底，无论刮风下雨，李莲英都要赶到东陵，在慈禧墓前哭诉自己如今的惨淡，回忆当年的辉煌。可以说，慈禧一走，带走了李莲英的一切。

宣统即位，朝中大事一切由摄政王载沣做主，他很少与隆裕太后商量。这么一来，不仅隆裕抑郁不快，就连要靠太后吃饭的新任大内总管太监小德张也不痛快。

小德张为了发财，怂恿隆裕太后不顾正值“国丧”期间去修建“水晶宫”，让摄政王载沣很不高兴。可惜他与他的父亲醇亲王奕譞一样懦弱，政治手段也不多，只好对小德张操控隆裕太后的局面听之任之。

敏感性极强的李莲英立刻嗅出了其中的机会，他通过小德张控制隆裕太后，又让庆亲王奕劻和御前大臣那桐牵制载沣，使他不能有大的作为，以免做出对自己不利的事情来。

李莲英不仅牵制了载沣，而且还挽救了自己的老友袁世凯。原来，光绪死后，隆裕太后在为光绪收拾遗物时，在砚台盒内发现了光绪的御笔亲书，写的是“袁世凯处死”五个字。袁世凯是手握重兵的大臣，隆裕不知如何办才好，便交给了载沣。载沣没有在“国丧”期间动手，而是仔细观察了一段时间。他见国内并无重大变故，于是召集诸亲王会议，取出了光绪帝的手谕，众人面对这么大的事件，一时间无法定论，只有庆亲王奕劻反对处死袁世凯。当时袁世凯手握京畿兵权，倘若把他惩办，恐怕会引起兵变。他建议以袁世凯最近患有的足疾为借口罢了袁世凯的兵权。

载沣也怕士兵哗变，只好照此计从宽办理。其实，袁世凯和李莲英、奕劻是好朋友，奕劻自然会照顾他了。很快，袁世凯便借足疾为名，疏请辞职。载沣见不用自己动手，就将计就计让他开缺回原籍。

宣统二年 (1910 年) 九月下旬，正值金秋季节，厌倦了宫廷生活和官场争斗的李莲英终于决定不再过问任何宫中之事，因为他的身体再也难以支撑下去了。

人一老就容易回忆过去的事，李莲英更是怀念以前和慈禧太后一起的日子，回味当年的辉煌。不过，对于一生弄权的李莲英来说，毕竟大势已去。当他每每想起昔日伴同慈禧太后权倾朝野、为所欲为的情景，怎不百感交集、思绪万千呢？他时而紧锁眉头，焦躁不安；时而无精打采，疲惫不堪，没了半点生气。再加上社会上传闻光绪之死就是李莲英亲自办的，这些话传入李莲英的耳朵里，他变得十分恐惧不安。

李莲英的几个嗣子见此光景，知道他死期将近，立即为他营造墓室。据他的一个王姓太监的同乡说，李莲英生前曾在德胜门外买地二亩余，为自己修建墓室一座，规模虽不宏大，建造倒也讲究。墓室营造耗时一年，花银五六万两。但是，李莲英死后没敢葬入此墓地。

宣统三年 (1911 年) 正月，病入膏肓的李莲英自觉难以医治，恐怕将不久于人世。于是，他把几个嗣子及诸弟兄召集于床前，神情悲伤，又将自己的一生历数了一遍，期间如何发迹，如何发家，如何升为大内总管，一一细数。还一再嘱咐他们，要谨慎持家，以防财源枯竭。不仅如此，他还让家人时刻注意动荡的时局，以便随机应变。因为一旦革命党人发起暴动，纲纪就会完全丧失，要做好充分准备。

最后，他还对自己的身后大事做了安排：灵柩不要长期停放，发丧等事宜不可冒昧行事，一切都要听从朝廷的安排，请隆裕太后恩准定夺，如不请旨，倘出意外，后果不敢想象。另外，他还把各银号、金店的存款及家中库存开列清单，当即分给各人自存。据李氏后人说，除李莲英的四个嗣子每人分得白银 40 万两外，其余各屋至少均得 20 万两，共分掉白银 340 万两。

李莲英自己在死前还说，宫廷大内尚有存银 300 多万两，珠宝两箱，此项钱财，不可再去要，就当不是李家的，否则引火烧身。果然，李莲英死后，宫中几个知情的太监企图私分李莲英的财产，被总管太监小德张秘密报告隆裕太后。隆裕太后将财物据为己有并诛杀了参与的所有太监。

宣统三年 (1911 年) 二月初四亥时，李莲英终于在念念不忘慈禧太后的呓语中死去。李莲英死后，他的弟兄子嗣遵照他的遗嘱，经他长子李成武召集诸弟兄商议后，向宫里写了一道奏折，请求隆裕太后降旨发丧。二月初六，隆裕太后传旨，按照祖宗家法，凡有品级的太监，均赐茔地于西郊恩济庄之大公地内安葬，并赐以祭坛和治丧银 1000 两。

李家接旨后，随即安排发丧日期和丧葬殡仪，旋又请准隆裕太后，“葬仪饬以国家元勋”对待。这样一来，葬礼的规格就立刻高了起来。虽然国库紧张，无法给李家发钱。但其实李家要的是这个名誉，并不缺钱。因有隆裕太后旨意，李家便敢于极力铺张。丧报纷纷散发到京城内外各地，生前好友、朝中大臣都纷纷前来吊唁。李家诸孝子贤孙，披麻戴孝，伏于灵前。退隐章德府 (安阳) 的袁世凯也令长子袁克定以世侄名义前来北京伏灵吊唁。这场丧礼场面宏大，耗费数万，直到三月初四，才将李莲英的灵柩送往恩济庄大公地内安葬。

为了保证墓地的牢固性，李莲英的墓顶用沙土、白灰、黄土合以蛋白、糯米汤灌浆。据说，当年此地方圆十里内，各村的鸡蛋都被买得精光，尚不足用，而蛋黄则随地乱扔，时值阳春，很快变得腐臭难闻，当地百姓也是怨声载道。

李莲英墓地全部工程包括茔内建石桥、立牌坊、修碑亭、竖墓碑、建祠堂、盖院墙等，费时一年多，耗银两万多两。期间，李成武还调用几百名禁卫军，全副武装，日夜守卫。工程完工后，还长期雇用了当地一个叫孙宝祥的贫苦农民，为李莲英守墓。

1931 年，李莲英兄嫂病故后，家人又在祖坟内为李莲英造了一座假墓。墓内是专门打造的一个尺许的银人，算是李莲英的替身，装入棺木。前后算起来，李莲英有三个墓地，即真墓 (恩济庄)、疑墓 (德胜门外) 和假墓 (故里)。

李莲英的后人李瑞描述，整个恩济庄茔地，周围都是高大的石墙，向南有高大的门楼一座，进门就可看到整个茔地的面貌，埋葬着自明朝以来的三百多个首领以上的太监，大多数立有墓志碑，但规模都不大，再加上年代久远，很多早已荆棘丛生，十分荒凉。李莲英的墓地却完整无损，而且非常宏伟。还在关帝庙东侧建有李莲英祠堂，也很有规模。其中北房五间，东西配房各有三间。祠堂内悬挂着李莲英的画像，一切还算正常。

李莲英死后的当年十月，就爆发了武昌起义，结束了清王朝 200 多年的统治，并且建立了“中华民国”。

清亡后，李莲英的后人无法继续享受优厚的俸禄，而且后人中大多提笼架鸟，无所事事，家道遂逐渐衰落。故里庄园的生活更是一落千丈。但毕竟瘦死的骆驼比马大，到了民国十年 (1921 年) 前后，仍能维持权贵之家的派头。不过，终因过度挥霍，坐吃山空，生活难以维系。1922 年直奉战争期间，全家迫不得已逃往天津。当时，他们拉不下脸来过穷苦日子，没有经济来源还要维持昔日富贵的生活，只得典当家中的珍奇物品换钱。先是出售衣服、家具、布匹、绸缎。到后来，连成套的桌椅板凳、屏风等都卖了。据说，有些家具就是当年慈禧太后给李莲英妹妹做嫁妆的，相当珍贵。变卖的钱用光后，他们就甩卖土地，到抗战爆发前，李家土地、财物已甩卖一空。

1940 年左右，昔日李莲英苦心营造的北京多处宅邸，大部分已变卖或典当出去。仅 1940 年，就卖了后公用库宅院、鑫园澡堂子和西直门外的堂子胡同皮匠铺等旧产。到北京解放前夕，当年盛极一时的所谓李氏的“北京四大家族”彻底名存实亡了。

娶妻纳子，家族显赫

李莲英在宫里有了一定的权势，见到很多太监都娶妻过日子，也不免有点儿心动，于是有心娶亲，找个女人过日子，而且还可以打着结婚的名义收一份彩礼钱，大赚一笔。

于是，他就找自己的亲信，当时的山西巡抚刚毅，准备让他给自己撮合一门亲事，刚毅正好当时从山西进京办事。刚毅开始不明白李莲英为什么召见自己，一听说是要给他张罗亲事，立刻高兴起来——又可以打着李总管的旗号收一笔钱了。

刚毅为了不让李莲英看出自己的惊讶，连称没难处、没难处！同时，他表示总管的事情就是他的事情，一定尽力把事情办好。

李莲英虽然只是为了收礼和有人照顾自己的饮食起居才决定娶亲的，但女方也不能太凑合，于是叮嘱刚毅不要马马虎虎、随随便便。刚毅立刻打保票说，一定要让总管满意。送走了刚毅，李莲英收拾好东西，便带着李三顺兴冲冲地回了家。

刚毅回去后，也决定暂时不回山西了，而是立即托亲戚找朋友，给李莲英找起了媳妇。谁想几天过去，却是竹篮打水一场空。这怨不得他，一来长相好的没有人愿意嫁给一个太监，守一辈子活寡；二来即便有愿意的，但长相又不过关。这是李莲英特别关照的，也不能随便就找一个，这事办不好，李莲英即便嘴上不说什么，以后肯定失去了对他的信任，实在让人吃不消。因此，他这件事情办起来实在是非常棘手。

这天，刚毅跑了整整一日，依旧没找到合适的。回到家里，直觉得腰酸脚疼，躺在床上就不想起来了。夫人见他总是早出晚归张罗这件事，实在心疼得不得了，忙端了碗燕窝，还趁机发了李莲英的一阵牢骚。

刚毅一边喝着燕窝，一边唉声叹气，说人在屋檐下不得不低头，自己本来就是靠着李莲英才走上仕途的，现在辛苦一下也算是对他的回报。夫人还想劝他不必这般奔波，却被他喝止了，觉得夫人只会唠叨，却不能提供一个有用的想法给他分忧。

夫人见刚毅这般执著，只好由着他，默默帮他思索起主意来。很快，只听夫人兴奋地说："老爷，有办法了!"刚毅闻听，急忙问是什么方法。

夫人告诉他，最近只顾着到百姓家去寻找合适的人，但李莲英虽然有权有势，可惜不是真正的男人，一般百姓家的女子谁也不敢嫁给他，更何况李莲英的要求还那么高。所以，应该到"八大胡同"去给他物色一个，而且那里的女子一般姿色也不坏。

刚毅怀疑那里的女子名声不好，李莲英知道了会怪罪自己，夫人却胸有成竹地说，如果那女子愿意嫁给李莲英，她自己肯定不会说出来，只要你不告诉李莲英，应该没人知道。刚毅沉思了许久，确实想不出其他更好的办法，只好试一试。

第二天一大早，刚毅洗漱完毕，就穿上便服，急急忙忙奔"八大胡同"而去。这一天恰逢庙会，前门楼下到处是跑竹马的、抖空竹的、舞龙灯的、吹扑扑腾儿的、吆喝泥娃娃的小商贩，真是人声鼎沸，生气勃勃。红艳艳的糖山楂、光溜溜的长甘蔗、喷喷香的爆米花、黄灿灿的大柿子，真是五颜六色，热闹非凡，直看得人眼花缭乱。

刚毅离开了繁华的前门大街，很快进了西河沿，没有多远一拐弯，穿过珠宝市、廊坊头条、观音寺，最后来到了陕西巷。接着，进了一个深深的狭窄的通道，里面有一个小院子。推门刚一进院，就见一个满脸笑容的中年老鸨边笑边热情地迎了出来，嘴里还故意高声叫着："哎哟！这位大爷，您最近可有日子没来了！今天是哪阵风把您给吹来了，快里面请!"

这老鸨无论见到什么样的生人，都是这一套，免得让客人觉得太生分。刚毅也不理会这些，进屋坐下，喝了两口茶。刚毅也不拖泥带水，让老鸨把所有的姑娘都叫来。

这老鸨见眼前这个人物出手阔绰，知道不是个普通人，可得罪不得，连忙转身去叫人。不大工夫，只见她身后跟着十多个妙龄女子走了上来，一个个打扮得花枝招展，妩媚动人。

刚毅见了这些女子，心想这次不知能不能把此事完成了。这毕竟是为李莲英做事，一点儿也不敢马虎，认认真真地挑选起来。最终，刚毅指着中间一位皮肤白皙身材窈窕的女子说道："她留下，你们都出去吧。"

老鸨见刚毅半天终于选中了一位，心想这个客人还真挑剔，看来是个不容易伺候的主儿，如今好不容易有了满意的，急忙吩咐其余的姑娘都下去。同时，她吩咐留下的那位姑娘要好好侍奉客人，说完转身欲出门。

刚毅却连忙叫住老鸨，不让她走。老鸨感到纳闷，姑娘都挑好了，还叫我做什么。刚毅不理睬呆立一旁的老鸨，只管开口说自己要把这个姑娘赎出去，让老鸨开个价。

老鸨本来觉得刚毅是个有头有脸的人，到这种地方也就是寻找一下乐趣，谁知他竟提出这种要求，一时没有醒过神来。老鸨心里直纳闷，以为刚毅开玩笑。

刚毅见老鸨不说话，还以为不肯卖呢，于是二话不说掏出 3000 两银票，丢在桌子上。老鸨见刚毅真的要买这个姑娘，而且掏钱如此爽快，连忙把卖身契交给刚毅，乐滋滋地拿了银票走了。

刚毅二话不说，转身领着那女子便走。回到家里，刚毅方将实情说出来，征求那女子的意见，这位姑娘想想，毕竟已经离开了那种地方，嫁给太监总比让人戳脊梁骨强，也便答应了。

刚毅为之奔波多日这人总算是选好了，连忙高兴地唤过夫人将那女子细细打扮一番，直接送往酒醋局胡同李莲英的府邸。

再说李莲英，自从那日托刚毅给自己找媳妇，一连好几天，一点儿动静都没有，可把李莲英急坏了，还以为刚毅忙着准备回山西的事情而把事情给耽误了呢。这日用过午饭正准备去刚毅府，谁想刚一出门，正好碰上刚毅上门来。

李莲英忙问刚毅事情办得怎么样了。刚毅笑容满面地说，总管大人的事，他肯定尽心去办，并指了指身后的一顶小轿子，问李莲英是否满意。李莲英只顾着和刚毅说话，却没有发现他身后还跟着一顶小轿子。此时，一位姑娘正从轿子中迈步走出来。

李莲英墓陵

李莲英仔细打量正缓缓向他走来的女子。只见她身着镶明珠带花边的粉红色裹身旗袍，头上戴着金耳环银宝簪，手上带着翡翠手镯，珠明玉润，体态窈窕，特别是那双大眼，滴溜儿一转，秋波闪烁，神如带勾，直看得李莲英如醉如痴!

刚毅看到李莲英那如痴如醉的样子，心里不由一喜，知道李莲英非常满意，于是故意问李莲英是否满意，若不满意，可以再去寻。

李莲英完全看痴了，眼睛一刻也不离开姑娘，嘴上一个劲儿地说满意，还夸他办事周详，以后一定不会亏待他。刚毅连忙谢恩，并知趣地退出了。

李莲英不管其他，又接着问那女子的姓名。女子袅袅婷婷地深施一礼，说自己叫张如玉，声音如莺歌燕舞，娇滴滴的，宛若大家闺秀一般。

李莲英心中非常满意，但至少还要了解一下对方更多的信息，于是又问她是哪里人，在京城做什么。张如玉都一一作了回答，表现得中规中矩。

李莲英听了，觉着对方的情况也掌握得差不多了，这件婚事就定了下来。媳妇有了，剩下的事自然就是准备完婚了，当下广发请帖。消息传出，京城哗然。太监娶妻，而且搞得那么隆重，在大清朝还是头一遭。一时间议论纷纷，但多数人只限于私下里说三道四，李莲英是慈禧太后跟前的红人，谁敢得罪？更何况这事还得了慈禧太后的恩准。

虽然在太监娶亲上，御史朱一新颇有微词，可毕竟李莲英权大势大，朱一新要整他，犹如蚍蜉撼大树，徒劳而已。最终大太监李莲英不仅风风光光娶亲，而且得到了包括慈禧太后在内的朝中重要人物的祝贺，再一次显示了李莲英的威势。与此同时，李莲英趁机捞了一大笔钱，可谓名利双收。

中国有句古话：一人得道鸡犬升天。李莲英虽然深得慈禧太后宠幸，身为二品顶戴花翎总管，但他觉得身为宦官，自己毕竟是个奴才，是个太监，要想光耀门第，抬高身价地位，只有通过抬高自己的哥们弟兄、嗣子侄儿们的身份。于是，他尽量让他们跻身官场，获得权力和地位，改变别人的看法，成为达官显赫之家。

常言道：大树底下好乘凉。李莲英依仗的是慈禧太后这棵大树，而李莲英的家人则依靠李莲英这棵大树。其他人要想做官，在慈禧太后那里也许十万两也无法做个道台，官衔也不过五六品，而且还得看有没有功名。但李莲英一家或者他的亲戚朋友就无须这样费心。只要李莲英向慈禧太后一张嘴，就可以得到御赐圣旨，他的家人就可以当官做老爷，享受俸禄。

民国十四年（1925年）春续写的《李氏家谱》中有记载：李莲英兄弟六人，共有15个侄子（包括李莲英的嗣子四人），22个侄孙（不含20岁以下的未成年人），直接在朝廷做官的就有十多人，还不包括族人和亲戚。这俨然是一个李氏家族的势力集团。

《清宫轶事》一书中有明确记载：李莲英有侄四人，分别报捐郎中(京官、正五品) 分发户、兵、刑、工四部行走。有一次太后召见刑部尚书葛宝华，曾面嘱“此某之侄，初次当差，你们要随时指教他”，这是事实。太后宠眷，于此可见一斑。

我们前面提到，李莲英有嗣子四人。其中，嗣长子李成武，乳名鳞，字健斋，号文甫。他是从李莲英的四弟升泰家过继的，官至二品顶戴花翎守备，副将衔，参将。他是禁卫军总头目，亦称御林护卫、是护卫慈禧太后出行的忠实奴才。慈禧太后无论是在宫廷大内，或去颐和园颐养心神，就连 1900 年出逃西安，他都尽心随侍，护卫左右。

李成武主要居住在海淀碓房居。每年四月慈禧太后去颐和园时，李成武便带着眷属去碓房居。每到此时，李成武都受到李莲英的指使，向进颐和园朝见慈禧太后的大臣索要入门费，甚至连光绪皇帝都要交银子，否则无法通过。李莲英的嚣张程度，可见一斑。后来，李莲英为了省亲方便，有时也把老母亲接到碓房居去住。

慈禧太后从颐和园回大内时，李成武随护回城。同时，眷属、佣人一同搬回后宫用库 (即现在的后库)。清亡以后，李成武就一直自家闲住，早年他在石景山买了 200 亩土地，死后便葬在那里。他一生讨了三个老婆，原配薛氏，庶有梁氏、杨氏，有子女三人。据李瑞一老人讲，当时他正在李成武家，李成武 1940 年病重期间，因无钱医治，把西直门外堂子胡同的皮作坊卖出，后来手头仍然拮据，又将公用库的宅院卖掉，在大七条买了一所较小的住宅，未等搬家，李成武就病死了。

李莲英嗣次子李福德，又名李际良，字绍梅，是李莲英从其五弟世泰家过继来的，授五品花翎顶戴，兵部职方司郎中，武库司正郎。民国时期，袁世凯当总统时，他还短暂充任过都统职衔。他一生讨了五个老婆，原配陈氏 (大城县大王都村人)，庶梁氏、刘氏，有子女各一人。其宅院在德胜门外后马场。

宣统元年 (1909 年)，李福德和薛固文 (艺名十二红)、孙沛廷 (艺名十三红) 合办了一个河北梆子、京剧都教授的戏曲科班，因由三人合办，取名“三乐社”，与叶至善办的“富连成”科班并称。“三乐社”聘请秦腔演员庞启发、京剧演员张芷荃、孙怡云、笛师方秉忠为教师，招收学生百余人，七年满科。

民国二年（1913年），薛固文、孙沛廷宣布退出，李福德将社团更名为“正乐社”，并将科班迁至后马场自己家中。学生中以旦角尚小云、荀慧生、赵桐栅（艺名芙蓉草，安次县人，新中国成立后曾任华东艺术学院院长），合称“正乐社三杰”。李福德把社团办得有声有色，成绩斐然。民国四年（1915年），麒麟童（周信芳）曾来京与他搭班演出，名噪京城。同年尚小云、荀慧生满师出科，翌年先后离班，社团此后不久就解散了。

中国京剧四大名旦中的尚小云、荀慧生两人出自“正乐社”，不能不说是李福德对京剧事业的贡献。除此之外，李福德还在地安门外烟袋斜街开设“鑫园”澡堂子一座，已经成为百年老字号。

李莲英嗣三子李福康，字路声，号公健，又字召伯、少元。前清贡生，是李莲英从长兄国泰家过继来的。授花翎候选同知，宅邸在黄花门内大街，妻李氏是汉军正白旗人。

李莲英嗣四子李福荫是李莲英三弟宝泰之三子，授花翎同知衔，候选县丞军，咨府总务厅一等录事。妻冯氏，家有五子二女。一直住在西直门内的棉花胡同，后来在1920年年初卖掉了宅院。

介绍完李莲英的四个嗣子，我们再看看李莲英的几个弟兄。长兄李国泰，三弟李宝泰、四弟李升泰、五弟李世泰、六弟李安泰，李莲英排行第二。

大哥李国泰，号子清，在堂子胡同有个皮作坊，主要是他的两个舅舅管理。妻冯氏，有子二人，女一人。长子李福文，成人后主要料理李莲英在前门外大街大栅栏廊坊头条开的古玩店。妻许氏，有子女三人；二子李福康，过继给李莲英做三子。

三弟李宝泰，号善堂，六品职衔，诰封一品职衔。妻吕氏，有子女六人。长子李福海，字杰卿，工部郎中，花翎顶戴三品衔，分省补用道，妻李氏，有子三人。次子李福恒，字吉轩，户部郎中，花翎顶戴三品衔，妻孙氏，有子女四人。二人的子嗣因在清朝灭亡前尚幼，未曾任职，三子李福荫，过继给李莲英为嗣四子。四子李福田，字心培，妻王氏，有女一人。五子李福厚，字纯甫，清监生，妻李氏。

四弟李升泰，字东山。从小过继给叔祖李万声，一生在家乡主持庄园，候选同知，妻肖氏，诰封中宪大夫、肖恭人，有子女七人。长子李福澜，乳名钜，字文轩，任京西崇庆镇标实首备署都司。妻臧氏、庶林氏，有子女三人。次子李成武，过继给李莲英为长子。三子李福奎，嗣六弟李安泰为子。四子李福镌，号文卿，长期留住庄园，因督办子牙河工程出资出力，奖六品职衔，给五品奖。当地百姓为了感激他，还在李家大门挂了一块“急公好义”金字大匾。妻楚氏，有子女四人。五子李福明，乳名礤，字警晨，号文林，五品花翎顶戴。原配妻子无记载，庶徐氏，人称少五奶奶，无子女。原配所生长女嫁给静海县独流镇侯宅文痒生侯翰廷之子，官至五品花翎顶戴。次女，嫁沧州候补道，特授曹州府知府牛子廷公之子。这两家素有独流侯、沧州牛之称。

五弟李世泰，字鲁瞻，号子山，由监生历升五品花翎顶戴，坐京官，具体职务不详。妻穆氏，有三子主。长子李福仁，名衔，字辅延。一生讨了三个老婆，原配吴氏、谢氏，续弦张氏，有子女各一人。光绪二十六年 (1900 年) 慈禧出逃的当天，天气炎热，慈禧又饥又渴，正是他给了李莲英两个发面饼和凉开水，李莲英又给慈禧太后献出了一个，慈禧对他的忠心非常赞赏。光绪三十三年 (1907 年) 十月慈禧过万寿节时，还特意邀请他们夫妻二人到颐和园听戏，这是无上的荣光。后来他回到家乡，常常以此炫耀自己曾受过慈禧太后的召见，对周围的人总是一脸的不屑。次子李鼎臣，乳名越，无子女，其他未见记载。

六弟李安泰，夭折。死亡年龄说法不一，在 14 岁到 17 岁之间，系惊吓而死。死前曾过继过一个儿子，可知死时年龄不会太小。其嗣子为四哥李升泰之三子，名李福奎，花翎知府衔。分省试用同知，其实从未做官，只是拿着俸禄享清福。这是个不知道赚钱难的花花公

子，村里人称他为“散财童子”。中年以后，由于吃得肚大腰圆，村里人又称李升泰的三子为“三大肚子”。但他对此并不在意，只要当面称他为三爷，其他爱怎么着他管不着。李福堃一生讨了两个老婆，原配赵氏，庶吕氏，有子四人。长子祥越，次子祥隆，三子祥懋，四子祥陈（又名李质然）。李祥陈是大城县远近闻名的中医，新中国成立后曾任大城县人民政府卫生科副科长，1975年病故。李福堃是李莲英侄辈中挥霍浪费的典型，是整个李氏家族纨绔子弟的浓缩。

拼死上书老佛爷
——寇连材

寇连材，直隶昌平州（北京昌平）人，15 岁入宫，在梳妆房为慈禧梳头。慈禧对他一直是喜爱有加，小小年纪就让他做了会计房太监，可是就是这个书也没有读过几天、15 岁就做了太监的年轻人，看到国家千疮百孔，人民的生活水深火热，敢于舍身为国、冒死直谏，最后从容就死，年仅 18 岁。

正气未泯，忧国忧民

寇连材，直隶昌平州（今北京市昌平县）南七家庄人。自幼随父在家乡务农，曾在村中私塾读过几年书，略通文墨。15岁时与邻村张氏的女儿结婚，生有两男一女，日子过得十分清贫。光绪十七年（1891年），其父寇士通被赵姓财主诬为私通盗匪。官司打到官府，因官场黑暗而败诉，寇士通气愤交加，卧病在家，不治而死。父亲去世后，家中财产被赵姓财主所霸占，寇连材一家的生活更加贫困。当时他的家乡周围有一些穷苦人的孩子入宫当太监，虽然多数默默无闻，但也有个别发达起来，这对穷困交加而又无路可走的寇连材来说有很大的诱惑力，他遂自己动手净身，后来又经人介绍拜文太监为师，入宫侍奉慈禧太后，成为梳头房里的一名小太监。

寇连材入宫后，除担任梳头房太监外，还担任奏事处太监和会计房太监，天天待在慈禧身边。由于他聪明机敏，谈吐文雅，颇得慈禧喜爱，待遇也十分优厚，每年有二三千金的收入。但是，寇连材对在宫廷生活中的腐败、黑暗十分不满，特别是对慈禧的专横和光绪皇帝的处境都有他自己的看法。当时，光绪帝“虽为天子，曾不及一孤儿”，寇连材对此十分同情。慈禧让他监视光绪帝，他却多次将慈禧的所作所为讲给光绪帝，同时还不断借机向慈禧进言，请求不要苛求光绪帝，由于慈禧对他宠信，仅是呵斥而已，并未加罪。在这样的环境下，寇连材目睹宫中的黑暗和慈禧的骄逸，忧心忡忡，愤愤不平。

斗胆上书，不畏生死

光绪二十年（1894年），中日甲午战争爆发。腐朽的清政府在日本军事进攻和外交压力下，决意屈膝投降。光绪二十一年（1895年）三月二十日，李鸿章和伊藤博文分别代表中日两国签订了《马关条约》。据此条约，中国的辽东半岛、台湾全岛及附属各岛屿割让给日本，还要赔偿日本军费银2亿两。如此丧权辱国之条约，遭到朝野上下开明之士的反对，康有为等上书请求变法图强，光绪帝表示支持，但遭到以慈禧为首的后党的反对。

1894年是慈禧六十寿辰，慈禧不顾国家危厄，竟然还要大办寿筵。章太炎怒气冲冲，他提起笔来，撰写了一副对联：

今日到南苑，明日到北海，何日再到古长安？叹黎民膏血全枯，只余一人歌庆有。

五十割琉球，六十割台湾，而今又割东三省！痛赤县帮圻日蹙，每逢万寿祝疆无！

慈禧为了限制光绪帝，黜杖珍妃，杀珍妃太监高万枝，大兴宫中之狱，对此寇连材日夜忧虑。

光绪二十二年（1896年）二月的一大清晨，慈禧正在睡梦中，寇连材突然跪在床前痛哭流涕。慈禧听到哭泣声，呵斥说“为什么在清晨哭泣?!”寇连材乘机回答说：“国家危难，如履薄冰如临深渊，老佛爷即使不为祖家天下着想，难道也不为自己打算吗？怎么能忍心不顾国难而安心玩耍，难道就不怕发生变乱吗？”

慈禧听后，冷冷一笑，以为寇连材患了精神病，便将他斥骂出去。

寇连材痛哭进谏失败后，决心以死进谏。他向内务府请了五天假，回到家乡与父母兄弟诀别，并拿出自己在宫中的记事册一本，交给弟弟保存。然后返回宫，将自己的积蓄分发给小太监们，然后关上房门伏案疾书，二月十五日便向慈禧上了一书，内容共十条，都是时人不敢议论的问题。

关于寇连材上书的内容，梁启超在《烈宦寇连材传》中说：“一请太后勿揽政权，归政皇上；二请勿修圆明园以幽皇上。其余数条，言者不甚能详之，大率人人不敢开口之言，最奇者，末一条言，皇上今尚无子嗣，请择天下之贤者立为皇太子，效尧舜之事。”《清宫遗闻》中也略同于此。但是从现存的《甲午战争有关折奏史料》抄本中查到的《太监寇连材死谏折》，才使寇连材上书的内容大白于天下，现据戚其章先生整理标点的原文（详见《历史档案》1987年第4期）节录如下：

慈禧

奴才寇连材跪奏：

自倭奴以来，奴才终日虑前者，有例不准太监题奏。现今和约已成，赔军饷、割台湾，如若日后再有别国生事，当何如也？奴才深虑已久，现天下不平，恐其日久，成其大患，不能割治。奴才蠢愚，奏闻圣鉴十条，开列于后：

一、统一货币，由国家在京师设立官票局，发放统一的货币，各私家钱铺一并撤销，不准出票。二、国家用人宜以利为先。三、以每庄为单位练兵；沿海地区，每二十里安炮台一座。四、多修工程，以养天下游民，游民少，则盗贼少。五、在全国各地设立学校，不拘男女，均十岁入学。半日习文，半日习枪。自此以后，不准女子缠脚。六、裁撤修铁路。海内战船宜用本国人。七、赦免罪犯。自此以后再有犯法者，从重治罪，决不宽恕。八、官员三年一任，不连任，京官、外官互调。九、统一度量衡，均用十进位制。十、选贤为嗣，以继皇位，自此以后再嗣均按才袭，无才不准封得王位。

慷慨就义，时人叹惋

慈禧看罢寇连材的奏折，顿时大怒，立即将寇连材召来审问。慈禧认为寇连材只是一位太监，不可能写出如此有见地的奏折，必定有人背后指使，便厉声说："你上的奏折，是自己所写，还是受人指示所写？"

"是奴才自己所写。"寇连材回答说。

慈禧不相信，让寇连材当场将奏文背诵一遍，寇果然全部背诵上来，再看奏折上有许多错别字，个别语句也不通顺，慈禧才相信奏折确为寇连材所写。

慈禧恶狠狠地说："本朝成例，内监不得预政，预政者斩，你知道吗？"

"奴才知道。奴才若怕死，也就不上奏折了。"寇连材毫不犹豫地回答说。

“既然如此，你就莫要怪我太心狠了。”慈禧说着，当即传旨将寇连材囚禁在内务府慎刑司，听候发落。

二月十七日，慈禧召见内务府大臣、工部尚书怀塔布，下旨将寇连材由内务府交刑部立即正法。怀塔布急忙为寇连材求情。慈禧不为所动，怀塔布也无可奈何。

当天中午，寇连材被送交刑部处斩。临刑时，寇连材神色镇静，只见他整了整衣冠和襟领，朝宫殿拜了九拜，然后从容赴义。

在南城菜市口刑场，他大义凛然，把自己佩戴的一块玉佩及金表赠给来送行的同事，又把手上戴着的一只碧玉戒指摘下来赠给刽子手，微笑着说：“费心从速!”随后从容就死，神色不变。在场的人，无不为他伤心落泪，哭泣声连成一片。这一年他才仅仅 18 岁。

寇连材就义时，旁观者如山如海。无不为他舍身取义的精神所感动，许多人泣不成声。与寇连材就义的同一天，朝廷名士文廷式以私通太监被革职回故籍萍乡，时人做联语曰：“寇太监从容临菜市，文学士驱逐返萍乡”，被京中人士传颂一时。后来，人们为了纪念寇连材，在京西百花山修建寇公祠，每逢他的忌辰都举行祭奠。

寇连材虽没有多少文化，对国家大事未必有多么透彻的了解，但他深处阴暗腐败的宫廷，没有同流合污，没有以生活优裕而沾沾自喜，而是忧国忧民，怀着一腔正气，这是难能可贵的。

李莲英的接班人
——小德张

小德张（1876—1957 年），姓张名祥斋，字云亭，是天津静海县南吕官屯人。小德张在光绪十七年（1891 年）入宫当太监，善于察言观色，在西太后晚年最受宠信。光绪帝被囚后，每日三餐由小德张去送饭，送饭之前，慈禧总授意他搭配一些下等食品，小德张在途中总是设法调换一些适合光绪口味的菜，所以又深得光绪帝的欢心。

清王朝宣告结束后小德张移居天津。73 岁时，他又进入新中国。有人曾多次登门拜访，试图让他开口，将他亲历亲见的清宫见闻和轶事口述记录下来，他只是微闭双目，以示不愿交谈……

茶坊小太监

小德张原名张祥斋，天津静海县南吕官屯人。他幼年丧父，其母董氏生他及胞兄二人，相依为命，生活十分困苦。光绪十四年（1888年），张祥斋已长到12岁，生得肤色白净，眉清目秀，但贫困的生活压得他喘不过气来。当时，静海县有许多幼童因生活所迫进宫做了太监，也有个别人入宫后发达起来，这些对向往富贵的张祥斋来说无疑是莫大的诱惑。终于有一天，张祥斋咬紧牙关，自己动手净了身，光绪十七年（1891年）张祥斋入宫做了一名小太监。当时宫中太监都有辈分，张祥斋为“兰”字辈。起名为张兰德，宫号小德张。

小德张入宫后，被分配在茶坊供事。他的顶头上司是太监“哈哈李”。这个“哈哈李”性格乖戾，欺上压下，刚愎自用，以打小伙计狠出名。小德张也不例外，所挨之打不计其数。进宫一个多月，小德张便明白了，这茶坊不要说见皇上，连太后、皇后、太妃、贵妃，甚至连出头露面的总管太监也见不到，能见到的顶大的也就是个首领太监——“哈哈李”了。小德张想：这下子算完了，我本打算进宫伺候皇上，发财的，如今在茶坊这个鬼地方，工作这么辛苦，俸禄又这么少，整天还受这个哈哈李的虐待。

小德张进宫一年，在茶坊里侍候“哈哈李”一年，也挨打挨了一年。身上青一块、紫一块的不说，头上的疙瘩是大疙瘩旁边有中疙瘩，中疙瘩旁边有小疙瘩，大疙瘩上头还有小疙瘩，一句话，就是疙瘩上摞疙瘩，疙瘩空里挤疙瘩，旧疙瘩没下去，新疙瘩又长起来。小德张暗下决心，绝不能就这样下去，自己的发财梦不能就这样结束，与其在这里被人活活打死，还不如奋力一搏。一定要走出茶房这个鬼地方。于是，小德张变着法儿和“哈哈李”斗，“哈哈李”头疼不过，心想一定要治治这个不知好歹的坏小子。他想到升平署是宫里边太监当差最苦最累的地方，就把小德张调到升平署学戏。

靠唱戏改变命运

升平署是在乾隆年间起的名号，取其“永庆升平”或“歌舞升平”之意，它的地址在皇宫西华门外南长街。宫中下人们一般叫它“南府戏班”。南府戏班从乾隆年间开始，到光绪末年，已有一百六七十年的历史，代代相传，培养了不少的戏剧人才，里边的高手，差不多都是十来岁入宫的童监被选拔到这儿来的，他们排演的戏，是专为皇太后、皇上、皇后和妃嫔们演出的。正是因为这个戏班是专为最高统治者们观看的，所以比外边的戏班要求更为严格，表演上不但要高水平，而且不能有半点儿差错。此戏班在以前是专为皇上演出的，可是到了同治、光绪年间，就不过是个名义了，实际上是专为慈禧太后演出了。由于慈禧太后喜看京剧，除传外戏班入宫供奉唱戏，宫内有“南府戏班”。演员全由太监担任，邀请京剧名角入宫当教练，能演唱成本大套的京剧、昆剧。

初入戏班时，小德张给大伙儿当个下手，跑龙套，也学一些武功的套子活等基本功，没出半年，就会翻跟斗了，也能凑合着配戏。有一次，正演《盗仙草》，饰白蛇的小太监踩着跷打出手的时候，踢枪踢过了劲，正要掉在台上时，小德张饰演的鹿童一个跟斗翻过去，用两只脚把枪给挑起来了。慈禧太后看到后，大为喜欢，并夸奖差当得好，赏了全班 500 两银子。因为小德张不是正式应工武生，大伙儿平时也没注意，可是今天他给圆了场，下了场全把小德张围上说："没有你这一招，全得开锅烂！"这出戏是外请教师杨隆寿教的，他比谁都喜欢。当时，他就和管戏班的说："小德张够个戏料子，好好地栽培他，错不了。"

小德张跑龙套受到了太后老佛爷的夸奖，初步尝到了甜头，这给他莫大的鼓舞，他向上爬的心劲更足了，一心想出人头地的心更铁了，练习功夫的劲头也就更大了，除了披星戴月地练武功以外，还起大早吊嗓子，因为要演好袍带武生戏，光靠武功是不行的，这仅仅是一步，还得要有一副好嗓子。他入戏班晚，有不好的一面，也有好的一面，就是嗓子倒仓过去了。演武生戏，身子僵硬、跟头不利索、落脚沉重把台板端得咚咚山响、亮相不美、动作不灵都不行。就是这些功夫都具备了，还得有清亮高亢的嗓音，咬字要清、要准，唱调要圆、要润，这些都是武生必备的素质和条件。演净角或者演老生，那是走场面端架子唱的，气好调，气息也匀，唱出来容易字正音圆。而武生则不同了，有不少戏是在打了之后唱，或者是边打边唱的，这难度就大多了。张兰德是从实践中体会到这一点的。不下苦功夫是不成的。小德张除白天当差外，夜间练私功。每天只睡几个小时，就这样苦练了三年，学会了三十多出戏。

19 岁小德张正式登台主演，有一天慈禧太后传旨演《岳家庄》。小德张使出了浑身的解数，把三年练的功夫都使了出来。由于他做戏认真，加上他的扮相英俊，确实引起了慈禧的注意，并赐名叫"小德张"，从此小德张的名字就叫开了。

后来又入南府戏班，专门给慈禧太后和其他妃嫔演戏，那时，光绪帝已长大成人，慈禧太后玩弄权术，假意还政光绪，自己退居颐和园，以"颐养天年"，不再干预朝政。小德张为讨慈禧的欢心，几乎遍寻京城梨园界的高手，荐引他们入宫演戏，很得慈禧太后赏识，同时，

小德张善于察言观色，随太后外出，总要看看天气，预测冷暖，带好衣服，携带好太后日常喜欢的东西，一呼即到，一要就有，因此总能使西太后称心如意。据说太后喜欢写“福”字，一高兴就写，只要太后一说写，小德张早就预备好了笔墨纸张。小德张逐渐成为西太后最宠信的太监之一。

察言观色，左右逢源

当时，李莲英是宫中太监总管，小德张处处以他为榜样。通过李莲英的门路，已经成了慈禧太后十分信任的心腹之人。不过他也清楚，慈禧太后年事已高，等过几年太后死了，光绪掌权，绝不会像现在一样，处处受李莲英等太监的牵制，自己必须在光绪这里买好，给自己留一条后路。

他每天奔走在慈禧太后的慈宁宫和光绪皇帝的中和殿之间，并监视着光绪。可是表现呢，他一进中和殿，便低着头轻声不快不慢地走到光绪皇帝面前，双膝跪倒，双手上举，把头略略抬起，从光绪皇帝身边太监手中接过那盛奏折的金漆木匣，而后站起来，猫腰低头，一步一步向后退去，屁股和后脑勺不能冲着皇上，直到离殿门不远了，这才能转身出殿。到了慈禧太后的慈宁宫，也是如此。到了慈禧太后的寝宫门口，先有守门的太监禀报，小德张送奏折来了，得到允许，小德张才能进去，也是低着头轻声用不快不慢的脚步，来到慈禧太后的不远处跪倒，双手把盛奏折的金漆木匣高举过顶，如李莲英在，则由李莲英接过去，转呈给慈禧太后；李莲英不在，则由别的太监接过去，转呈给慈禧太后。

小德张故居

如若慈禧问皇上在干什么，或者跟谁在谈话，小德张便如实回奏，不过他得偷看慈禧的神色，或者李莲英的神色，更多的还是看李莲英的神色，因为偷看太后的御容是犯罪的。小德张根据李莲英的微微点头，或者是摇头，来确定讲什么或者不讲什么，所以小德张对慈禧的禀奏，经常得到慈禧的欢心和满意。这固然是有了李莲英的暗示，但更重要的是小德张自己脑筋的灵活。

光绪帝在康有为、翁同龢等人的支持下，推行戊戌变法，受到西太后阻挠。她先发制人，逼迫光绪帝发布谕旨，将支持维新的翁同龢革职，逐出京城。光绪帝不愿受制于西太后，决定大胆推进变法进程。七月三十日，光绪帝给康有为一个密诏，让他和谭嗣同等迅速筹划，设法相救。八月三日，谭嗣同夜访袁世凯，请袁诛杀荣禄，围颐和园。袁世凯假意答应，暗中却告诉了荣禄，荣禄又告诉了西太后。西太后听到荣禄的报告后十分恼怒。二十一日凌晨，发动了宫廷政变，把光绪帝囚禁到中南海的瀛台，重新坐殿办事。

光绪帝被囚后，每日三餐由小德张去送饭，送饭之前，慈禧还要亲自检查，并授意他搭配一些下等食品，小德张在途中总是设法调换一些适合光绪口味的菜，所以深得光绪帝的欢心，把他视为亲信。当时，西太后虽然临朝称制，但按规定签放大员仍须由军机处通过阁议签奏请准，并由光绪帝签字盖印。有一次，军机处签放一名人员，光绪帝拒绝盖印，被签放人便通过关系许小德张20万两银子，请他向光绪帝求情。小德张向光绪帝提出后，光绪帝就盖了印，由此可见，小德张与光绪帝的关系绝非寻常。

投奔隆裕，升任大总管

西太后临死前传诣让隆裕皇后升为皇太后，载沣为摄政王，遇军国大事须请皇太后隆裕旨行。隆裕皇后取得了西太后的地位。但隆裕在政治上的作为较之西太后却是小巫见大巫。遇有大事便没有主张，这就给小德张预政提供了一个绝好的机会。当时，同治皇帝的珣妃、瑜妃、瑨妃对隆裕不满，企图谋划排挤隆裕。小德张为了夺取大总管的位子，和隆裕太后狼狈为奸：拉拢内务府大臣结党营私，互为利用，终于使隆裕的地位得到了巩固。隆裕为感谢小德张，升他为太后宫大总管。

小德张爬上大总管的位子后又依仗隆裕太后的权势，搞垮其他太监的势力。为了巩固自己的地位，他还用拜把结盟、收徒弟等手段来扩大自己的势力，并将心腹安插在各主要处所，并把兄弟姚孟山由带班太监提为隆裕太后的二总管，其徒弟任福祥由小太监提升为掌案太监。如此一来，小德张在宫中的势力越来越大。

宣统三年（1911 年）八月十九日，革命党人在武昌起义成功，南方及西部数省闻风响应，辛亥革命风暴席卷了大半个中国，老谋深算的袁世凯以北洋军为资本，巧妙地玩弄两面派手法。先借用革命党人的力量胁迫清廷授予他军政全权，又利用手中的武力和赞成共和的虚假许诺迫孙中山为首的革命党人决定，只要袁世凯拥护共和，推翻清廷即由他出任中华民国临时大总统。袁提出只要清帝自行退位，尊号仍存不废，暂居紫禁城，以后移居颐和园，新建民国每年拨款 400 万元供皇室享用。隆裕太后优柔寡断，遇到为难之事只有向人痛哭，对平日宠信的小德张言听计从，小德张居然也以昔日李莲英自居。

袁世凯摸清了这条路线，专门派人与小德张联络，许以巨额金钱，叫他向隆裕施用威胁利诱的手段，说袁世凯如何忠心，但各省纷纷独立，若不答应革命党人的要求，则革命党杀到北京，隆裕太后生命难保，倘能依从让位，仍可安居宫闱，长享尊荣富贵。在这种情况下，隆裕太后和王公大臣们为了保住大清皇帝称号和自家性命，于穷途末路之中接受了袁世凯的条件。1912 年 2 月 12 日，隆裕太后颁发了清帝溥仪的退位诏书。清朝灭亡了，但宣统皇帝的称号仍保存下来了，所以小德张在宫中一如既往，但为时不长，隆裕太后于 1913 年在忧虑中死去，小德张失去了靠山，同时出于革命风潮的冲击，宫内也一天比一天纷乱，小德张厌于宫中的生活，便请长假离宫，结束了在宫内为宦官的生涯。

深居简出，无疾而终

小德张出宫后，为了躲避原来大清的王爷、贝勒们的白眼甚至谩骂，移居天津，过着阔绰而清静的生活。大清国完了，可小德张没完。他在天津英租界 41 号路修了洋楼，娶了四个老婆。他过继他哥哥张月峰的儿子张彬如为继子。

做了三年大总管，他广有资产。在老家静海县唐官屯置地 17 顷，在北京南苑置地 20 顷，在天津英租界 41 号路修楼房 12 座，在北京永康胡同建筑了一所宏大的宅院，另外在北京前门外鲜鱼口和北沟沿开设了永庆、永存两座当铺，资金达十多万两，还在北京大栅栏开设了祥益绸缎店，资金二十多万两。

1964年小德张的法律顾问夏琴西曾撰文回忆小德张在天津的一些情况。夏和小德张交往近30年，他反映的情况基本可信。据夏文说："小德张在天津居家如宫禁，平时很少外出，也从不喜欢与宾友往还，当时常到他家去的，只有张勋一人而已。"

小德张治家有方，家中除雇用管事、账房、门房、厨师、杂役、女仆之外，还有他从宫中带来的四五名小太监，专门给他烧烟、倒茶、摆饭、招待来宾等事。那时，举家上下，除他母亲外，都要称他老爷，他的家规很严，凡是男性一律不准进入内宅，客人来访，如不经他同意，更不能径直入内。小德张的日常生活很刻板：每日起床后，先由小太监给他烧好12口鸦片烟，分左、右侧卧各吸6口，吸毕下床熄灯，然后到院内散步，舞一趟太极剑，回来吃早点。将及9点时，他在客厅升坐，接见他的子孙以及管事、账房、佣人等。这时大家向他请安问好，他只用手帕托着一个康熙瓷蓝八封纹的盖碗，略一颔首表示还礼。小德张吃的饭菜极其平常，有时吃自己亲手做的素菜。

小德张晚年信奉道教，逢道家节日，他便戴上道冠，穿上道服，持宝剑，盘膝静坐，据说他信奉道教已有多年。早在宫中时，小德张每逢休假便到万寿山对面的宝珠寺去静修。后来小德张又想皈依佛教，要拜江南名僧印光法师为师，终因印光始终未能北来而作罢。

小德张在北京也有很多财产。如市内的祥义绸缎店、天成信义绸缎洋货店等，小德张还担任致中银行的常务董事。另有当铺两座，南苑有稻田50顷。这些财产，都是他在宫里当差时，各封疆大吏送给他的。

1957年4月19日，小德张去世，终年81岁，被土葬在天津城外三十多里的"义地"——北仓。

逢人坐说宫中事
——太监生活拾零

太监在中国已有两千年以上的历史，太监制度的消亡则只有百年的时光。这个特殊的群体多源自饥民，由于生活所迫才走上了一条不归之路。

在清朝，宫廷中一般使用太监两千名上下，最多时也不过两千八百多名，这个数目比起明朝的上万名差得远了。历史上留下美誉或恶名的太监屈指可数，他们中的绝大多数默默无闻，命运如同虫蚁。紫禁城内不少下层小太监，终日辛苦劳动，到暮年离开皇宫，也没见过皇帝一面；太监受污辱被迫害乃至折磨而死的事，亦时有发生。

“毕五”和“小刀刘”

晚清时期，在北京专门干“净身”这种营生的，有南长街会计司胡同的“毕五”和地安门内方砖胡同的“小刀刘”。这两家的家主都是清朝的七品官，他们每年按四季，每一季给总管内务府进四十名太监。净身一类的“手续”，就全由他们两家包办了。

太监的来路有几条：穷人家被生活所迫，指望把孩子送进宫里，将来得些好处，这是一条；歹人拐骗别人家的小孩，送到毕、刘两家，图得一笔钱财，这是一条；毕、刘两家诱骗苦寒人，说当太监有这些、那些好处，鼓吹他们把子弟送进宫里，这是一条；有的人犯了重罪，拿“净身”来逃避“刑罚”，这又是一条。千条万条，一句话，被送上这条断子绝孙的绝路的都是贫苦人家的子弟。

那年头，直隶省的青县、静海、沧州、昌平、平谷、任丘、河间、南皮、涿县、枣强、交河、大城、霸县、文安、庆云、东光，山东省的乐陵，都是出太监的地方。因为一个地方有几个当太监的发了财，对穷人家就会起影响，而且他们彼此援引、介绍、鼓吹，也就成了风气。这和早年青县、乐亭一些地方的妇女，彼此援引、影响，到北京来当老妈一样。

那年头，想把孩子送宫里当太监的人，首先要到毕家或刘家“挂挡子”，也就是报名。经过审查——看相貌、言谈、聪明伶俐劲儿，摸裆（隔着裤子摸生殖器官）——认为合格以后，才收留呢。

在做“净身”手术前，先要由净身师和孩子的家长或代理人订立

文书，写明系自愿净身，生死不论，免得手术出了麻烦，净身师跟着吃官司。生死文书签完后，孩子就被送上了手术台。

“净身”这件事是由毕、刘两家包办的，他们积有多年的经验，下手快而狠。但是挨整治的人也是疼得死去活来的，因为这两家也没有什么止痛、止血的灵丹妙药。动手术用的刀子在火上烧一烧就算消毒了。

养好了伤，在进宫之前，每个人要备置一套靴帽袍褂。这笔置装费，连同挂挡、净身、疗养、饮食、医药等费用，毕、刘两家可不白送。这些费用合起来总有百八十两银子，穷人家向哪里去凑呢？拿不出来，就得事前立下“文书借契”，等孩子进了宫，听凭毕、刘两家从孩子应领的“月份”里扣。月份少，利息大，如果进宫后混得不怎么好，这笔债十几年还不清呢！为了“报答”毕、刘两家引进的“情分”，以及希望他们能在总管太监眼前说几句好话，进宫之后，逢年过节还要给这两家送礼：尺头啦 (衣料)，皮毛啦，银钱啦，等等。

毕、刘两家从穷苦人家或骗子 (那年头，社会上把拐骗幼童的人叫做“拍花的”) 那里买来的孩子，就成了他们两家的人了。这些孩子们进宫以后，月分钱和别的进项就全归他们两家了。

毕、刘两家收买的孩子都是长得漂亮，聪明伶俐的。他们十几岁就被送进宫里，当“童监”、“孩监”。这些孩子一般都得到皇后、妃嫔、贵人等的喜爱，俸禄和当“上差”的中小太监差不多。毕、刘两家就把进奉“童监”和“孩监”当做发财的买卖，想方设法买小孩，给他们净身，往宫里送。

光绪二十六年 (1900 年)，毕、刘两家的“包办”机构被取消了，改由慎刑司管理。慎刑司是总管内务府下面的一个司，原来的地址在北长街北口路西，它是掌管总管内务府应管的刑罚一类事的。那年头，太监们犯法，就是由这个司责罚。

毕五、小刀刘这样的牙行，由于有一套专供净身用的设备，再加上专业的“净身师”积有丰富的手术及护理的经验，因此成功率是相当高的。但近百两银子的费用，穷人家一般是拿不出的，于是还得立下借据，等孩子进宫做了太监，牙行再从他们当太监应领的“月份”银里扣回，这笔债弄不好十年都还不清。正是由于手术费高得吓人，许多穷人家付不起手术费，就铤而走险，由家长自己动手给孩子阉割。

但是，在清初私自阉割则是违法的。按顺治三年（1646 年）所定律例：凡私自阉割者，本身及下手之人均予处斩，后来又补充规定连该管官员也一并治罪。一直到了乾隆四十八年（1783 年），直隶安肃县民人王二格由于家贫，把自己 11 岁的儿子王成私自净身，事发后父子均被捕收监，后经乾隆皇帝弘历亲自审讯，了解到确因家贫实情，于是下令释放王二格父子，把王成安排到热河行宫当差，并传旨取消了严禁私自阉割这一条刑律。

尽管私自阉割不再违法了，但这仍然是十分危险的事。请想一想，那年头，没有麻药，没有消毒药、止血药之类的药品，硬把一个活蹦乱跳的孩子按在炕头上，把他要命的器官从身上生割下去，那该多么危险、多么疼痛啊！晚清太监马德清老先生回忆这难忘的酷刑时，痛苦地流下了眼泪，他说：“我九岁的那一年，有一天，我父亲哄着我，把我按在铺上，亲自下手给我净身，那可真把我疼坏了，也吓坏了，疼得我不知昏过多少次……我不懂父亲为什么这样整治我，我也没有淘气，惹犯老人家啊！这件事，自己总不愿想，想起来，心就像挨针扎一样疼啊！”狠心的父亲，就这样亲手摧残了自己的孩子，不久，由于良心的自责，他也失踪了，从此石沉大海，杳无音讯。像这样的人间悲剧，在人吃人的社会制度下，又何止一桩两桩？

“净身”的经历，对每个太监来说，都是一个惨痛而且挥之不去的噩梦，然而，他们万万没有想到，这仅仅是噩梦的开始。

进宫和拜师傅

据老太监赵荣升、张修德、魏子卿回忆：太监进宫前已在慎刑司住了些日子，没有在旗的，要认旗，也就是要这些准备进宫的人归到哪一旗下，比如归镶白旗、镶红旗……这大概是为了明确一下身份，将来好有人负责。

入宫以前，大家都准备好新衣服、布袍子、靴子、腰上扎的带子。还要演礼，学习怎样跪，怎样磕头，怎样回话。这个一丝不能乱。比如说下跪吧，要先跪左腿，后跪右腿，跪下去袍子不能褶在腿底下；上边问话，什么时候抬头，抬头后眼睛往哪里瞧，都有一定的规矩。

一天早晨，总管内务府的老爷，把小太监们领进宫去，进的是午门旁边的一个门，低着头跟人家走到养心殿，跪在院里，听候挑选。

太监们的名字、年岁、来路……早就由慎刑司写好呈上去了。

跪了一会儿，“老佛爷”（慈禧太后）来了。她手里拿着牌子，按牌子上写的名字仔细地端详了我们一阵，叫了几个人的名字。被叫的人抬起头来回话。一会儿她就离开了。

西太后挑中的人，留在她或皇上那儿，剩下的分给别的地方。那时候，清宫里用太监的机构还有四五十处，每处里的人数并不少，但是谁不愿意多弄几个人呢？人多了，每个人做的事就轻松了。实在分不出去的，还可以分给外府。王府里也用太监。

决定留在宫里以后，首先要认师傅。能当师傅的都是地位高、年纪大的太监。像总管太监、首领太监这一类人，一辈子收的徒弟多得很。徒弟们跟师傅学规矩礼法，师傅用徒弟做自己的仆役。一个师傅将来能有几个“出息”了的徒弟，不但有面子，而且也有实际好处。

宫里的规矩礼法多，够你学几年的。比如叩头、请安就有好多样儿，对什么人、什么时候怎样跪拜，都有一定的形式；梳头、端茶、斟水、摆膳，服侍上边穿衣服、传事、回话……都有一定的做法。能学到看上边的眼神行事，能摸出主子的心情，投其所好，那才有“出息”呢。还有，在宫里讲话有不少忌讳，忌讳的话是不能上口的，必须认真地记住。

上面讲的那些事，都要跟师傅学，服侍师傅起居饮食，也要学。学得快，学得好，讨得师傅喜欢，就有“发迹”的希望了。

初进宫的人，师傅就是自己的主人，把师傅服侍好是自己的唯一任务。早晨天不亮就得起来，给师傅准备漱口水、洗脸水。钟点到了，要轻轻地走到师傅炕边，轻轻地叫醒他，服侍他穿衣服。夜里，师傅睡下后，自己才敢休息，而且睡得还要机灵些，师傅什么时候唤，要立刻应声。

太监的品级不一，大小有别，一层制一层，一层压一层，当徒弟的是最末的一层。师傅有气没地方发泄的时候，徒弟就遭殃了。

同时当徒弟的，也有先后之分，比自己先进宫的人，叫陈人。陈人在新人面前，也有时摆架子、逞威风呢。

旧社会，各行有各行的苦处，最要紧的是忍耐。我们在做徒弟的时候，什么事都是逆来顺受，为了自己的前程，什么委屈只有压在心里。等将来自己有了“出息”，再去压迫别人。

入宫受训规矩多

太监被送进宫里后，最初是上不了什么场面的，在下边认过师傅，跟师傅学本事。

先说称呼吧，那时候，宫里头的太监把皇帝称作万岁爷，把西太后称作老佛爷，把妃称作主子。比如对端康皇太妃、敬懿皇太妃，都要把她们称作主子。至于太监们彼此的称呼，同辈的互称爷，张的张爷，李的李爷，低一级的把高一级的称作师傅。太监们不喜欢人们把他们直称作太监，如果你把他们叫老公，那简直是骂他们八辈祖宗。

在宫里，避名讳是一件最要紧的事。不单是与万岁爷的名字同音的字不能上口，太后、妃、太妃的名字也一样。这些应避的字音是要牢牢记住的。比如大家都知道的小德张，本来他的名字叫春喜，因为隆裕太后的小名叫喜哥，喜字犯了圣讳，小德张就被改名叫恒太了。还有不吉利的话，就是在私下里也不许上口，紫禁城里是不许讲丧气话的。

要学习请安的礼法。在宫里，膝盖是不值钱的，可是你不能一跪了事，跪拜是多种多样的。比如向主子回话、请安，跪的是双腿安，就是两条腿先左后右地跪下去，身子要挺直，摘下帽子，放在身右边。谢恩、谢赏或者万寿节……对主子要三跪九叩。为了表示感激浩荡天恩，有的时候还要把头往地上撞，撞出声音来，这就是俗话说的磕响头。还有单腿安，这是用来对待上司或者品级低一些的人的。日常侍奉主子的太监，虽然不是天天见到主子就磕头，可是俗话说的“站有站样，坐有坐样”，这个样儿也得学习。上了班，无论是站在主子身边或者在廊沿下听候吩咐，都得笔直地站在那儿，两只手紧垂在身子的两旁，要像庙里的金童玉女塑像一样，纹丝不动。站久了，脚掌子都站出了毛病，但是也得保住避猫鼠的样儿。这些礼法学不到家，首领太监是不会把你提上去的。

回主子或者顶头上司的话也有一定的规矩，第一要熟练的是上边的吩咐一入耳就得明白，这是不能向上边要求再吩咐一次或者解释的。第二是要用“嗻”来表示自己领会了吩咐，不能用“嗯”、“啊”一类字眼。在这方面显出你的机灵劲儿，才有“出息”呢。

给上边请安，说起来是个俗套子，但是也得学。比如“吉祥”这句话是用在日常问安上，“进得好”是用在饭后的问安上……

当师傅的并不是按什么计划来教你，是要你随时注意，随时学的。等到一朝人家看中了你，把你挑上去。比如到御前或者某一个宫里，你还要拜那里的顶头太监做师傅，继续学。

比如斟茶、倒水，摆膳、递东西，不能一下子拿过去就算完事：第一，不能捧在你的脑前递，你必须把东西捧在身子前边，同时又得把身侧过去；第二，不能捧得过低过高，大约的高度是在你的眉心的地方。

又比如主子吸水烟的时候，你得跪在地上，把仙鹤腿水烟袋用手握紧，小水烟袋你得站着捧在手里，随时装烟、吹纸媒儿，你得掌握好点火的时间。这件事不经过长时间留心观察，是做不好的。那时候清宫里的主子抽水烟、旱烟成了生活中的常事。一般是饭后抽水烟，平时抽旱烟，用不着主子吩咐，到时候得准备好，捧上去。

宫里抽鸦片烟的事是少有的。只有宣统皇帝的皇后抽（一说到天津后才抽)，侍候烧烟要跪在地上。皇后左边吸四口，在她倒过身子的时候，你得把烟具随着捧过去，再服侍她右边吸四口。当然服侍长了，人也就成了机器，节奏不差，但是在最初，也紧张得够人受的。

服侍上边穿衣服，有专管御衣的司按季节准备。可是直接服侍的人，也得记清楚，而且主子的胳膊腿不能随着服侍人的意思动弹，你得迁就他，要让他在穿着的时候一点不感觉别扭。这也得学。

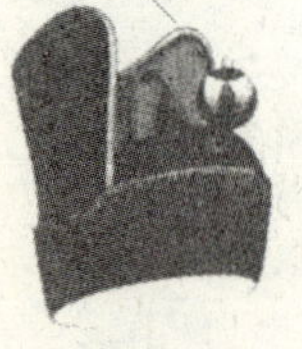

膳房里有荤局、素局、点心局，对哪一宫、哪一个主子，每天都有一定的进献样数。传膳声一下，取膳的人不能慌，要按你的号儿从膳房的转动架上往下取，取错了、漏了是不行的。

跟主子到哪一个宫去，或者到什么地方去溜弯儿、散心，除了主子身旁的两名太监随在左右搀扶之外，其余的人要随在身后，捧着应携带的东西。如果主子坐轿出去，扶轿杆的、随轿的都要走一定的步伐，起轿、落轿、搭帘子也都得小心谨慎。

晚上坐更，白天站班，尽管什么事也没有，也不能擅离职守。如果皇上召见哪位大臣，圣旨传下来，你得准确地往下传："带某某大臣……"，大臣或王爷被带上来之后，你得放下帘子，赶紧躲开，站到既听不到室内的谈话，却又能听到主子命令的地方去。

学这些事，要凭自己的心计，师傅从不给你讲明要求，也很少指点你，要你自己去琢磨，或者要你私下演习一下。如果你在哪方面做错了，师傅轻则狠狠地挖苦你一顿，重则巴掌上脸。至于出了大错，挨板子、关禁闭也是常事。

地位下贱，如同虫蚁

太监们入宫后，生活水平确实有了明显的改善和提高。

他们在入宫时，每个人都得到一笔可观的安家费。入宫后，每月还可以按品级得到相应的"月薪"，按季领取一份"口粮"。根据《钦定宫中现行则例》规定：四品宫殿监督领侍、正侍，即敬事房大总管和总管太监，每月能得到银 8 两，米 8 斛（清制，一斛为五斗）。而刚刚入宫的小太监，每月也能得银 2 两，米一斛半。如果单从月薪这一点来比较的话，可以说清宫太监的生活水平已经不算很低了。拿一个月薪银 3 两的普通一等太监来比较，他折合年薪为 36 两，要比当时朝廷的九品文官的俸禄每年 33 两还要多一些。至于皇帝身边内殿、奏事处的太监，他们的年薪已达 48 两，竟然超过了七品知县。

除了按月领取月薪银米外，太监们每年还能得到名目繁多、数量不等的赏赐银两及各种物品，如果把太监一年中所得到赏赐粗略统计的话，有时甚至能远远超过他们的月薪和年薪。比如，遇到皇帝登基、亲政、大婚、万寿以及皇太后、皇后千秋寿辰、皇子公主诞生等喜庆日子，宫中都要大大庆贺一番。但赏赐的多少，要由当时国家的经济形势的好坏以及皇帝和各宫主子的情绪好坏来决定。如果太监把自己的主子侍候得非常满意，那他随时都有可能得好处，包括升官（太监中的官）和发财。

清•八成金葫芦

不过，宫中太监的升补有严格规定：普通太监要想升补首领太监一般得有在宫里服役三十年的资历，破格提拔的机会并不是人人可求的，除非像安德海、李莲英那样有在慈禧太后身边又深受宠信的特别机会。因此，在宫里遇到的好处绝大多数是皇帝及后妃各宫主子的赏赐。赏赐的东西也不尽相同：小到几块点心、一个荷包，大到价值不菲的皮袍或漂亮的住宅等，全在皇帝或主子们的一点头、一摆手之间了。

从一无所有的乡下穷孩子，到现在的衣食锦贵，这生活简直是天上地下之分了。但是，在清朝皇室看来，太监不过是一群奴才，之所以给他们较高的生活待遇，是为了换取他们对皇室绝对忠诚、绝对听话的服务，因此对太监的管理必须严格，不容出现半点差错。

在这个问题上，清朝的几个皇帝都有过明确的指示。康熙皇帝玄

烨说，太监算什么，太监不过是“最为下贱，虫蚁一般之人”，把太监当成了虫子蚂蚁；乾隆皇帝也说，太监是“乡野愚民，至微极贱，得入宫闱，叨赐品秩，已属非分隆恩”，就是说太监这样卑贱的人，能够让他们进入宫中服务，还授给官职品级，已经是恩惠得很过分了。

这些话，作为圣训，已经把太监是卑贱的奴才这个定位，列入了皇室的祖宗家法之中，子孙后代都要严格地遵循执行，这正是有清朝太监管理最严格、宫廷秩序最稳定的重要原因吧。

数不尽的清规戒律

鉴于明朝太监干预朝政的历史教训，清朝皇室从一开始就不能容忍太监有一丝一毫的干预朝政的行为。开国之初，顺治皇帝福临在顺治十年（1653 年）就颁布了一道上谕，对太监做出了六条严厉的规定：

一、非经差遣，不许擅出皇城；

二、职司之外，不许干涉一事；

三、不许招引外人；

四、不许交接外官；

五、不许使弟侄亲戚暗相交接；

六、不许假弟侄名色置买田产，因而把持官府，扰害民人。

两年后，顺治皇帝福临又命工部铸成一块高一百三十四厘米、宽七十厘米、厚六点五厘米的铁牌矗立在宫内交泰殿门前，上面镌刻着他的另一道严禁太监干政的上谕。

皇帝敕曰：中官之设，虽自古不废，然任使失宜，遂贻祸乱。近如明朝王振、汪直、曹吉祥、刘瑾、魏忠贤等，专擅威权，干预朝政；开厂缉事，枉杀无辜；出镇典兵，流毒边境；甚至谋为不轨，陷害忠良，煽引党类，称功颂德。以至国事日非，覆败相寻，足为鉴戒。朕今裁定内官衙门及员数职掌，法制甚明。以后但有犯法干政，窃权纳贿，嘱托内外衙门，交接满、汉官员，越分擅奏外事，上言官吏贤否者，即行凌迟处死，定不姑贷。特立铁牌，世世遵守。

顺治十二年六月二十八日

这道敕谕后来也成为清朝皇室的祖宗家法，一旦有触犯，多会被处以极刑。康熙、乾隆年间，都有太监因干政被斩。

可以说，由于清朝统治者严格遵循了严禁太监干政的制度，因此在其二百多年执政历史中，基本上没有出现太监干预朝政的现象。

但是，史学界还有一种比较流行的传统看法，认为在慈禧太后垂帘听政时期，她大权独揽，实行独裁统治，并且重用包括太监在内的亲信，诸如十分有名的太监安德海、李莲英等人，打击异己，这就使宫廷制度发生相应的变化，太监不许干政的祖宗家法也由此而废弛。这种传统说法并不十分准确。当时的实际情况是：虽然政治制度废弛，太监也确有结党营私之辈，公然敲诈勒索、贪污纳贿的现象比比皆是，慈禧太后对此也是一眼睁、一眼闭，听之任之，但是说到李莲英、安德海之辈干预朝政，则多为传闻之言，并无实据。

倒是光绪执政时期发生的两桩案例，是比较典型涉及朝政的案例。光绪二十二年（1896年），储秀宫慈禧太后身边年仅18岁的小太监寇连材因甲午战败，国势日危而上书慈禧太后，死谏国事，随即就以“犯法干政”和“越分擅奏外事”等罪名，被押赴菜市口斩首示众。维新派领袖梁启超在《戊戌政变记》一文中曾为寇连材立传，称赞他是“烈宦”，把他的名字归到维新志士的行列之中。

其实，寇连材光绪十九年（1893年）入宫做太监，分配到奏事处做小太监，二十一年（1895年）九月调到储秀宫慈禧太后身边当差，

四个月后上书被杀，无论从时间还是从职掌上都不可能与慈禧太后和光绪皇帝以及帝党、维新派之间的斗争有什么瓜葛，从寇连材上书的内容上也能看出，这纯属个人的行为。但是，寇连材确实是清宫太监中忧国爱民的第一人，他冒死上书的行为也给暗淡无光的晚清历史添抹了一笔亮色。

光绪二十四年（1898 年），戊戌变法失败后，光绪皇帝及珍妃分别被幽禁，他们身边的太监也都因为这场政治斗争受到株连，据清宫档案载，光绪二十四年（1898 年）八月十九日敬事房就奉到慈禧太后的懿旨："内殿太监杨瑞珍、杨昌恩，内殿司房太监张得明及珍妃下太监戴恩如，此四名干预国政，搅乱大内，往来串通是非，情节较重，实属胆大妄为，著交内务府大臣即日板责处死。"

这就是奴才的命运，在复杂激烈、你死我活的政治斗争中，做主子的失败了，那么做奴才的当然不能幸免，而且许多时候是首当其冲的给主子当替死鬼。

当然，因干预朝政而遭到惩罚的毕竟是少数，太监们一般都深知这里的厉害，不会轻易地去触犯这一条。对于大多数太监来说，防不胜防的是宫内多如牛毛的清规戒律，稍不留神，就有危险。

责打受刑如家常便饭

乾隆皇帝是历史上有作为的封建君主，同时也是一个对太监"立法峻厉"的典范。

乾隆十六年（1751 年）夏季，弘历在换穿夏衣时，由于太监未曾认真检查，被藏在袖口处的一根缝衣针划伤了手臂，于是龙颜大怒，立将太监张玉、蔡勋枷号一个月、鞭一百，刑满之后罚做苦役。

乾隆四十三年（1778 年）的一个夜晚，弘历在睡梦中醒来询问时刻，发现在寝宫内值夜坐更的小太监常宁、霍集撒徕由于困倦正在打瞌睡，立即下令将他们拖出去重责 40 板。类似的事例是不胜枚举的。到了晚清时期，慈禧太后垂帘听政，俨然是一个喜怒无常的女君主。高兴的时候，可以赏给太监成百上千两的银子，但是心烦的时候，太监们就成了她出气的对象。据太监们回忆，慈禧太后是一个心毒手辣的人。她责打太监几乎是家常便饭，有时一天内被她责罚的太监不下百人，而且一个太监犯错，全宫的太监都要连坐。光绪十二年（1886 年），江宁织造（内务府派驻南京负责为皇宫织办绸缎的机构）派驻北京的办事人员密报本主说：

“近闻皇太后驻跸南海，……闻节前忽奉懿旨将首领赵老爷、王掌案等五人全行摘去顶戴，戴罪当差，并罚钱粮数目。且以刘总管等当差滑懒革去总管名目。昨日又将新派之海内总管高老爷连捷革去总管，送交慎刑司审讯，并因此事召见总管内务府大臣。传闻系细事致招佛爷生气，是以如此震怒。刻下海内外太监俱怀畏惧，逃走甚多，实为近来未有之事。”

清朝初期，宫廷典制并不完备，许多事情是按世代沿袭下来的祖宗家法和惯例办理的。直到乾隆时期，政局稳定，经济持续发展，宫廷内也已经积累了近百年的管理经验，在这个前提下，乾隆皇帝下令编纂了“宫廷法典”——《钦定宫中现行则例》和《国朝宫史》。在《则例》和《宫史》中，除了详细规定了太监的等级、职掌和待遇外，还对太监的管理及处分做了详细而严格的规定。

这个太监管理和处罚条例首先就明确了管理权限，其中凡太监在宫外犯法的，应由司法机关依国家法律审理治罪；凡太监在宫内犯法违纪、情节较重的交由总管内务府审理治罪，情节较轻的由敬事房自行审理处分。再者，属内务府管理权限下共规定了 26 条太监的行为规范，经过历朝增补最后达到了 50 多条，太监一旦有违犯上述规定者，要分别受到“刑”与“罚”的处分。总管、首领等管理人员要被罚三个月到一年的月薪的处分，严重者还要受到革职降级的处分；一般的普通太监，违犯上述规定者，则要被重责20~60大板，重者还要受到枷号、罚做苦役、流放以至处以死刑的处分。

根据这个条例规定：太监口角斗殴、酗酒闹事、聚众赌博要被重责60板；太监不慎火烛、大声喧哗、贪睡误班、失误损物则要被重责40板；请假逾期、当班迟到则要被重责20板。打板子，或者叫“杖责”，是清宫中对普通太监最常用的刑法。责打太监的刑杖、刑板，都是用竹子做的，其中刑杖是长五尺、圆五分的实心青竹，刑板是长五尺、宽五分的青毛竹板。行刑的规矩是：先将受刑太监按伏在地，臀部突起，然后一人按头，二人按手，二人按腿，一人行刑，一人报数，行刑的同时要报出数字来，受刑的太监，还要一面挨打一面求饶，否则还得加倍重打；刑毕，还要由刑监二人架起被打得血肉模糊的太监到主子那里去叩头谢恩，行刑才算完结。

清朝刺绣御制题桐荫玩鹤图挂屏

罚做苦役，也是刑的一种补充。如果太监犯罪或过失较重，还要被罚做苦役，主要是发配到瓮山的马棚去铡草。瓮山也就是今天的颐和园万寿山，过去曾经是关押宫中太监的一个重要场所，从康熙三十年（1691年）开始，犯罪太监多被发往那里铡草，期限少则一年，多则五年，甚至更长。

由于这里的生活条件及待遇与皇宫内有天壤之别，对太监来说又是一种难以忍受的苦刑。从乾隆十二年（1747年）总管内务府的一份报告中可以看到：当时瓮山关押着14名罚做铡草苦役的太监，其中带有锁链刑具的太监就有7人之多。到了清朝中后期，更多的太监是关在景山或南苑的吴甸做铡草苦役。

御前太监不轻松

御前太监，就是在皇上跟前做事的太监，他们都住在东西夹道里，分班侍候皇上。

东西夹道都有领头的太监，人们把他叫带班的。早晨天蒙蒙亮就起来，盥漱之后，穿好衣服，由带班的领到皇上那儿去。那时候，皇上是住在养心殿后殿的寝宫里。

带班的先上去给皇上请安，双膝跪地，禀报后退下来，他的事就完了。当御前的照例不跪拜，上了班就各人做各人的事去了。其实也没有什么值得讲的事，不外乎是站班、听吩咐罢了。

皇上用过早点之后，御前们排队，陪驾到上书房去。大家都慢腾腾地走，走到上书房，在屋里、屋外站班。除了端茶倒水，接受随时交下来的差事，也是闲着的时候多。

皇上从书房回来，11点钟就摆膳了。膳是由厨房里的塔塔们送来，御前一提盒一提盒地接过来，又一碗一碗地摆在两张大八仙桌上。八仙桌是摆在地下，两张桌子连着，前一张又和皇帝坐位前的宴桌连在一起。

午餐的菜总有三十几样，都盛在带盖的碗里。除了例进的菜，每天还有太后赐的、后妃等人献的，合计起来有四十几品。皇上吩咐一声“碗盖”，就开饭了。御前们站在屋地上，把桌上的菜往皇帝的面前传。那么多的菜，皇上哪能样样尝呢，也不过是拿来摆摆样子罢了。

御前的袖口是白布缝制的，两只手也洗得干干净净的，看起来是够卫生的。

皇上吃完饭，下一班御前就来接班了。上一班退下去，什么事也没有，干歇着，一直歇一天半。

下半天，皇上也许到各地方走走，也许休息，也许做点什么。御前们随着他转，一直到晚上摆晚膳。

晚上八点钟，由总管太监那儿传下“上闩、打钱粮、灯火小心”的口号，一呼众传，一直传到紫禁城的各门。“上闩”就是上门闩；“打钱粮”是上锁；“灯火小心”大家都明白。

这个口号一喊，凡是男人都得出宫，夜里宫廷里是一个男人也不留的，除了太监和值班的御医。

服侍皇上就寝时，又换上另一班御前了。皇上睡下后，几名御前就在皇上的寝宫地下“坐更”，另外的御前在外边“坐更”。说是坐更，有的也打个盹儿或者睡一会儿，反正不耽误事就行了。

当皇上的同外边老百姓过日子大不相同，他们夫妻不同桌吃饭，也不同床睡觉。皇后和妃子每天照例按时间到皇上这儿请安，真像客人一样。

御前和带班的每天还有一项任务，就是按时候分几次到太后、太妃和应当去的宫里，跪报：皇上昨天睡的怎样、每一餐进了多少饮食，给太后、太妃请安。一般来说，得不到什么反响。听了也就听了。

服侍皇上事情虽然少，但是并不轻松，比如给皇上梳头、打辫子，就得十分小心，做得要麻利、要好，还要皇上觉得舒适。皇上是“金人”，不能让他觉得一点不舒服。服侍他穿衣服也要周到。当皇上、皇后的，衣服从来是要人家穿的，什么时候进什么衣服、靴袜都有讲究，不能弄错了。

封建社会，当皇上的是天下第一人，但是他也有心烦的时候，心烦没有地方发泄，当御前的就倒霉了。有的时候，没有缘由地遭到辱骂、责打。太监是真正的奴隶，主人随心所欲地看待他们，高兴的时候也许唤他们的小名或外号，不高兴的时候乱七八糟地打他们，打死了拖出去，没有人管。

奉旨骂人是美差

清末有两位很著名的人：一位是清末的大臣、著名思想家、教育家张百熙，另一位是清末民初著名的政治活动家、外交家唐绍仪。这两位大人物都做过邮传部的尚书。清末邮传部初立时，张百熙和唐绍仪不和。两人经常互递奏章攻击对方，闹得不可开交，朝廷被他们俩惹烦了，就不偏不倚来个各打四十大板，——两人“均着传旨申斥”。

所谓申斥，就是官员违纪了或者触犯了皇帝、太后，却也没够着触犯法律被判刑的地步，于是皇帝谕旨申斥违纪官员。皇帝或皇太后将要训斥的内容先大致说一遍，然后由太监去“代言”。京官由太监传宣，外官违纪由督抚代宣，加以申斥。用现在的话来说，就是严厉批评。

被申斥者，往往需要跪聆宣旨毕，然后还要接受叱责，拿京官来说，不管职位高低，如果遭到“申斥”，就要受到太监诸如“混账王八蛋”之类的破口辱骂，情状以至不堪。

奉旨去骂人，对太监来说其实是美差、肥差。捞到此等美差的太监，在斥骂时，可以“酌情处理”，是骂得重还是轻，骂还是不骂，都

有很大的余地。如果花的钱够多，事先贿通了太监的话，免去辱骂的可能都有。张百熙和唐绍仪遭到“传旨申斥”后，两人受领的四十大板的轻重就有很大的区别。

唐绍仪得知消息后，事先送了400两银子给代皇帝来申斥自己的太监，因而宣旨毕，太监只不过轻描淡写地说了句官场上的话，然后就让唐绍仪“下去”，根本等于没挨骂。虽然花了点血本，但终是未被骂，留住了面子。

而张百熙就完全不一样，他倚仗自己怎么着也是朝廷的重臣，是老资格，觉得怎么着太监也会给自己留点面子，因而没有行贿。结果，跪听宣旨毕，太监开口大骂，骂完后不忘喝一声“混账王八蛋滚下去”。张百熙何日受过此等耻辱，遭此一顿骂，心中始终不能舒畅，据说张百熙被羞辱得当场痛哭，叩首“谢恩”时浑身战栗，“面无人色”，未几，“忧愤成疾，一命归天”。

同样是受申斥，内容、态度和被骂轻重却可以有如此大的变化。当然，不仅仅是张百熙和唐绍仪遇到过这样的事。还有比张百熙遭到的咒骂更严重的：清朝末年一名叫胜保的将军，也受过一次“恶骂申斥”。胜保是满洲镶白旗人，自恃身份高贵，又曾任大学士协办军务，因而根本没把传旨的太监放在眼里，自然也就没想过打点。

据说太监把胜保祖宗的一些陈年旧事翻出来羞辱了胜保一顿，把胜保骂得“干吃哑巴亏”，气得七窍生烟，却敢怒不敢言，因为太监一口一个“皇上说”。遭到如此申斥后，胜保又被发配新疆，又羞又气，也几乎送命。

另有李乔在《清代官场如市场》一文中言：“翰林刘廷荣因破例递折，传旨申斥。刘知道交四百两银子可免，但因穷只交了二百两，便又请人找太监说情，想以此二百两免骂。结果，太监收下二百两银后，申斥时仍骂了刘，但只骂了‘混账下去’，免去了‘王八蛋滚’，这算是对二百两银的报偿。这种骂法被称为‘半骂’。”

如此看来这个“申斥”的名堂说大不大，说小也不小，不管你是官大还是官小，身份是高贵还是低贱，只要银子够分量了，就可无骂，否则就得半骂、全骂或者恶骂了，要何种方式受屈辱，可以自己选择，被骂程度的深浅却必须由银子来决定。

太监生活有等差

做太监的也是三六九等，生活有天上地下之分。

总管和首领太监的生活享受和皇帝、太后几乎没有什么两样：先讲吃吧，比如服侍西太后的李莲英和服侍隆裕太后的小德张，和太后是一个灶，要讲菜的味道，有时候比太后吃的还调配得好呢。他们每顿饭的主副食够一个人一个月用的；穿的也全是绫罗绸缎，虽然形式上不能同皇上一样，讲舒适却差不了多少；住的房子，里面的陈设也是蛮讲究的；他们养的哈巴狗，每天都照例领猪肝、鱼虾。

首领太监一天到晚，除了在主子面前献殷勤，讨主子的欢心，是没有什么具体的事做的。闲下来的时候，戏弄哈巴狗儿，找下边人陪着他们玩骨牌、说笑话；再不，就是琢磨怎样同别人争宠，要弄别人；计算买房子买地，开买卖赚钱；同当朝的文武大员怎样勾打连环，舞权弄势；或者无缘由地责打手下人取乐。

西太后有个时期宠爱上一个叫姚宝生的御医，经常传他进宫诊脉，同他聊天。李莲英怕这个御医占了他的上风，设计挑唆恭亲王奕䜣，逼着这个御医自杀了。小德张在隆裕太后跟前得宠后，也把宫里有势力的太监杜兰德、颜海潮什么三十六友搞垮了。

李莲英和小德张在北京城里有自己的公馆，修建得富丽堂皇，赶上了王府。他们还有同别人合伙和独自经营的买卖。

李莲英在家乡大城县有地36顷，浮财就更不用说了。他死后，单是他的两个过继女儿就每人分到了17万两银子。小德张在天津英租界四十一号路有洋楼，入民国后小德张在这里“纳福”。他有4个老婆，他的过继的儿子也有3个老婆，“公馆”里上下人等30多个，什么花匠、厨师、门卫、账房、丫鬟、老妈子，应有尽有。太监马德清就在他的天津公馆里打过下手，一直干了9年。小德张家规森严，毫无人道，对女眷看管的更严，妻妾是难得出门的。他自己也从宫里学会了念佛。“公馆”的楼上有佛堂，一天总要到那里去念几遍佛。

说起来人们也许奇怪，太监们还娶老婆干什么。原来他们虽然不能过夫妇生活，但是家庭的“乐趣”还是要享受。旧社会里，有了钱，什么不人道的事都干得出来。发了大财的太监、有年轻漂亮老婆的不只是小德张一个人。有时候他们还倚仗年轻漂亮的老婆，给他们联络大官，拉拢同行，搞钱搞势呢。比如御膳房的首领太监古玉秀，没有哪点出众的地方，凭着他的年轻漂亮的老婆替他奔走，结果爬上了御膳房大总管的地位。

清朝缂丝加绣观音像轴

清朝最后的得势太监小德张，权势发展到连他的顶头主子隆裕太后都得听他的，不知道他用了什么手段，把隆裕太后的生活起居都管起来。表面上看，好像他关心这位女主子的身体健康，这个不能吃，那个不能动，到后来隆裕想多吃一口她爱吃的东西都办不到了。

清朝初年，订下了太监干预国事杀无赦的家规，但是到后来，这条家规就不生效了。家规是由主子执掌的，他们宠上了谁，哪个人还敢搬家规向主人算账啊?！而且主子想通过身边人了解宫外的事，重臣们又想通过太监摸宫里的底，摸太后的心，这样的三结合，大太监的权势自然越来越重了。袁世凯、江朝宗和清室的一些王爷们，都同李莲英、小德张有勾结，都给过他们大笔贿赂。

下层太监，俸禄有限，每年较多的收入是三节的赏钱。那时候宫里用钱都是白银和现大洋，一般是每个月月银二两到三两、米二斗到三斗、公费制钱二百到六百，三节和圣寿节赏钱四两到六两。比起上层太监就天地悬殊了。吃的也是一般饭菜，不过那时候宫里的上层每天吃剩下的东西多，颁赏下来，总是够的。有的点心一类的东西吃腻了，就给外边人带出去。在各个太监单位管洗衣服、买零碎、跑外的人，他们每天下闩前都得出宫，一些吃不了的东西就给他们带走了。

下层太监，讲活计，倒也没有什么过重的，只是行动处处受限制，同坐牢差不多。服侍上边，无时无刻不提心吊胆。顶头太监要你做什么你就得做什么，不是人做的也得做，一切要看别人的喜怒行事。一旦不知道做错了什么事，也许根本没有做错，只是顶头主子或太监讨厌你，就得听凭人家打骂，有的时候还得跪在地上，自己打自己的嘴巴。

民国以后，溥仪有一次不知道为了什么，把太监撵出了宫，但是过了些日子，女主子们没有了太监服侍，哭着闹着，又把撵出去的太监收回来一些。实际上，宫里多年的习惯，没有太监是生活不下去的，单是宫女，许多生活上的事是做不好的，而且她们的体力等方面也是不能胜任的。

在西太后晚年，宫里的小太监被逼着学京剧，请外边戏班上的名角来教，每天吊嗓、练功。这些事不是出于自愿，人家硬逼着学，单是拔腿筋一件事就够苦了。练不好，管这件事的大太监对他们非打即骂。到后来，宫里的“戏班”也能演戏了，供太后们消愁解闷。京剧名角杨月楼进宫说《铁笼山》《艳阳楼》，谭鑫培进宫说《四郎探母》，太监们每天早晨到宁寿宫山洞里吊嗓。民国后，学戏学得不错的刘寿丰还在上海下了海，专唱花脸；唱过一个时期后，听说被人排挤，加上生活潦倒，病死在外乡了。

漫漫长夜无尽头

李莲英、小德张这样的上层太监之所以能得到皇帝主子的格外恩宠眷顾，主要有以下原因：

第一，他们在长期为皇帝及其他主子服务的过程中，对其性格、脾气、爱好、习惯等都已经揣摩得清清楚楚，主子交办的事情，无须多费口舌，都能办得妥妥帖帖。他们聪明而不失于稳重，机智中又夹杂着几分狡诈，是一些善解人意的奴才。因此他们已经成为皇帝及其他主子日常生活中不可缺少的一个组成部分。

第二，根据祖制，为防止太监干政，清朝皇室并不要求他们有多高的文化程度。因此，宫中的太监许多都是文盲，其余的也仅仅是粗通文墨而已。但是，皇宫中藏有大量金银珠宝、服装衣饰、陈设家具、珍奇古玩、书籍字画等，都属于皇帝一人所有，这就需要有一批安全可靠并且具有一定专门技艺和知识的太监来管理这笔巨额财富。实际上，皇帝的物质享受及精神文化生活的各种需求都要通过他们来体现和执行，这就使这批有技艺和知识的太监获得比较特殊的地位。

第三，他们在服侍过程中，凡出现错误过失，也同样要遭到严厉处罚，但他们每每都能习惯地接受下来。从他们多年积累的经验得知，处罚只是蒙受一时的屈辱和痛苦，而忍耐却能给他们带来一生一世的好处。他们所遵奉的信条就是忍耐。在清宫历史上，由于忍受不了非人的痛苦折磨，每年都有许多太监逃跑，或因生活空虚而赌博、吸毒、偷盗、斗殴的现象也层出不穷，甚至由于对生活彻底绝望而走上自残自尽之路。这些采取各种方式消极反抗的众生相之中，极少有上层太监迹身其间，据统计，这种现象连百分之一都不到。相反，他们始终能保持着心理上的稳定和平衡，在行为上循规蹈矩，绝对忠实于他们的主子，并且自觉、不遗余力地帮助皇帝及其他主子们维持宫中的正常秩序，充当封建制度的忠实卫道者。因此，清宫内一般中下层太监对他们这些人，除了敬畏之外，就只有反感厌恶，甚至于痛恨了。以至于嘉庆年间天理教徒起义，在起义军攻入紫禁城后，带路的太监首先要杀死的人竟是敬事房大总管常永贵，由此看来，这也是毫不奇怪的。

尽管上层太监与一般普通太监之间有这样那样的区别，却无法回避一个事实：他们同样都是被阉割而丧失了做人的权利与尊严的男性奴仆。因此，上层太监纵然权势再大、待遇再优厚，他们也同样饱尝着人类难以忍受的生理上和精神上的痛苦折磨。一位晚清时期的宫女曾经回忆说：

可怜的老太监，已经过了五月节了，上身已经穿得很单薄了，可下身还是鼓鼓囊囊的。据说他们因为生理上的缺陷，多有淋尿的病，腰里不论冬夏，都要围着大毛巾，越到年老越厉害。……最明显的是膝盖上的护膝，常年缝在裤筒里，到了夏天显露得最清楚了。他们随时随地都有跪在地下的可能，不论在什么地方，假山石上，沙岸旁边，该跪一定要跪，丝毫不能犹豫，所以裤筒里常年缝着护膝。阔太监秋冬的裤筒子要用最好的皮子，李莲英就用金丝猴皮作裤里子，又柔软又轻便又治关节炎。

从上述回忆中可以看到这些上层太监的另一面，没有了往日飞扬跋扈的气势，而恢复了让人感到悲惨凄凉的一个普通太监的本来面目。

前面所说的上层太监，充其量不过占全部清宫太监的10%左右。就拿晚清宫中最典型的慈禧太后身边的太监来说，据光绪三十四年（1908年）的统计表明，她身边总共有476名太监，其中有官职品级的

总管、首领及小太监 67 名，也不过占 14%而已。那么，占清宫太监 80%多的一般太监呢？他们则始终处于被压迫、被奴役的悲惨地位，从被阉割入宫的那天起，他们就失去了做人的基本权利和自由。在此后几十年的漫长岁月里，他们将要日复一日、年复一年地在严厉的宫规下毫无选择地从事着简单、枯燥的工作。稍有不慎，就可能遭到皇帝及其他主子的呵斥和打骂，重者就要受到刑罚惩处。

这些太监绝大多数是穷人家的孩子，是出于生活所迫并且希冀通过这个途径改善自身及家庭的生活状况而进入宫廷的。他们文化素质极差，进宫后在师傅那里所学到的仅仅是宫中的礼仪、规矩和如何侍候好主子，除此之外，他们就没有什么可学的、可想的了。实际上，由于自身条件的限制，他们不仅不敢想，就是让他们去想也是无从想起。

由此可见，清宫太监的心理是有一个发展演变过程的，归纳起来，大体上可以分为三个阶段。

第一阶段，是太监初入宫阶段。作为贫穷人家的孩子，之所以卖身入宫，或是养家或是糊口，总是要有所图的。皇家宫廷，对于他们来说是十分神秘而又充满苦涩希望的地方。进宫伊始，富丽豪华的皇室生活的表面现象使这些穷孩子惶恐、惊叹、新奇，再加上内心原有的企盼，就构成了最初阶段比较稳定的心理状态，因此，他们情绪稳定，驯服听话，努力学习和掌握宫中的一切礼仪和规章制度。但是，这个阶段的时间非常短暂。

第二阶段，是清宫太监心理最不稳定的阶段。随着时间的推移，新太监逐步了解了皇家宫廷究竟是怎么一回事，也渐渐明白了自己的身份和地位。面对着无情的生活现实，最初稳定的心理状态随即被打破了，并且分化为不同的心理状态。其中一部分人，由于比较聪明和灵巧，很快得到了皇帝及其他主子的赏识和提拔，这使他们对未来重新燃起了希望。但这仅仅是一小部分人。另外一部分人，在最初的希望完全破灭以后，并不甘心就这样了此一生。于是，他们以各种方式同命运进行抗争。其中逃亡是清宫太监最普遍的一种主动积极的抗争方式。但是，自清初以来在全国已经建立起十分完备的保甲户籍制度，对这些有着明显特征的太监来说，犹如天罗地网一般，没有内务府颁发的路引和执照，他们寸步难行，因此，许多逃出宫的太监东躲西藏，最终还是因为走投无路而自行投回领罪。可是在这种高压政策下，太监们依然不断地逃亡，一次被抓回，第二次照样还跑，有的太监逃跑竟达七次之多。再有就是造反，嘉庆十八年（1813 年）九月十五日，林清、李文成领导的天理教起义，曾一度攻进了清王朝统治者的大本营——紫禁城。在这次起义斗争中，数十名太监参与了天理教组织，其中刘得财、刘金等五名太监作为内应，直接参与了攻打紫禁城的战斗。尽管在清宫档案中看到后来这些太监在被捕后表现都十分低劣，但这次事件在整个清代宫廷史中寥若晨星，是绝无仅有的一次。更多的太监是有意无意地采取了被动消极的抗争方式，如许多人参与赌博、斗殴、偷盗、吸毒，甚至自残、自尽等违反宫规破坏宫内秩序的活动，虽然也表明了这些太监自身素质的低下，但同时更应该看到这是一般太监心理失衡的一种表现形式。这一部分敢于与命运抗争的太监人数不少，可是，在强大的皇权和根深蒂固的封建制度面前，太监无疑是太渺小了，命运已经注定他们永远是输家而无法取胜。实际上，多数太监在这种情况下，依然保持着消极的忍耐态度，正如前面几位晚清太监回忆中所说的那样逆来顺受，因为他们总是抱着一线希望，等待着命运中的奇迹出现。

第三阶段，是清宫太监的心理状态重新趋于稳定的阶段。在这个阶段，那些敢于抗争的太监经过多次失败后已感到筋疲力尽和麻木，而那些本来就安心忍耐的太监这时就更加习惯于命运的安排了，更何况他们已经“多年的媳妇熬成了婆”，完全把心理上的不平衡转嫁发泄到那些做徒弟的新太监身上了。

1911 年，辛亥革命爆发，绵延了两千多年的封建王朝最终退出了历史舞台。根据民国的《优待皇室条例》，清朝的最后一个退位皇帝溥仪在紫禁城继续盘桓了十三年。1924 年，北洋直系将领冯玉祥发动了北京政变，并把溥仪驱逐出宫，直到此时，伴随着封建的宫廷制度而产生的畸形怪胎——太监制度最后也寿终正寝了。

几千年来，帝王将相、文人骚客、才子佳人，无一不在历史的长河中留下自己的印迹与位置。但是作为太监这样一个身体被摧残、人格被侮辱、地位卑贱的奴仆群体，却无法享受到同等的待遇。根深蒂固的封建正统文化根本不屑于表现他们，给予他们更多的是轻蔑、嘲弄和厌弃。这就是太监的命运。

晚年托身寺院

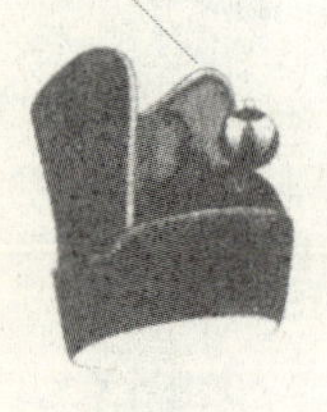

太监在宫里一般是从小干到老，可是到老了干不动了，还得出宫。

出宫后往哪儿去呢？像李莲英、小德张那一类上层太监，自然生活无忧。可是一般当太监的，情况就不同了。第一是旧社会对太监这类人是瞧不起的，把“老公”当做骂人的话；就是有点财产，也很少有人肯同你接近。这种思想也影响了你的三亲六故。如果你在宫里混一辈子，什么名堂也没有混到手，就是有家也是难奔的。第二是当太监的都是贫寒人出身，你在宫里待上几十年，你的家也许早就没处找了，而且有的太监从小就被人拐出来，连自己也不知道家乡住处在哪儿，到老了往哪儿找避风的地方呢。而且他们从小伤了身子，在宫里什么手艺也学不到，真是手无缚鸡之力，肚子里没有半点才学，吃惯了靠人养活的饭，就是没有老残，也无术谋生啊！

这样一来，太监们就只有把所谓尘世之外的寺庙，当做苟延残年的所在了。

清朝的太监，在年富力强的时候，就给自己的晚年退身之所做下准备，用自己积蓄下的钱买点地，以寺庙的住持做师傅，把地捐给寺庙或者“施舍”一些钱给方外人，修建寺庙，出宫以后便到寺庙里安身。

一些有钱有势的太监，也把寺庙作为自己退身的地方，他们凭着财势，可以到寺庙里做方丈，还可以站在别人的头上作威作福。比如西太后下边的二等太监刘多生，拜在白云观方丈耕云的门下，后来做了这个庙的方丈。

清代末年，北京的太监养老义会规定，入会的太监要先交百八十块钱，三年后便可以到养老义会所属的寺庙养老，吃住不用花钱。不过也有些老太监连这几个钱也拿不出来，出宫后只有流浪各处，冻饿而死了。

北京有不少寺庙，过去都同太监有关系，北长街万寿兴隆寺便是其中的一个。在这个寺的后院有座石碑，记述养老义会的情况，是乾隆年间立的。

太监同寺庙的关系，早在明代就开始了。首领太监同皇亲国舅、高官显宦都有关系，寺庙里收容几个过去有权势的太监，对本寺庙的前途发展也是有好处的。有权势的太监出宫后，还可以用僧道的身份同显要人物接近，而且太监比起出家人来，同显要们的内眷接触更方便，更让显要们放心，这里的发财门道也就更多了。

养老义会与其说给穷苦太监解决了养老送终的问题，还不如说给寺庙结施主的善缘，给有权势的太监出宫后继续发财致富开了方便之门呢。

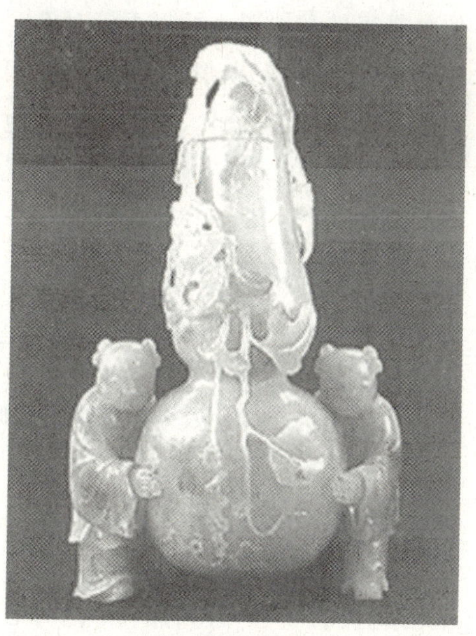

清朝祥瑞文物葫芦瓶

梳头刘的故事

在慈禧晚年，专门给她梳头的太监姓刘，人称“梳头刘”。

这是个非常得宠的老太监，温和、驯顺、斯文、有礼貌，永远从他的眼角皱纹里透出和乐的笑意来，伺候人不温不躁，恰到好处，让被伺候的人感到很舒服。宫女们跟他都很亲热，诚心诚意喊他一声刘大叔。他经常给宫女带些针针线线的东西，这是宫女们所缺的，但他不是给一个人，谁用都行。宫女们见他面有时给请个安，问他句吉祥，他总是很谦和地还个礼，不管对谁。老太后知道他的人缘好，常说：“下去，让她们给你沏口茶喝吧!”这可是天大的脸，能让宫女赏茶，在宫里这是极体面的事。刘太监连连地请跪安，说：“奴才不敢承受，奴才不敢承受!”太后越给脸，他越谦虚小心，这是刘太监长期得宠的原因。

梳头的程序是这样的：宫女给刘太监掀起宫门的帘子，刘太监头顶黄云龙套的包袱，里面是梳头工具，走进来，双腿向正座请了跪安，把包袱从头顶上请下来，向上一举，由宫女接过来，然后清脆地喊一声：“老佛爷吉祥，奴才给您请万安啦!”侍寝的在卧室里喊一声“进来吧，刘德盛!”这是替老太后传话，可也是特别开恩，经常太监能进太后寝室的，刘太监算是独一份了。

刘太监进屋后磕完头，打开黄云龙套包袱，拿出梳头的篦子、梳子、篦子等工具，开始梳头。这时老太后开腔了，“你在外头听到什么新鲜事没有？说给我听听!”刘太监早就预料到有这一问，于是将自己编造的那些龙凤呈祥、风调雨顺的故事，一个接一个说给老太后听。说得老太后眉开眼笑的，听得大家也忍不住发笑。他是个笑话篓子。

比如有这样的故事：

“今年的节气来得早，去年有闰月，六月六看谷秀，春打六九头。去年春打在腊月里，我们的黄历早就算好了，春见寒食六十日，今年二月就清明节了。俗话说，二月清明满地青，三月清明满地空。今年的寒食节桃红柳绿，可傻燕子走在巧燕子前头了。傻燕子是咱们伏地燕，它不南来北往，飞起来翅膀不会打弯，也不会衔泥筑窝，不论冬天夏天，永远住在咱们城门楼子里，专给老太后看城门。叫声沙沙的，其实人们管它叫沙燕，大家叫白了，都叫它傻燕。也因为它拙嘴笨舌头的，大家都喜欢它憨厚，喜欢它那傻乎乎的劲。可它今年不傻了，比巧燕子早露面十多天，保准今年不会发生旱涝，风调雨顺，这都是老太后的盛德感化的。将来老太后治理的大清国，丑姑娘变俊了，拙媳妇变巧了，那才是真正的太平盛世呢！”

“前天粥厂传出这样离奇的事儿，顺天府管事的去看放赈发粥的情况。先到南城粥厂看看，看见一位老太太，干干净净一身旧棉袄棉裤，蓝布的颜色都洗成白底了，衣裳上的补丁补得整整齐齐的，身上不带一点尘土星儿，身板挺硬朗，在那儿排队打粥。顺天府的管事的也没理会，等转到德胜门的粥厂一看，这位管事的可就愣住了，又看到这位老太太在这儿排队打粥呢。因为这位老太太特别显眼，管事的不注意也得注意，私下问粥厂的当差的太监人：‘这位老太太是左近的人不是？天天来不？’粥厂的人说，十天八天的来一趟。顺天府管事的人说：‘要好好伺候老太太，这是位活神仙，我刚在宣南粥厂看见她了，我骑马来的，一路小跑到了德胜门，可她能走在我前头，这可不是凡人。’您看！老太后办粥厂，恩德感动了天和地，神仙也‘赶会’来了。”

梳头刘一面给老太后梳头，一面慢条斯理地说着。侍寝的宫女在一旁给递东西，司衾的人给整理床上、床下的什物。常常是这个时候，老太监张福用捧盒把一碗冰糖银耳送到储秀宫门外，交给当差的宫女。这个凡饮、馔、药必须亲自经手的老太监，只知道低头当差，向例不

多说一句话。老太后在面前摆一个矮茶几，用银勺舀着银耳。这是一天最惬意的时候，也是宫女们最开心的时候。大家谁都感谢梳头刘，因为他一大早就伺候得老太后高高兴兴，宫女们的差事就好当了。

慈禧太后的早晨

在给太后梳头的同时，侍寝的已经让司账司衾的两个宫女整理好床上的一切，退出寝宫，只有伺候梳头的宫女捧着梳头匣子在旁边侍立。外面更衣间里管服饰的宫女此时已经准备好的服装鞋袜。

梳完头以后，老太后重新描眉毛抿刷鬓角，敷粉擦红。60多岁的老寡妇，一点也不歇心，太监们都觉着有点过分。当老太后前前后后左左右右地照镜子时，侍寝的总要左夸右赞，哄老太后高兴。这种佛见喜的活儿，永远是侍寝的人包干的，旁人挨不上边儿。老太后站起来必定要把两只脚比齐了，看看鞋袜正不正，然后方轻盈盈地走出来。

这时侍寝的宫女把寝室的窗帘一打，在廊子外头眼睛早就紧盯着窗帘的李莲英、崔玉贵、张福等，像得到一声号令一样，在廊子的滴水底下，一齐跪在台阶上，用男不男女不女的鸡嗓子，高声喊着："老佛爷吉祥!"老太后春风满面，容光焕发，笑盈盈地接见他们，有时特别给他们脸，还走到中间正座上接受他们的朝见。这都是侍寝的打窗帘给暗号的功劳，起床伊始就来个碰头彩。年年如此，月月如此，天天如此。李莲英他们从不得罪储秀宫的宫女，因为都是一窝里的，彼此都要有照应。

这时宫女开始敬烟了。老太后不吸关东烟，吸水烟。金黄色的烟丝，闻着有股香气味，也有些辛辣味，但不浓，丝很长，捻在手上比较柔软。太后习惯是左边含烟嘴，宫女必须站在左方，站的距离大约离太后两块方砖左右，把烟装好后，用右手托着烟袋，轻轻把烟嘴送到太后嘴边。

吸了两管烟以后，老张太监的奶茶就献上来了。老太后最习惯喝人奶和牛奶。宫里的早点还保留东北人的习惯，喝奶要对茶，叫奶茶。奶茶不由御茶房供应，由储秀宫的小茶炉供应，一来近，二来张太监干净可靠。就在这同时，寿膳房要敬早膳，有各种粥：如稻米粥，有玉田红稻米、江南的香糯米、薏仁米等，也有八宝莲子粥；有各种的茶汤，如杏仁茶、鲜豆浆、牛骨髓茶汤等。用大提盒盖好，外罩黄云龙套，俗称包袱。

清朝翠烟壶

这该李莲英献殷勤了。他守在寝宫门口里，崔玉贵站在寝宫门口外，张福站在老太后桌旁。崔玉贵先接过太监的包袱，传递给李莲英，再由张福解开包袱，由李莲英捧到太后面前。

宫里有个特别严的规矩，不当太后的面，面食盒是绝对不许打开的。太后坐在明间有条山炕的地方，坐东面西，摆上炕桌，地下抬过一张花梨木茶几，这个茶几和炕桌不高不矮正合适。食盒里有二十几样早点。除去前面说的之外，还有八珍粥、鸡丝粥，有麻酱烧饼、油酥烧饼、白马蹄、萝卜丝饼、清油饼、焦圈、糖包、糖饼，也有清真的炸馓子、炸回头，有豆制品的素什锦，也有卤制品，如卤鸭肝、卤鸡脯等。

吃过早点，漱完口，喝半杯茶，吸一管烟，然后宫女们把太后请到更衣室。太后换上莲花底满是珍珠的凤履，戴上两把头的凤冠，两旁缀上珍珠串的络子，戴上应时当令的宫花，披上彩凤的凤帔。这时李莲英就忙着指挥一切了。轿子抬到储秀宫门口，宫女把水烟袋交给李莲英捧着。太后上了轿，左边是宫廷总管太监李莲英，右边是内廷回事太监崔玉贵；一个手捧着水烟袋，一个手捧着绿头签（即叫起的名单）膳牌，两个紧扶着轿杆，后随着一群护卫，前呼后拥地上朝去了。也许上乾清宫，多半上养心殿，宫廷的术语名之为“叫起”。

老太后一启驾，储秀宫里就大忙特忙了，该当差的全都“出笼”了。掌班的姑姑往宫门口一站，真是大将军八面威风，眼珠子乱转，盯紧了人们：扫院子的、擦玻璃的、收拾游廊的、擦抹屋里屋外陈设的，里里外外全都是人，但各有分工，丝毫不乱，而且动作有节奏，没有一个人敢说闲话，都要抢在“叫起”这段时间里，把储秀宫收拾得一干二净。

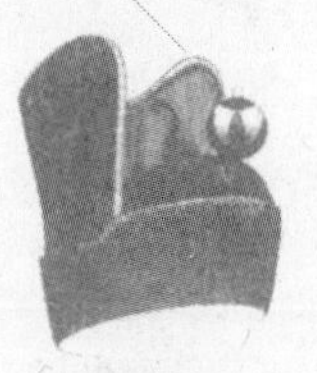

手纸和官房

“叫起”大概要用一个时辰上下，大约两个小时。回来时，轿子缓缓地走着，太监们按照等级，整齐、严肃地拥簇着，仍是左边李莲英，一手捧着水烟袋，一手扶着轿杆；右边是崔玉贵。这是老太后的两个近侍。“叫起”一下来，李莲英就打发小太监先报信来了，掌事儿的把右手两手指在左手的掌心清脆地一拍，临近的宫女挨次序传递下去。大家心照不宣，紧张地工作着，一不嘀嘀咕咕，二不挤眉弄眼。一转眼，该退避的人退净了，剩下的就是该当差的人了。那种鸦雀无声的规矩，真让你佩服。

除去有差事的宫女上前请跪安外，一般的人照常当差，所谓熟不讲礼。

老太后回来后才有闲工夫了。先到更衣间换衣裳，主要是头上的首饰，因为太重，需要轻装。饽饽房敬献一次点心，都是新做出来的，大体是满汉饽饽之类。太后是福大、量大、造化大，就拿正常的三餐和三加餐共六遍吃的来说，都是吃得痛快淋漓，随后喝上碗茶，吸两管烟。一会儿，就该传“官房”了。

宫里头有两大奇怪的事：一是数千间的房子都没烟囱。宫里怕失火，不烧煤更不许烧劈柴，全部烧炭。宫殿建筑都是悬空的，像现在的楼房有地下室一样。冬天用铁制的辘辘车，烧好了的炭，推进地下室取暖，人在屋子里像在暖炕上一样。另一个是整个宫里没厕所，把炭灰积存起来，解大手用便盆盛炭灰，完了必须用灰盖好；解小便用便盆，倾倒在恭桶里。每天由小太监刷洗干净，所以无论冬夏，宫里绝没有臭气味。

老太后一说传“官房”，就是要便盆，要大小解了。

先说说用的手纸。手纸是宫女加工好的。领来细软的白绵纸，先把一大张分开裁好，再轻轻地喷上一点水，喷得比雾还细。宫女们经常比赛，同时含上一口水，同时喷出，看谁的力气足，喷的时间长，雾星又匀又细。俗话说：拙裁缝，巧熨斗，这也是做针线活的一种技术，她们都下死劲地练。把纸喷得发潮发蔫以后，用铜熨斗轻轻地走两遍，随后再裁成长条，垫上湿布，用热熨斗在纸上只要一来一往就成了。千万不可烙糊，糊纸发脆，爱碎，就不能用了。这样把又柔软、又干净、又有棱角的便纸，折叠好备用。熨两遍，一是图干净，二是要把纸毛熨倒了。不带毛的纸发滑，带毛的纸又发涩，只有把纸毛熨倒了的纸最好用。便纸经常是放在更衣间里南窗子的茶几底下的一个木盒子里。

并不是任谁都把便盆叫官房，只有皇上、太后、主子、小主们的叫官房，下人们用的一般都叫便盆。

官房有各式各样的，一般瓷盆比较多，可老太后常用的是檀香木刻的，外边刻着一条大壁虎。这条大壁虎刻得不用说有多好看了，它好像碰到什么猎物要进行捕捉一样，四只爪子狠狠地抓着地，这就是官房底座的四条腿；身上有隐隐的鳞，仿佛都张起来了；肚子鼓鼓地憋足了气，活像一个扁平的大葫芦，这正好做官房的肚子；尾巴紧紧地卷起来，尾梢折回来和尾柄相交形成一个“8”字形，巧妙地做成了官房的后把手，壁虎头翘起来，向后微仰着，紧贴在官房肚子上，下颌稍稍凸出，和后边的尾巴正好是平行的地位，手的虎口恰好可以托住，正好作为前面的把手，壁虎头往后扭着，两眼向上注视着骑在背上的人，嘴略略地张开一条缝，缝内恰好可以衔着手纸；两只眼睛镶着红红的不知叫什么的宝石，闪亮闪亮的。整个官房比瓷盆略高一些，可以骑在上面。官房的口是略张的椭圆形，有盖，盖的正中卧着一条螭虎，作为提手。

这也是老太后非常心爱的东西。慈禧晚年肠胃不和，经常要用官房。慈禧死后，这件东西的下落，有的老太监说随着太后上东陵了，有的说大概是“宾天”了。清朝有这样一种风俗，皇上、太后、皇后死了，在百日期内，遗物除赏赐给亲贵外，其余一律用火化的仪式烧掉，这就叫宾天。

大壁虎的肚里，是香木的细末，要干松而蓬蓬着，便物下坠后，立即滚入香木末里，被香木末包起来，根本看不见脏东西，当然更不会有什么恶气味了。

老太后一说传官房，立刻就有几个宫女行动起来，各有各的差事。一个去传专伺候官房的太监。这个太监自从“叫起”回来，就随时准备着传唤，所以宫女出去，点首自来。太监把用黄云龙套包着的官房恭恭敬敬地顶在头上，送在寝宫门外，请跪安，然后把黄云龙套迅速打开，把官房请出来，由宫女捧进更衣室。在这片刻的时间里，太后几乎已经宽衣解带了，所以不许任何太监进寝宫。第二个宫女赶紧去取油布，把地面铺起来，约二尺见方。每次解手都用油布把地遮上，把纸放在壁虎的嘴上。一切完毕，官房由宫女捧出寝宫。在寝宫门外伺候的太监，垂手躬身恭候着，双手接过官房，再用黄云龙套装好，头顶回去，清除脏物，重新擦抹干净，再填充香木末备用。因为大致能估计用官房的时间，所以太监、宫女的动作也就比较迅速。另外，在寝宫的廊下僻角处，备有轻便的瓷盆，以备临时或晚间用。

慈禧看奏折

慈禧看奏折没有固定的时间，通常都是在皇上、皇后、贵妃们觐见以后，太后说“皇帝歇着去吧”，“皇后也歇着去吧”，对皇妃则说，“你们请跪安吧”，那就是撵他们走。老太后左手往后一背，这是老太后的习惯，穿着莲花底的鞋一摇一摆地走进了净室。掌事儿的宫女赶紧把“叫起”带回来的奏折黄匣子捧进静室里，出来时用眼一扫，所有的宫女就都退避出去了。

这时宫里的养心殿东暖阁慈禧“垂帘听政”处人连大气也不敢出，都格外小心当差。老太后在这时候最爱发脾气，也许心里本来不痛快，也许奏折里的事不顺心，保不定谁倒霉，在谁头上撒气。李莲英和崔玉贵也低眉顺气地在寝宫门里一边一个站着，听候随时召唤。掌事的宫女最机灵，躲在更衣间里。

只见太后把奏折翻来覆去地看，最后在新的贡宣纸折子上用拇指的指甲重重地画上几道，有的画竖杠子，有的画叉，有的打勾。反正军机处的章京们都明白。看着太后把几个奏折一合起来，崔玉贵眼尖腿快，早踮着脚尖进来了，听候太后吩咐几句，就将奏折交到军机处去了。在这片刻工夫，老太后手指甲一动，不知什么人要荣升，什么人要砍头，什么人要发出流徙去了。只要太后喊一声：“荣儿，敬烟来。”敬烟的宫女还没答应完，掌事儿的已经迈出宫门去指挥一切了。知道老太后处理大事已经完毕，全宫像雨过天晴一样，又各人忙各人的差事了。

侍候太后饮食

宫里什么事，都要记入档案，可是皇帝、太后最爱吃什么，绝不写。这是不许让人知道的事。

因此，宫廷里的规矩，皇帝、老太后绝不说出“我爱吃什么”，或“今天我想吃什么”，照下馆子那样，点上几样菜让厨役给做，这是绝不允许的。所以老太后吃饭每次一百二十几样菜外带时鲜，就是把这些菜都摆上来，老太后随意挑选，今天爱吃这个，明天也许爱吃那个，根本不能让其他的人猜透了她定时吃某个菜。老太后也故意这样做，今天爱吃的菜，明天也许绝对不吃，过一段时间，再吃这个菜。这叫做天意难测，让谁也摸不准老太后的脾气。

还有一个严格的规矩，叫做祖宗传下来的家法，就是“吃菜不许过三匙”，平常老太后吃饭很遵守这个家法。如果要是在大的节庆日子里，这种家法就显得特别严肃了。

寿膳房在宫里头是个大机关，少说有几百人，炉灶上百个。炉灶都排成号，规矩非常严。一个炉灶有三个人：一是掌勺的，二是配菜的，三是打杂的。这里配菜的最主要：打杂的对各种菜、各种原料，必须先进行择、选、拣、挑、洗、刷，各项工作完备以后，经内务府派来的笔帖式检查合格，然后才能交给配菜的。配菜的经过割、切、剁、片，把各种菜、各种调料准备好，又经过另外一个笔帖式检查，按照膳谱的配方，检查一遍，然后准备传膳。“传膳”一声令下，由掌勺的按照上菜的次序，听总提调的指挥安排，做成一个一个的菜，顺序呈递上去。这期间内务府的人，寿膳房的总管、提调，眼睛盯着每一个菜盛进碗里或碟里。

碗和碟都是银制的，据说如果菜里有毒，银就能变成黑色。然后交给太监，用黄云缎包好，挨次递上。黄云缎包袱不到餐桌前是不许打开的。这就是用膳以前的大概情况。宫廷里对膳食管理非常严，生怕有人暗害，平常任何杂人都不许进寿膳房。几乎是哪一个菜是哪一个人洗的，哪一个人配的，哪一个人炒的，都要清清楚楚，将来怪罪下来，或是受夸赞，要赏罚分明，有个着落。这就是制度严的好处。

寿膳房离内廷的住处比较远，在宁寿门东边，路南和路东的一群房子里。为什么分两处呢？因为满汉厨师可以在一起，清真的厨师和工作地点就必须分开了。再说，厨役并不是太监，不宜接近内廷，他们都住在东华门外路北的房子里。住处离寿膳房较近，当差方便些。这就是寿膳房离内廷较远的原因。宫里的规矩非常严，7 岁的男孩子都不许留在宫中过夜，何况是一群膳夫。让他们和宫廷的卫军隔邻而居，这种安排也是有考虑的了。

中午传膳大多在 10 点半前后，晚膳在 5 点前后，午后的加餐约在两点，晚上的加餐约在 7 点以前。时间的安排是风雨不误的。

传膳必须老太后有口谕，谁也不能替老太后乱出主意。有了老太后的口谕，才能里里外外一齐行动。老太后用膳经常在体和殿东两间内，外间由南向北摆两个圆桌，中间有一个膳桌，老太后坐东向西，往来上菜的人，走体和殿的南门，上菜的人和揭银碗盖子都能清楚地看到。另有四个体面的太监，垂手站在老太后的身旁或身后，还有一个老太监侍立一旁，专给老太后布菜。除去几个时鲜的菜外，一般都是已经摆在桌上的。

菜摆齐了时，侍膳的老太监喊一声“膳齐”，方请老太后入座。这时老太后用眼看哪一个菜，侍膳的老太监就把这个菜往老太后身边挪，用羹匙给老太后舀进布碟里。如果老太后尝了后说一句“这个菜还不错”，就再用匙舀一次，跟着侍膳的老太监就把这个菜往下撤，不能再舀第三匙。假如要舀第三匙，站在旁边的四个太监中为首的那个就要发话了，喊一声“撤”！这个菜就十天半个月的不露面了。这四个身旁侍立的老太监是执行家法的。老太后也得服从家法呀！老太后平时也知趣，侍膳的老太监也懂规矩，所以也就不吃第三匙。舀第三匙的菜，准是平时老太后喜欢吃的，若让底下的人知道后，坏人就许在这个菜上面打主意了。老祖宗早就留下家法，大意说，谨慎小心，切勿贪食，免遭毒害。哪一朝哪一代宫里头没有暴死的呢？

四金刚五百罗汉

大年初一的晚膳分外隆重。那种排场可大了，真是天字第一号的筵席。

不管摆膳在什么地方，宁寿宫也好，体和殿也好，要同时摆三桌同样的菜。天一桌摆在最东头，地一桌摆在尽西头，人一桌摆在中间，这一桌是老太后独占。表示除去天地以外，老太后是天地之间唯一独尊的人物。

赞礼的太监喊一声“传膳”，就见外面廊庑下的四个老太监，穿着公服，戴着顶戴按着品级，鱼贯地排着队，恭恭敬敬顺着台阶上来，进宫门，向上请跪安，然后在四角站好。这四个老太监可不是普通的太监，都是在先朝有功的。他们平常不当差，全供养起来。其中有伺候过道光皇帝的书童；有在咸丰死的时候，把咸丰的寿衣，即纱、单、夹、棉先穿在自己身上，套好后，再往咸丰身上替换的太监。宫里管这四个给老太后站堂的，叫四金刚，这天是伺候过先朝皇帝的人来伺候老太后，表示一派正统相承。李莲英贴宫门口站着，喜气洋洋。在这个场合他最得意，指挥人往三个桌子献菜，丝毫不能错乱。宫门口外上菜的太监，按照品级排列好，不算李莲英，由宫门口外的门槛算起，到寿膳房的门槛止，不多不少整整 500 个，都穿一律崭新的宁绸袍，粉白底的靴子，新剃的头，透着精气神。院子里灯光通明，500 名太监面前每隔五步一盏灯笼，像一条火龙一样，直通到寿膳房。这就叫“四金刚五百罗汉”伺候西太后老佛爷欢宴瑶池。好威风、好气派，真是天字第一号的筵席。

这 500 名太监都是精选出来的，年老的不要，年小的不要，一过了腊八就开始训练，不许出一点差错。据说每天练习的时候，用白布托着粗碗，有时用砖代，练一次要用两疋白布。宫里办事只求排场，丝毫不在钱力物力上打算盘。

司礼的太监喊一声“膳齐”，其实这只不过是个信号，请老太后入座罢了，膳远远没齐。老太后由里屋出来，皇帝、皇后在后面陪侍着。本来清宫的规矩，初一、十五由皇帝或皇后侍膳，何况今天是大年初一呢！老太后来到自己的座位，先不坐下，带领着皇帝和皇后先向东一桌合手致意，再向西一桌合手致意，谢天谢地，态度十分虔诚。然后太后自己端端正正在膳桌前坐下。这时四个老太监向老太后垂手请安，同时门外百太监齐声高呼：“老佛爷——万寿无疆！”声调十分清脆，声音从近到远，传到寿膳房，传到养心殿。

外面万字头的鞭炮，开始燃放起来。整个进膳期间鞭炮不许停歇，再加上西长街里响堂的鞭子声，抽得劈啪乱响。这是特制的一种鞭子，半尺来长的棒，一丈多长的鞭身子，是用几股羊肠子拧成的，又加上一尺多长的鞭梢，盘在地下像一条大蛇。抽这种鞭子的人，都是经过训练的年轻的太监，鞭子一抖，鞭梢发出清脆的响声。几个太监在一起抽，上下左右前后，能抽出各种不同的音响。在老太后用膳的时候，这种响声能形成一片音乐声，比爆竹有节奏，煞是热闹。据说这种鞭子的响声可以驱邪。

皇帝、皇后侍膳，一个在东、一个在西。老太后是最珍贵自己身体的，一杯酒饮三次。皇帝执壶，皇后把盏，双双给老太后祝福。菜分三大类：一是应节的吉祥菜，像寿比南山、吉祥如意、江山一统等，都是寿膳房的厨子出的主意，什么好听叫什么；第二类是贡品菜，如熊掌、大犴子、飞龙（鸟名，长白山产）、鹿脯、龙虾、酒蟹等；第三类是寿膳房按照节日膳谱做的例菜。老太后非常迷信，皇帝也很知趣，先布吉祥菜，祝福老太后万寿无疆，祝老太后吉祥如意。

皇帝布一道菜，皇后念一道菜名，像念喜歌的一样，配合得很好。其实这都是张福老太监在递菜时候念道出来的。平日侍膳的张福，现在变成递菜的了。我们知道素常皇帝和皇后是冷冷清清不说话的，一年里头只有这个场合下，才彼此合作。老太后看着也高兴，再加上老太监张福甜嘴蜜舌头的，哄得老太后喜笑颜开。

还有一个最重要的节目。老太监张福不知怎么向后面四个老太监一比画，四个老太监注意了。这时张福又向皇帝使眼色，皇帝故意在一个菜里舀第三匙。站在太后身后为首的一个老太监，高声喊一句——“撤”！声音洪亮，堂上堂下都能听见。老太后把乌木镶银的筷子一停，皇帝手里拿着匙子也一愣，皇后低眉敛目，双手下垂，老张福更吓得直哆嗦，赶紧把这个菜往下撤。这是伺候过先朝皇帝的老太监代老祖宗执行传留下来的家法。这是非常严肃的，老太后、皇帝也不能不听，告诫老太后、皇帝在任何时候也不能疏忽大意，任意吃喝，要随时小心谨慎，严守老祖宗传下来的家教。这片刻堂上堂下屏声敛气，显得十分肃穆。

最后一道饭来了，非常珍贵，礼仪也非常隆重。李莲英和另外两桌上菜的大太监，双膝下跪，把这道饭的捧盒顶在头上，只看见李莲英的孔雀翎子在脑袋后边乱动。张福恭敬地捧过来，打开，亲自递给皇上，摆在老太后面前。这是一盘隔年的煮冻饺子，东北叫煮饽饽，是老祖宗在进关以前过年的传统食品。吃饭不忘祖先，这从大年初一的晚上起，就要牢牢记住的。

晚筵完了，老太后吩咐，拣几样好菜赏给四个老太监。李莲英“嗻”的一声，领四个老太监请跪安退下。然后太后又吩咐李莲英把今天的年菜按品级给大家分分，李莲英赶紧向外招呼谢赏，外面五百个太监齐声高呼：“谢老佛爷赏。”

这样一顿晚宴才算结束。

光绪与珍妃逸事

光绪胆小，最怕夏天打霹雷，一到下暴雨的时候，门窗都要紧闭，让太监站在两旁，自己捂起了耳朵，但他又喜好听暴雨后宫里下水道泄水的声音。他常常顶着雨来到御花园东北角的一个亭子里，下面池子里有个石龙头，高悬着，后宫的雨水从这个龙头喷泻出来，落在深池子里，像瀑布似的，轰轰作响，长时不断，流入御河。这是他最喜欢听和最喜欢看的。

光绪性情暴躁，喜怒无常，他手下的太监都不敢亲近他。他常常夜间不睡，半夜三更起来批阅奏折，遇到不顺心的事，就自己拍桌子，骂混账，也不知是骂奏折呢还是骂近侍太监，吓得太监们都心惊胆战。“生于深宫之中，长于妇人之手”，他既胆小，又任性。

相传皇帝晚上召幸妃子的时候，为了保证皇上的安全，把妃嫔的衣服先脱光，用斗篷围着，让太监背进皇帝的寝殿。这叫做“背宫”。细说起来，并不完全是这样。当皇上就寝的时候，太监把承幸簿呈到御前，当然，生病或信期的妃子不在内，由皇上任意选择。然后由太

监持着灯笼去召唤。妃子早已恭候了，稍事修饰，太监在前面带路，贴身的侍女在后面护送，就这样进入皇帝寝宫的偏殿。这里早有准备的，梳洗装扮一番，脱掉衣服，喊声承旨，于是由太监背到寝殿，只是几步之遥。并不是由东宫到西宫，背着妃子满处跑。

珍妃“走宫”和背宫就截然不同了，走宫是把妃嫔当成心爱、知心的人，在皇上处理政事的屋子里把爱妃宣来。宫廷制度，一般处理政事的屋子是严禁妃嫔进内的。这时，妃子女扮男装，袍子、褂子，大辫子往身后一垂，戴上圆形的帽子，碧玉的帽正，上头一个红疙瘩，脚上一双粉底宫靴，活脱脱是个少年公子。可以给皇上磨墨捧砚，也可以谈谈诗词书画，也可以陪皇上下盘棋，也可以跟皇上说古谈今，但不能谈朝政。这是个最得宠的待遇，旁人羡慕得不得了。再说一句，这和背宫绝不一样，主要是身份不同。在戊戌前，光绪宠爱的珍妃就时常是这样，她经常穿好了男装等候召唤。所以嫉妒珍妃的人，就说珍妃干预朝政啦，服装打扮不合宫廷制度啦，喜好女扮男装大不敬啦，等等。老太后也曾为此下过诏书，申斥过珍妃。其实那都是隆裕吃醋的原因，也包括瑾妃在内。

提起珍妃来，她并不是块美玉，更不是出淤泥而不染的人物。她也弄过权，卖过爵，只是在老太后的威严下哪能容她放肆。倒是光绪非常值得同情的。这里不谈他的政绩，只谈他的生活，尤其是爱情。据在光绪身边服侍的太监说，光绪整天呆呆地坐着，对任何人都是淡淡的，对饮食更是不挑不拣，漠不关心，每餐六菜一汤，不管别的人吃什么，他永远是如此，庚子年逃到西安时都是这样。最愉快的时候，是光绪和太监们下象棋，很平易近人，下完棋后，仍然像一块木头，两眼痴呆呆地一动也不动，急躁发脾气的性格根本不见了。好像他下定狠心，不管外界如何，他只是装痴做哑。一个血气方刚的人，收敛到这个程度，也是非常痛苦的了。

他念念不忘的只有唯一的知心人珍妃了。光绪对珍妃一见钟情，他哪里知宫廷里政治生活的险恶。后来庚子拳乱，八国联军进攻北京，慈禧太后在西逃前，让太监把珍妃投到井里淹死了。

有人说，自从珍妃死了以后，光绪把爱珍妃的感情移到瑾妃身上了，那也是无中生有的话，根本没这回事。光绪是个性格孤僻而又多疑的人，如横下一条心，九头牛也拽不回来的。他早就认定瑾妃并不忠心耿耿和他一条心，珍妃的打入冷宫，受隆裕打嘴巴的凌辱，他清楚地知道，瑾妃也曾经顺水推舟地说过些不合情理的坏话，所以光绪对瑾妃也是冷冷清清，在西安看不出对她有任何和颜悦色的表现。

辛丑年回銮以后，为了掩盖老太后的残暴，为了缓和国内外的舆论，说珍妃担心自己受辱，在洋人进宫前，投井殉节，特命珍妃的娘家，下井打捞。按规矩，嫔妃的家属，根本不许进宫，除非嫔妃生孩子。平常家属要买通大太监，才能和嫔妃通消息，这也是太监们的一笔收入。现在让她家里人捞尸，这是天大的恩典。

珍妃生于光绪二年（1876年），姓他他拉氏，属正红旗，在娘家瑾妃大，排行第四，珍妃行五（她的家族民国后改姓唐）。光绪十四年（1888年）进宫，13岁，曾住东六宫之一的景仁宫，光绪二十年（1894年）册封为珍妃。她貌美、聪慧、喜书画，颇得光绪钟爱。曾因触犯隆裕，在太后的支持下遭到拷打，降为贵人，后又复妃位。光绪二十四年（1898年）戊戌变法，被慈禧幽禁在宫内东北三所。两年后，光绪二十六年（1900年），八国联军进北京，被慈禧逼迫投入井里。死时年仅25岁。

太监信修明的回忆

一

我在宁寿宫司房，本管的师傅马双禄，字斌亭，五品首领，乃光绪元年侍候慈禧太后的老人。有张寿图者，司房大师傅（阶级）七品官职太监，二人之文学极深。太后文字根本不深，自垂帘后，奋志求学，对于读过书的太监，皆另眼高看。故派马双禄、张寿图二太监上去伴读。

白天正午十二时前后、太后睡午觉时，晚夜十一时前后、太后入寝宫安眠时，共同上去教读，或说笑，或研究诗文、编戏词。时有南方某孀居之贵妇、女画家缪嘉惠共同陪读，一日二次，名之曰“坐更”，实则太后藉此增长自己学问。

庚子后又续了两位读书的女学生，庆亲王之寡女四格格，太后之内侄妇、德垣之寡妻垣大奶奶。好在某贵妇及缪嘉惠、四格格、垣大奶奶她们上去时间太少，不能像太监坐更一般样。

后来太后招待各国洋人，愿意得通点洋文洋话的人，经某王爷举荐了裕庚之妻（德国女子）。裕庚之女三姑娘德龄、五姑娘容龄，又有一个德国女子克姑娘善油画，给太后画真容。她们都是上海流氓，施展拆白技能，骗出太后若许金银珠宝，后来出了宫。

德龄自称“公主”，著作了《清宫二年记》，编造了什么德龄女士《清宫秘史》。我曾见过此书，读之令我作呕，惜我一时愤怒，将书焚化无存。她们又在东交民巷以慈禧太后为号召讲演，骗外国人之钱，我又生了一回气，要找她们对证一下，指斥她们那些胡说的事实。有人劝我，我才罢休。然而，每追思太后，70岁的人还要学洋文洋话，盛德之累，偏于好胜，实不能为其讳言。

当时，我本人的工作，因是一个阶级最低的太监，学习公事，在案子上写戏本，到后台排戏是正差。司房很复杂的事太多，听着师傅马、张二公讲在寝宫伴读坐更，太后的起居动静，有时也谈论，听到耳中，记在心里。老佛爷一辈子不容易，这是对她的真确定评。

我十天才轮流坐一个更，无论冬夏，就在殿廊子底下，安牌子题名。首领曰“更老爷”，大师傅曰“更达”，所有责任是不能错的。当殿的首领一名，大师傅一名，带班的一名，太监若干名，无定额 (殿上分两班，以殿上人为准)，一班人盯一日一夜，太后入寝宫接班下班。

下班的一班人，将公事先交代换班的首领太监，最重要的是点交陈设有无损伤，其次，上传明天的差使。交代已毕，下班的首领太监等，到殿院冲着大殿磕三头，以谢殿神爷保佑一天没出错。下去无事了，那接班的首领太监等，方进殿院也冲着大殿磕三头，求殿神爷保佑一班不出事，天天如是。凡为太监者，没有不信殿神爷的。

以上所述说的是各处坐更的事。当上差的，除去大总管不坐更，二总管同四位御执首领轮流查更、代坐更。铺盖 (大褥子、斗篷) 搭在大殿内明间。回事太监二名、小太监八名在殿内明间，搭铺 (褥子、斗篷) 分前后夜两班，寝宫里太后的帐子内，一个妈妈在床上给太后捶腿掐腰，一个宫女跪在床脚下侍候，她们分前后夜，不止两三人。坐更念书的人们离帐子三两尺，地上放一小桌，不能太远了，说话须听得见。俟太后睡着了，床上妈妈一招手，坐更念书的人就下去了，到廊下稍候。走早了太后醒来也是麻烦。每到夜间，殿内殿外，多数的太监和少数的妈妈、女子，星罗棋布。如一群蜜蜂将王子裹在中心一样，我在太后宫所经、所见、所闻的，不过如是。

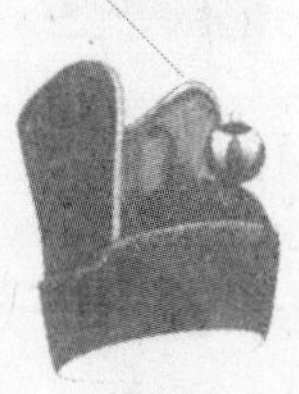

及至内殿（皇上所居）皇后、妃嫔的事，随侍等处事，有八旬余的老太监刘和才，他从 13 岁侍候光绪皇帝，都说得很详细。

他说："清朝定制，都是遵着祖法。以我所知道的，就愿意跟你说。我在内殿多年，常听老前辈们说，清朝没有荒怠的皇上，咱们老万岁爷（指光绪）病得那么沉重，临宾天前日，在床上还看折子呢！万岁爷素日的起居是有规律的，每日早起，以老佛爷（慈禧）请驾为标准，比老佛爷早起四刻，起来漱口洗脸毕，到东西佛堂拈香。回来时，早点已摆好（不是传膳，名曰'要吃的'），换衣裳入座，剃头的太监，四执事按摩上（专门剃头梳辫太监）。按摩太监将辫子解开了。万岁爷吃饭最快，饭吃完了，辫子也梳完了，静听太监回话：'老佛爷请驾了！'时乘轿已然安好（春夏凉轿，秋冬暖轿），两位九堂总管在头里摆队子。一个敬事太监前行，轰人开道。御前带班的、小太监等搀扶万岁爷上了轿，随侍等处首领、太监等蜂拥着大轿，一直至太后宫，到殿院下轿。此时太后已然在大殿次间床前梳头，殿内小太监向太后回话：'奴才万岁爷上来啦！'殿上太监开门，太后扭身端坐。执事房提黄垫的太监将黄垫端正，铺在太后面前，皇上向前跪安，先说：'儿臣请皇太后安。'起来侧身在皇太后前曰：'皇爸爸夜间睡得好吧？昨天晚膳皇爸爸进得可口吧？'太后也很客气地答言'很好'。问皇上近来身体好不好，有没有冻着、热着或累着，吃大夫的药见效不见效（因皇上素日体弱多病），皇上随口答之。太后说'皇上歇歇去吧'！（日日不改口的两宫应酬话，听之似不厌烦）皇上说着'是'，倒退出殿。东配殿就是皇上的御座房，看折子，批折子，静候奏事处太监报告。军机大臣上来啦，太后出殿乘轿头走，皇上乘轿在后边，两宫侍从拥护在后。以上所说是光绪皇帝、慈禧太后勤政的事实。"

前代的皇上都是圣明之君。据前辈太监们所传，没有一位无故临时怠政的皇上，宫内督总管管理四十八处，就是前明宫内府。它的机关名敬事房，分三事：曰满洲案，须懂满文；曰随侍案，报差回话听差，侍候总管；曰下司房，管全宫库所。所管的处项各有专司，统统的有互相联系，互相监视。例如在养心殿坐更（养心殿，皇上所居），随侍处大总管、首领、太监，各有固定的地处，各有固定的人数。上安牌子，敬事房有账。侍候皇上的御前太监有一两班人。大带班的带一班御前小太监值昼夜。完毕，换二带班的所管一班御前小太监。两班昼夜轮流更换，夜里坐更的地点在养心殿明间丹陛下。皇上寝宫限内是后妃坐更的地处，没有太监坐更。宫中现行则例，太监不够身份者不得与后妃或宫女无故交谈。关防之严，犯之则获罪。我有时向吾先师马公斌亭询问："充当一位后妃主子，怎么这样不随便呢？还不如一富家翁的太太呢!"先师嗔之曰："傻子，你才明白：你须向太监两字寻求滋味。不如此，皇上家单用我们这类人干什么？"到如今我想起此话，真是有理。

养心殿明间

二

我在宫内当太监，由光绪甲子起至民国十三年甲子止，将近25年。这不满的25年中，侍奉慈禧太后8年，侍奉隆裕太后6年，侍奉端康皇贵太妃10年。民国十三年秋，端康皇贵太妃八月宾天，在寿康宫停灵。九月，冯玉祥逼宫。我随宣统帝及端康娘娘的灵柩出了宫，回到家中，少为喘息。追思以往，我惭愧固当惭愧，然此20余年的工作，似有光荣自慰者。我欲坦白的，将自己的我，告知世之仁人君子。

我是给孔圣人作过10年揖、没有出身的书呆子。立志尚不凡俗，卧星相皆通。恨我没战胜穷神。年15岁，先父见背，床前遗嘱守业、求名、养母、教弟，结果没有办到，曾投考水师学堂，又考太医院，有阻挠都失败。年23岁，不唯家无隔宿粮，债主要谋买祖坟见逼，我忧愁地每欲投河了此一生。为两位母亲在堂，一妹妹、三小弟皆幼小，有妻生一子，不惟不忍抛掉他们，也不肯违了先父床前之遗命，在万无办法时，想起有一太监表兄张海波。御制名字，慈禧太后叫他谦和，自11岁侍奉太后，得掌案太监五品顶戴之职，在李莲英之次。我想，作为一个人，有大任大身，事父母能竭其力，事君能致其身，圣人皆有此言。做一个大丈夫，难道就这样窝窝囊囊地生生困死吗？

光绪二十六年（1900年）春三月，决意自己当了太监，《易经》有言“或跃在渊，无咎”，竟不知渊是苦海。我的灾难正是方兴未艾，偏偏拳民大作，到了七月二十一日，光绪帝奉慈禧皇太后命避兵西巡。我闻信，能说不痛哭流涕而动心吗？想那佛经上说的话，苦海无边。到了此步田地，我还要沉下心去，研究研究苦海的边际有没有啊。到后来有人说两宫到了长安，我乐得了不得。再预备到长安投随扈当差去。盼到光绪二十七年（1901年）三月初，由家结伴走洛阳，进潼关，到西安，两千里路走了整二十天。及到了长安城内，趋至行宫，我去见表兄张海波，谁想得到，我那佛心的表兄，他不欲招待我呢！苦也。幸而有另一表兄照顾我，我得暂住在行宫外边。我的表兄张海波对我没有意见。他是老实，不敢多事，也是我命中所造灾难未满。这另一表兄名张六，是一后投扈的穷太监，特别照顾我。我住在他的小他坦里。

每日无事，吃完了饭，在长安热闹有名的地处：大雁塔、小雁塔、八仙庵、城隍庙，郊外王三姐的寒窑去逛逛。热闹的人市在行宫前头。牌楼底下卖吃食的小贩最多。我方到了长安时，卖人肉丸子的一案正在吵嚷。我因不贪贱，不上牌楼底下去吃饭，我去到哪里呢？我问本地的人，他们说：“我们此地三年大旱，寸草不生，饿死的人太多了，幸亏太后老佛爷跟光绪爷到此，放了三回赈，人民稍微缓苏些。谁想到，我们此地冬天的雪很少，下雪也下不大。去年冬至月，连降三天大雪，冻饿而死的穷人太多了。富人无故死不了，穷人死了无人埋，抬到城外，向护城河边上一扔，就无人管了。那些忍心的匪徒弄了人肉来，卖人肉丸子，有人吃出指甲来。一个诈语，贼人心惊一跑，才犯了案。”

我闻言皱眉道：“太残忍了。”他接着说：“这还算残忍哪？公公把儿媳妇给吃了，犯了案还不算奇怪吗？因为儿子出外，公公想将儿媳卖了，儿媳妇上吊死了。公公将她的肉刮下吃了，犯了案官家定罪给杀了。”我说：“今年年景怎样啊？”（五月说话）那人笑着说：“哎！阿弥陀佛，今年可好了。太后老佛爷、光绪皇爷带了福来哩。陕西省的麦子普收，新麦子都上市了。老爷（称太监），我们此地如收成一年，能够三年吃的。富饶的关中，其他省是不能比的。听说和约成了，不久要回銮，我们此地人统统不愿意他回銮，离开西安省。长安是历代帝王都，东有崤函之险，那些洋鬼子绝不敢过来，我们此地的老百姓要联合起来，去见巡抚升允，拦驾不让老佛爷回北京去。已然有此动机了。”我听了这些话，也不高兴离开他们了。

到了七月末，真的听见有回銮的信息。我表兄张六哥跑了来叫道：“翰臣表弟，你预备预备，老佛爷有信回銮了。我向掌案的（张海波表兄）说了，让你给押行李车，叫我沿路照顾你，有事咱哥弟俩随时联络。”果然八月十八日，凡随扈的车马集中在校场（前代宫殿废墟），我押的张海波表兄的行李车是一席篷车，装着两箱子（他现用衣服铺盖载在他随侍的轿车上），我把自己衣服被褥铺在箱子上。沿路上有灯笼，支应局领的蜡烛，通夜点着。我爱看书，路上也不觉寂寞，也不觉累。一路上看完一部《东周列国》和一部《聊斋志异》。白天在路上领略些关山险隘、风土人情。八月二十三日夜中走前站起营，圣驾次日动身。路上形形色色，有记载的必要。

那长安的老百姓对于圣驾，多是恋恋不舍。在路旁跪着，有烧香的、念佛的。多半妇女、绅士们在御路旁摆上一张桌，桌上有茶水，有干鲜果品或点心四盘。桌上插一面小四方旗，上书某县某村生员某

某，桌旁放一跪垫，预备圣驾到来跪接磕头。有的是看热闹的老百姓，男的女的老的少的，都是面目黧黑，穿件新衣，领男携女，一队一队由几十里地奔到行宫来看太后的。慈禧太后、光绪爷每每特把轿帘打开，叫百姓观看。在长安早预备下老人的银牌子。太监总管崔玉贵专司发放老人牌子的事。那些七八十岁的老民都可以得一枚银牌子，是千百年不遇的光荣。真有得过一枚银牌子的老人，又连夜赶下数站，希再多得银牌。此种老人甚多。

在圣驾未到之前，行宫左右一群群的老百姓街谈巷论，异口同声地说："大清家爱民，实在德厚"(义和团之口号"保清灭洋"，乃赤子之心，不能尽作妖言看)。单有一种投机说书的艺民，在人多的地处摆场子说大鼓书，说光绪爷私访，有来有去，真透新奇。艺民一站一站地连夜赶档子，无非欲多挣钱也。又见了些在各站(尖营、行宫)办差人员，候补府道县班子都有。他们这些人，不客气来说，都是吃太监后脑勺的好手。在路上公开讲：某某老爷(称太监)跟我最好，他在老佛爷驾前是最红的人，有什么事情都能办。官场现形，言之可耻。咳，大清国至此，我能不长太息吗！

我头一站住临潼，沾着皇恩到温泉浴池洗了澡。次日从华阴的尖营远远望见华阴仙掌，神为之驰。哎呀！快出潼关啦，回北京啦！母亲不知怎样盼我呢？(她的难过我是知道的。我离家时，在亲戚家借了银子二十两。到长安后剩下十两，有回乡的人，托他带回家去交给母亲，减少她的困苦)及过了潼关，离不开说书的那句话：晓行夜宿，一路无话(哪能无话，不紧要的话少说点也就完了)。

不几日到了洛阳(在洛阳住了多少日我都忘记)。在洛阳逛龙门，隔河大香山为洛阳名胜。到了洛阳，我张六哥怕我长途天冷，用30块大洋给我买了一件羔皮的皮袄。我不要，我说："母亲尚没穿皮袄，我如何能穿?"六哥说："以后上了路恐怕你受不了!"一再地劝说。结果，他用10块大洋给我买了一件老羊皮的皮袄。很万幸，据他人说，较羊羔皮暖和得多。一路上在露营中车上睡，我太得实惠了。

离开洛阳，前往汴梁。汴梁有信陵君祠，姓信的是他的后人，我哪能不去祠堂拜谒参观？偏我想起千家诗来，高咏“曾为大梁客，不负信陵恩”。旁观者咸以为稀奇，他如何知道我心中思念张六哥对我的好处萦念不忘呢？我六哥在圣驾回北京的前夕，得一暴病死去，呜呼哀哉！生我父母，知我鲍叔。我虽对他侍生送死立碑还债，至今书此，我的眼泪在眶中。

圣驾在保定庆祝万寿，住了一个月。我们的行李车早回到北京了，我住在张海波家中。给张六哥办完了丧事，有人告诉我，此后皇上家为了和约的条件，不招募新太监了。苦也！心中叫苦又横住心，且看一看一个人究竟怎么死法？不久有人来告知我，张海波表兄将我荐在孚敬郡王府（九爷府）当差。

光绪二十七年（1901年）十一月到府中认差，教郡王之孙女岫格读书，上下待我甚好。因我通相术，各府王公及王妃命妇、格格、阿哥、与府中有来往者，多叫我谈谈相，身价日高。方知书内有黄金则不虚也。在九爷府当差六个月，教岫格念了《许氏三种》《大学》《中庸》等五本书。

闻言宫内有变通招募太监之议。凡为太监未入旗档者，准顶逃亡太监之名，投慎刑司交进承差。我不得已离开九爷府，找朋友代为办理。用银二十两买了名字叫张献喜，认旗投司（清朝制度，凡为太监者，须入内务府三旗管领挂档）。投司时，尚须取得供词。问：“张献喜，你为什么事逃走？”答曰：“外边剃头回来晚啦，怕挨打逃走了（同一供词）。”问：“逃走过几次？”曰：“一次。”（一次板责交进；二次罚南苑吴甸喂马三个月，再交进当差；三次罚黑龙江与官兵为奴，三年已满，回来交进当差）皇家制度如此，绝无自供二次三次者。自供都说逃走一次，官家恩典，也不责打。行杖是某太监。因剃头未回，自己悔过投司，责打四十交进当差，官样文章也。

我于光绪二十八年（1902年）八月十二日，由慎刑司冒名张献喜，头顶着刑事，进入了皇宫，酸心哉！至今将父亲给的名字，为了吃饭给混丢了。想我先父命名信连甲，心高爱子之心，古今同情。师友送号翰臣，都是希望我上达。谁想得到我这样无出息，改了姓名当太监，惭愧无比，徒呼天一声，在暗地里掉泪而已。天可怜我从此不在深渊，大有飞龙在天之象。厄运已去，泰运转来。交进日，上人见喜，慈禧太后将我派在宁寿宫寿膳房侍膳。未几，又转在本宫司房。司房是管银的处所。靠山的有柴烧，靠水的有鱼吃，在司房吃银子总比在膳房吃剩菜剩饭强得多。我想官场中人，古今概括说，多是为了银子，不犯法的是好手。我当一个太监，舍身抛家，犯着财迷来的，还有别的话说吗？然而，我的财迷心是有限度的，是守规矩、知自爱而本分的。夫子温良恭俭让，我如何比得？吃亏让人，埋首苦干，我是做到了。

因为我通星相易卜之学，各王妃命妇不断进宫朝见太后，她们对太后说，张太监会相面算卦。太后闻言，即将我传进殿去算卦问卜。太后用手绢包上一件玉暖手，作射复之戏。我跪在地上畏畏瑟瑟，用六壬金口诀测中是一玉器。太后大笑，一抖绢子说：“他真是神仙!”我闻言，惶恐无比，不敢作声。太后自知失言，当即令我出殿下去。殿内笑声不止，我甚害怕，不一定惧怕太后，恐招上级之忌也。从此太后给我起了一个小名儿，全宫的太监无论大小都呼我“神仙”，或“神仙张”。本来我是一个不开窍的书呆子，群众起哄叫我神仙，我就红了脸。天长日久，我也就不在乎了。老佛爷及上差总管、首领等有事，告之听差的太监：“去叫神仙去!”好像神仙两字成了我的官名。太后有时用我写几个字，或进殿有其他工作，没有不得赏的。有时其他殿内有果子饽饽盒子，叫殿上太监搬来赏我两盒或一盒。我磕头谢恩，心里想：太光荣了。到了下面我都分给同人吃了，同人们还不乐吗？

当上差的总管首领、有角色的人们，时常找我相面算卦。我自己身上带的土物，拿它来应承事，太方便了。因此，在宫内二十余年没把信先生三字扔了。除去传上差，就没有人敢叫我一声张献喜的。

三

我初见太后是光绪二十八年（1902年），太后67岁。她的头发已然脱光，剩下耳后的几根头发，脑袋成了秃瓢了，当顶粘着一个顶花。梳头时，像戏子梳妆贴头发片子。不这样她就是一位秃老太太。虽然这样，她的精神很好，两道眉有神采，一双眼的眸子光亮如星日，谁也不敢向她对对眼光。她若在朝上对军机大臣说话，温和可亲，其神态则显出不可侵犯的样子，有权有威。作为政治的中心40余年，能用曾、左、胡、李四大名臣，中兴天下，驾崩后各儒臣评论慈禧太后功多过少，德宗功少过多，诚正论也。

她的正气严峻，都在她气魄不杂上。她怒，则打太监、妈妈、女子；喜，则打老实糊涂人。

张表兄海波，挨了半辈子打，太后并不厌他，恩宠至老不衰。然海波对太后也不怒，亦是难得。太后不打新太监，不打司房的太监。我侍奉了太后八年，不曾受过责罚，得的好处最多，这并不一定是我能当差，大半是沾了识字的光。

宁寿宫是慈禧太后宫殿之总称。她昔年住过储秀宫、长春宫，都是在同治及光绪幼年的时候，有护持的责任与垂帘的任务。同治及光绪大婚礼，两次迁移在慈宁宫内寿康宫。慈安太后同时迁移在慈宁宫内（清朝定制，皇上大婚后，太后及老妃嫔等，都迁移在慈宁宫内之别所，名曰寿某所。东老佛爷、西老佛爷的名称就定于此时）。皇上每日早晚两次到太后宫请安，先东后西，不能有错。慈禧太后住海的殿上，总名称丰泽园。太后住仪銮殿（即今之怀仁堂），她每月朔望在纯一斋听戏。

纯一斋是水座，万寿时十月现搭暖台（住海的殿上一班太监，分名曰丰泽园殿上、宁寿宫殿上。太监一块当差，两统系办事，故凡慈禧

太后所居，如颐和园乐寿堂，当殿的太监通称宁寿宫殿上)。太后住宁寿宫，前殿曰养性殿，中殿曰乐寿堂，后殿曰颐和轩，听戏在阅是楼正殿（台名“畅音阁”，匾曰“壶天宣豫”)。住颐和园，听戏在德和园，听戏的正殿曰颐乐殿。

我在司房专管慈禧太后所排的太监戏普天同庆班。这个差使很复杂、很吃力，不好当。尤其戏子难斗，因在社会上出名，若太监学了戏，说不清是怎么回事，也是非常的淘神，大人物有大脾气，小人物有小脾气。在我之前有三个在后台排戏管提纲的太监，因为难，逃走为民了。前者小辫张曾说过，这些因戏上升的小太监们，就是会盗佛藏（背地里骂太后)。然而也不尽然。张海波，太后打死他，他也绝无怨言。其他太监不骄傲而得福者也多有其人。

我的任务是管提纲，就是在案子上写戏本。一出新戏，总讲须写三份：一本上交，太后看戏时按本听看；一本交管戏的总管承应差使；一本存司房留底案。凡排一出新戏，须有提纲，画成格式，上边一幕一场地写着戏中人名、演唱的人名。临开演之前，先把提纲挂在后台，管提纲的一个个催他们来扮戏。在未唱之前，固当与后台的老板（明心刘、小辫张）联络，问新戏排练得熟不熟，固定了某日承应。

四

光绪三十年（1904 年)，我 27 岁。因为管提纲，得蒙总管老爷赞成，他呼我为信先生（长安路上有认识)；太后老佛爷算卦，呼我为神仙，全宫的人，高级的差不多都称我信先生，普通的人都叫我神仙张。为此，我得到太后的恩宠、上级的高看，下级的人缘自然而然好起来。后台的老板明心刘、小辫张，都是太后宫忠实的老太监，都喜欢我。那些学戏的太监及外边教戏的外学先生们，当然也顺着风头尊重我。因我有昆腔填词的能力，教戏的先生有时因戏中有腔无词，求我按戏情给填上几句。我吃上了戏饭，大运亨通。

然而我本人最准确的妙诀是，不骄傲，不妄想，不强进，顺自然，守本分。多少次升官发财的机会我都让过去，保持自己的地位与四周的人缘。慈禧老佛爷最先选我当御前小太监，后传我上去读书，同本师马双禄一同坐更，我认为时机尚不到，托故避过。我除去专门管提纲之外，每日空闲时随司房其他太监上去听差及轮班夜间坐殿外的廊子更。不惟得旁观宫中组织规模与太后每天的行动究竟与世人之想象同不同，复得了些人生观的种种经验，增加了不少见识。

慈禧太后一生是好胜的人。在政治地位上，纯是环境给她造成的。同治元年（1862年），在热河应付肃顺，没有把大清国给灭亡了。她的主张坚毅，不为肃顺等所摇惑，卒将奸党诛戮。中兴大清，史家已有定论，其功不能不前列。

光绪帝

慈禧，我曾说她是最不幸的女子，惜她中年所遭际的太不济了。常听见刘、张两老板在后台闲谈及本师马双禄说，同治皇上相貌很英武，有中兴臣宰辅佐新兴国家，又有恭亲王在军机堂上领导，皇上终不敢怠政，所有中兴大事业，有清明之象。皇上大婚礼之后，两位太后（慈安、慈禧）遵制迁居慈宁宫居住，皇上每日晨昏两次到寿安宫、寿康宫请安。两位太后身居养老宫，养性纳福。这个乐，世间少有。同治皇上每在办完朝政的时候，两宫请晚安已毕的时候，身穿太监之便服，戴一顶红缨帽，带一个心腹太监，出前朝到娼寮去寻乐。到次晨早朝进禁内，绝不误了见军机早朝的时刻。到后来同治爷微行，满城风雨。太监之负责任者，谙达范某，对万岁爷劝谏不听，暗地里到恭王府报告王爷。王爷

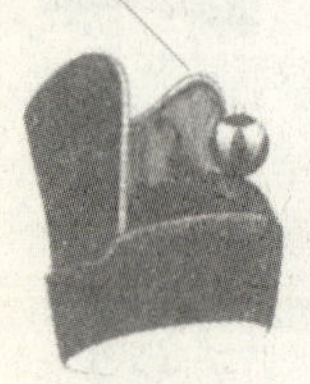

上来劝说，指出皇上微行冶游的害处，很不相宜。同治爷经恭亲王数次劝说，怒曰："恭亲王你来劝我，你回到府里去管一管你家载澄，何必来管我呢？"（载澄，恭亲王之长子，爱唱戏，浪荡有名）恭亲王被闹得闭口无言，没有法子，去寿康宫禀奏慈禧太后。太后有时劝说，皇上不惟不听，面颜上似感不悦，因此母子之间感情不甚愉快。太后也感觉无法而迁怒在皇后身上，嗔怪皇后不能劝阻皇上，因而在宫中又有太后对皇后不悦的风声。是谁能想得到，同治爷染上了花柳病，最后又耽误在太医院大夫那儿。大夫不敢说皇上得的是花柳病，议方时，说皇上生天花，按天花治，结果送了皇上的命。同治皇上英武气概有名，竟过早驾崩，岂非天命乎？

同治爷宾天后，满朝的王大臣为立嗣君，主张不一致。有人主张溥伦继承嗣君，因溥伦在溥字辈中，为道光爷之皇长子奕祎之长孙。按次序应立溥伦。有人提出异议，道光皇长子因未成人而殇，在宗室中选来载治为继承子。载治袭爵贝勒，生子溥伦，血统上不是道光位下。当时老王爷们多不主张，溥字辈的近支又无人。有人提议，近支中唯醇亲王世子载湉可以暂摄其位，将来嗣君成年生子，再继承穆宗毅皇帝之祧。因为老王爷们都赞成此议，东老佛爷也赞成，西老佛爷也不得不随众赞成。定议之后，将醇亲王世子载湉（三岁）抱进宫来，慈安、慈禧两太后两次由慈宁宫迁回宫内垂帘听政。慈安仍住钟粹宫，慈禧住储秀宫。事前皇后绝食以殉。其余的，如敦宜荣庆皇贵妃、瑜妃、殉妃、瑨妃，都是迁至慈宁宫妃嫔所中去住。

大行皇帝的大事奉安东陵。其中不幸的事是，暗中有两条人命：皇后绝食是一件事，吴可读在东陵遗折奏尸谏是一件事。折奏之内容"一误而不可再误"，仅是吴可读一片忠心，究其真实，他所挂念的，就为光绪皇上日后生了阿哥，早定继祧之明文。殊不知，此事已然在诏书上有了明文，而吴可读又多一层顾虑。因此，慈禧的不幸藉此而发生出来了。二次垂帘听政，仍然是慈安、慈禧两位太后当权。当的是什么权？有事军机大臣共同会议。主谋者，军机首座也。首座为谁？此时为恭亲王也。听政是何事？军机将国事议妥奏上来，两太后代行皇上主权，用印执行也。

慈安太后，处处让步，乐得一好好老先生。慈禧不知让步，然而这也是她的环境给造成的，四围的人都对她吹毛求疵。溥伦不得继承，溥伦一方面的人说慈禧有偏心。皇后绝食殉节，是因为不得慈禧之欢。吴可读的折子本是他求死的一篇文章，事实上，为穆宗立后的事已有明文，假若将来为穆宗立后没办到，也不是慈禧一人的责任。那盲从及道听途说的人们，尤其宫内无知的太监，全不细想，穆宗是慈禧亲生的儿子，世间之做母亲者，叫自己的儿子绝了后，有这个理吗？皇后绝食殉节，那是皇后自己的事，不是慈禧所愿意的。以后敦宜荣庆皇贵妃 (同治东宫) 终身得慈禧之恩宠，由此可以看出慈禧太后爱屋及乌的心肠来了。乃至戊戌政变，太后并无再出来垂帘听政的心思。曾见太后当时痛哭流涕地说："自古太后垂帘，没有得世人之好评的。我好容易脱开苦恼，国家大事办好办坏有皇上他一人主张，我是不回宫内了。"荣禄说："皇太后为自己主张，对列祖列宗就不顾了吗？"老佛爷听荣禄之言，这才哭着连夜回到宫内，二次垂帘听政。这次又跑了一趟西安，老了还歇不了心，真是她一生的大不幸啊！ (明心刘、小辫张和马双禄等，都是这个论调。其他上岁数的人，也有这么说的)

我是一个讲求真理的人，对于慈禧太后，没有特恩特怨。在宫中二十余年，上至主子，下至太监，我对于上下级的人们，同事当差，要直笔记事。出奇的无有，偏僻决绝的不敢下笔，千百年之后，做一铁石般的信史。七旬有七的人，方从苦海深渊里钻出来，不欲随着不平的波浪荡漾，顺从不平的逆流漂泊。我要寻出普度慈航一条航线，以明天地无私德之意，叫那过去不幸的人，得一长出气的安慰法，以做千万年后之补天石耳。

庚子后的慈禧太后，将七旬尚要奋志图强，每日里读书、写字、画画，又善默诵东西《两都赋》，与马双禄等比赛。她又让裕庚之妻，裕庚之女三姑娘德龄、五姑娘容龄进内教外语。太后的用意是需要翻译人才、通外国风化的人才、外交上的交际人才。前者用了一名能说洋文的中国女子，名贵福，英语说得很流利，但其作风欠点洋味，不能应酬洋人，太后不十分重视她。德龄、容龄两个姑娘长得漂亮，洋气十足，差不多每月两三次请洋人在颐和园吃大餐。外交部的厨茶役预备吃喝，闲散的笨太监请小轿逛颐和园或逛海，不逛宫内。好在都是使馆的女眷，特选衣服新整的青年小太监伺候。太后的衣服装饰也较寻常华贵。裕庚之妻、德龄、容龄她们，又举荐了一擅油画的德国女子克姑娘为慈禧太后画像，兼作迎宾，以便翻译洋话。又加入宫会亲的王妃、命妇及四格格、垣大奶奶等为招待员，贵福姑娘也随大众招待（自从裕庚之妻女等进宫后，贵福姑娘受排挤，受宠日衰，自请假出宫了）。

裕庚出使德国回来，双目失明，闲住上海，因缘高位的人，将妻女荐进宫内，正值慈禧太后为了战败国外交低头的时候，处处对外要讨好。朝中臣宰的主张除卧薪尝胆外，而毫无善策。只靠着太后这样一位秃老太太，任她生来聪明圣智，不幸的末路也只可随着群臣卧薪尝胆了。

慈安、慈禧定东陵全景

在这时，太后就无法应付。她的好胜之心始终不败，所以她终身想不到的魔皆应运而生。每当外国有照会文件先递到外交部，再奏上来，定于某日某国使臣或参赞觐见。庚子后，外交部是最红火最肥实的衙门，如洋厨役、洋茶役、翻译和职员的薪水都是丰厚的。当一名茶役头目都比一任县官挣得多。外交部，因洋人觐见，大小执事的官员自然都是忙的。

我在太后宫司房也随着老佛爷忙了起来。如洋人觐见之前数日，外交部执事者先将见洋人时的问答之词作好随折奏上来，一个白折子上写：贵使臣好、贵国大伯理玺天德好（即英文“总统”之意译）等语，并预备太后临时按词说话。可太后偏偏要施展才华，总要自己动手改上几句，命司房太监另写，司房照词写上去。隔一天一夜，太后想自己前拟的词不妥，又重新改一套，再命司房重写。不知改了多少次，到了觐见的辰刻，再改写来不及了，好不好也将就了。殊不知临时翻译官以普通交际白话来对答，用不着文词。太后好胜要强的心可见一斑。她又叫年轻太监学习洋文洋话。司房同事姚某热衷此事，每夜下班便出去学习洋文，藉此投机进步。晚上随马双禄上去读书坐更，对太后传习洋话，人称之曰“洋小太监”。教洋文的人出了多次笑话。

在颐和园宫门外有一开照相馆的广东人，他是一个奸细，被官家查知，捉到宫里，供出内监姚某跟他认识，主管衙门。太后顾全面子，当时将姚太监交了打扫处，消弭了此案，声言宫内太监无此人。案子于姚之情由不严重，也就无形暗消。

裕家母女本是上海有名的大交际家，进宫内有至大的目的，总愿意与光绪爷接近，将来好做娘娘之选。她们不知道皇上不爱女色，常勾引与皇上接近的太监做引线的联络，不达目的不止。尤其藉以探听宫廷秘密，又叫德国女子克姑娘给慈禧太后画像。画像时对面动笔着色，十分逼真，及画衣服冠戴上所缀的珠宝，向太后讨要真大个的珠子或极贵重的宝石做样子。及骗到手，就是她们的了。后来给太后画了数张大像，倒是真好。裕家帮克姑娘讨要赏银，把老佛爷给要的心疼了，因而对裕庚之妻女疏远。

德龄、容龄有时招待外国女宾时，众人到万岁爷所居之湖上玉澜堂中参观，大殿内陈列着一架风琴。三姑娘特意询问某太监：“万岁爷会踏风琴吗?”某太监因先年侍候光绪爷者，便顺口说道：“会，先年珍妃娘娘爱唱，万岁爷踏风琴随着。”“太好啦!”三姑娘不待启禀，过去就请安磕头，道：“请万岁爷踏风琴，奴才们听一听以饱耳福。”光绪爷笑了笑，将风琴打开，整理了整理。果然万岁爷是踏琴的老手，三姑娘、五姑娘双双就在殿内跳上舞了。某太监恐怕太后知道后怪罪，赶紧将她们拉着走了。从此，太后宫的太监始知光绪爷会踏风琴，日

久天长，太后也知道了此事。某太监惧怕太后怪罪，逃走了。

为此事，太后疏远了裕庚之妻女及克姑娘。她们自料不能存留，偏偏有一老太监李文太买了一个彩票，得了一个头彩，需到上海去取。裕庚之妻携带全家及克姑娘，拐着李文太连同他的积蓄，做上海的富家翁去了 (到后来太后宾天后，裕庚之妻女将李文太之银钱丢净，将李文太哄回北京。李文太贫老致得疯癫而死)。裕庚夫妇死后，三姑娘嫁给了一个外国人，五姑娘嫁了一个中国官僚。她们闲得无聊，编造了些瞎话书，拿着卖钱。然而，慈禧的不幸，我以为她是自找的。

五

我一部《玉匣记》和一部《诹吉便览》，吃了皇上家二十余年。李文太知其术，他走了，我拿以上两部书继续侍奉慈禧太后、隆裕太后、端康皇贵太妃三位老主人。至于灵否，我不知。主人信服，就算我能当差。李文太老太监被拐走上海后，慈禧老佛爷将诹吉的责任委派给了我，我接受了。我是选择的能手，御封的“神仙”名字是不能含糊的，每年一到了腊月初一的前夕，我把自己的差使早预备出来了，用红纸黄里写一横单，上书：“某年某月某时祭殿神安坛大吉、次晨某时上祭大吉。”按祭殿神是宫内凡有殿座的处所普遍的祭殿神。闻上边祭殿神的信儿，各处错个日期自己私祭。太后祭殿神的日子一定，腊月二十前后，为历年之标准。司房用黄纸写神牌，上书宁寿宫各殿神之神位。佛堂预备香、蜡、黄钱、元宝锞子。膳房预备面供，核桃大小，摆二尺半高。炸面筋五碗，炸豆腐五碗。茶房预备干果五碗、鲜果五碗。皆用铁丝罩，供碗皆是黄磁 (瓷)。大他坦预备生整猪、整羊各一只。是日安坛上祭，拈香，上祭毕送焚化。总管先进殿跪下回话：“祭殿神上香送了焚化啦!”殿院中职员等应声，老佛爷大喜。

祭殿神完了，尚有赏福肉的一段事。大他坦把上供猪羊搭下去，另外预备下十只猪、十只羊早下锅白煮了，次日把肉煮熟，选上好的猪羊五岔（脖子连后背肉厚处）选出两块。一块交寿膳房，老佛爷御用；一块交御膳房，光绪爷御用。其余的赏各王府。各王府吃福肉，派府太监上来，在门上见了太后宫太监，回事的报告赏福肉谢恩。皇上、皇后、瑾贵妃因吃了福肉，朝服整齐，上殿与太后道大喜，并叩谢食福肉之恩。以上是祭殿神的典礼。

祭殿神时，太后按年按顺星的神牌写妥，交佛堂承应，派总管或首领代太后上祭，回话向太后道吉祥。在天地桌上预备一统疏表，黄纸印成的表文，乃道教祈天伏佑五谷丰登的一篇文章。末写某年元旦上奉玉皇大帝，弟子广仁子，疏有印章。按，“广仁子”为慈禧太后受天仙戒之道号。昔年太后之生母薨逝，在白云观停灵一百天。白云观方丈峒元道士，为皇姥姥念了百天血盆经。慈禧太后派总管李莲英代太后传了三坛大戒，太后为功德主，占了戒坛天字号弟子，名曰“广仁子”，在宫内食素百日。她受了天仙戒之方便戒，事实上不得到白云观律堂受戒，名曰方便戒。慈禧为老子信徒，世人知者甚少。宫内一时风尚，差不多有地位之太监，当老道受戒者太多，如素云道人刘诚印等多人。极致全宫太监都成了老道。

慈禧太后年岁已高，我看她的心气还不弱。每过年节时，兴味甚大，唱戏照年例，年前五天，年后五天。除夕日，太监将膳桌抬上了，摆膳的小太监，一个个穿着新紫绣蟒袍，腕上挽白袖口，捧果盒摆膳。等太后入了座，皇后、瑾妃率众会亲的围了膳桌，与太后进晚膳。末轴戏演的是《青石山》《王老道捉妖》。罗百岁的王老道，叫天儿的吕洞宾。本家普天同庆班的太监扮神将，外学李五扮关公，杨小楼扮关平，钱金福扮周仓。末后起打，非常火势。等戏快演完了，太后也吃饱了，一阵乱捶后吹了“呜嘟嘟”，全班内外戏子齐呼“南无阿弥寿如来”三声，升平署全班出了禁门回家去了，明日元旦再道新禧。

太后用完了膳，会亲的共同辞谢请安磕头，招呼本府的太监出神武门乘车回府去了。在宫内久住的四格格、垣大奶奶，陪伴太后度岁。

除夕元旦，茶房备桌茶。太后进茶时，茶房先将荸荠皮削净，做成一个小墩，上边插一小竹竿。再选上好苹果一个，将红面用刀片下

来，用笔写好了字，再用刀将字刻好，如除夕、元旦刻“岁岁平安”四个字，或刻“连年吉庆”四字，立春刻“新春新喜”四字，红皮白字，分外好看。将苹果面朝上插在茶碗荸荠上，再将茶倒上，茶香果香，饶有情趣。小太监捧茶碗跪在太后面前，太后饮之，名曰进果茶。元旦的果茶，连年吉庆。立春的果茶，新春新喜，都是同样做法。上元节之元宵，由冬至吃，过了正月十五就不食元宵了。茶房在腊月、正月两个月备果盒 (内盛各种糖食乃至奶皮、奶酪等冷食)，乃至零碎小吃，成盒的酱肉小肚、烧饼等。平常夜里备而不用，到了元夜迎神的吉时，佛堂业将斗香安置在喜神方向 (斗香是香店里用香攒三层，如山，下边用香做一个四方香斗，以外有一铜丝的外罩保护)，把喜神牌位供在喜神桌上，福神牌位供在福神桌上，贵神牌位供在贵神桌上，财神牌位供在财神桌上。把天地桌上供晶、香炉、蜡、表，一统供在正面当中。松树枝、芝麻秸撒在院中，为的是踩上嘎吱嘎吱响，名之“踩岁”。

太后按着吉时提前请驾了 (较寻常略早一点)，散差的太监报下去：“老佛爷请啦!”太后宫各处都上来应差了。总管李莲英及职员都是蟒袍补褂、朝珠，各执一柄如意在殿内外站立恭候。李莲英进了寝宫跪地，双手举如意道“老祖宗新春新喜，万年吉祥如意”。宫内外恭立的人们，随着总管的声音接呼，一片喧哗。老太后出了寝宫，再为盥漱梳妆、穿衣服。衣服是黄龙袍、八团龙褂，都是南绣缂丝的。轻而暖的天马皮，头戴九凤钿花冠，足下绣履，底高六寸 (太后身矮，穿高底透庄严)。宝座上，身旁预备玉如意一柄。

太监跪禀道：“奴才的万岁爷上来啦。”太后升了座，皇上进前，双手高举金如意一柄道：“皇爸爸新春新喜，万年吉祥如意。”太后接过金如意，旋将玉如意递给皇上，道：“皇上新喜。”光绪爷躬身接玉如意退出殿去。皇后走近宝座前，双手举如意道：“皇爸爸新春新喜，万年吉祥如意。”瑾妃近宝座，双手举如意道：“老佛爷新春新喜，万年吉祥如意。”两位会亲的四格格、垣大奶奶常住宫内，也举如意前来向老佛爷道新禧。她们两人就不出殿，陪太后过新年了。皇后、瑾妃尚须到养心殿给光绪爷递如意，礼节与太后同样。皇后、瑾妃因西巡的时候皇上不喜欢她们，所以平日早晚给皇上请安就在太后宫别殿，不到养心殿。元旦道新禧递如意为省事，就此贺新年行礼了。太后应时迎神，出殿向喜神方向先点斗香，行叩拜礼。喜神桌前、福神桌前、贵神桌前、财神桌前拈香叩拜完，再到天地桌前焚香捧疏，太监们齐喊“老祖宗吉祥”。完毕，吃元夜的煮饽饽。至此才把太后过年的事述完。后之读吾书者，必曰“玄玄，太封建了”。然而我若离开封建，也就无书了。行年七旬有七，记忆力已然衰退，唯恐说不全耳。

升平署的戏，元旦自管在宁寿宫阅是楼承应，朝贺则在乾清宫。光绪爷在殿内率王大臣及各散帙大臣，尚书房、南书房高级的官员，分排分班站在本位上，及太后与皇上已入了乾清宫后门，执事的太监高唱，丹墀放炮，掌仪司仪仗在左右树起来，执鞭的打三下 (金鞭三响)，升平署总管一声起祝，升平署的大乐作起，太后升了宝座，皇后在丹陛正中，两边带刀的御前王大臣，在左右分班排立，站立在殿外，在最近之王公左右站立，用满语三跪九叩地唱道。皇上九叩方毕，两边带刀的御前大臣在乐声中排班向上行礼。升平署总管向殿内跪唱道。礼毕，太后、皇上在乐声中出了后门，两宫各回各殿。尚有一番小礼节点缀本宫殿的太监们的叩拜春喜。皇上没有人道之欢，皇后、瑾妃不得近御，他的新春热闹鲜少。王妃命妇按清制永不允许得见皇上，寡人孤家，她们的乐子从何而来呢？把一个帝王的欢乐情愿让给皇爸爸了，那些王妃命妇、王格格，谁不愿意求恩进宫会亲朝见太后呢？又得恩宠，听戏能饱眼福，吃饭能解年馋。轻易会不着的她们，借会亲都得相会，所以皆大欢喜就在此时了。过了破五再请假出宫，足吃足喝足听戏，那宗幸福太不易得了 (清制王妃、命妇、大第女眷不准进戏园)。然而老福晋们不太感兴趣，使折胳膊站折腿，受着拘束，不大舒坦。所以寻个病由不进宫朝见者，亦大有人在。

五天戏唱完了，会亲的出宫了，太后按着吉日吉时，亲自操办裁衣、开笔。

正月初十前后，择吉日住西苑去过灯节了。花炮早早预备下，花炮盒子灯就在紫光阁前面，看烟火三天，宫中仍然张灯结彩。老道们由天穹殿、钦安殿进宫内念经，有各殿太监管理。乃至喇嘛、各大寺的僧人，元旦上之皆到禁内中正殿念经。中正殿有太监喇嘛率领到各殿院念经超度（在卯刻一小时）。老道们在宫内做完了法，大高殿、时应宫都有法事。清初，宫内各庙有太监和尚、太监老道、太监喇嘛，道光年免去太监僧道，仅存中正殿太监喇嘛。每朔望早晨，太监喇嘛率领各大寺喇嘛进内，在各殿院念咒超度。皇上所应祭的地处，外边尚有五坛八庙。在隆盛时，是日都要亲行。正月十五为上元节，观灯看烟火，与民同乐。古称“金吾不禁”，况二十年太平皇帝及他的圣母慈禧皇太后乎！

古云“安不忘危”，那是老生常谈。毕竟是人道应尽的责任，还是救不了天运分合自然的结果。光绪爷二十年的太平天子，闹日本是清朝将亡的由头。闹“戊戌政变”，紧接着闹义和拳，这就是天道将变。履霜坚冰至，《易》之象曰：履霜坚冰，阴始凝也；驯致其道，至坚冰也。怎么可以驯致其道？据我想：有的是现有的祖法，可以随时修整修整。这所祖遗下的房子，若不大拆大改，虽然受着风雨的摧残，即便倒塌了，我相信也不能这么快。再者由戊戌至辛亥，清朝十三年的时间，初受康党的骗局，再受袁世凯的骗局，把一所祖遗下的大房子给弄丢了。

醇亲王府原址，位于北京西城区太平湖东里，现为中央音乐学院。因光绪帝生于此府，成为潜邸，故光绪继位后醇亲王必须迁出。新醇亲王府在后海北沿

光绪皇帝奉养慈禧于西苑，是天经地义的，

皇上以孝而治天下，这一点我敢对神表白，光绪爷是一大孝的皇上。不但我说，宫廷中有知识无知识的太监，没有说光绪爷不孝的。临他病至垂危的时候，总是念不停声地对不起皇爸爸：“我不孝了，我不孝了!”慈禧太后病已沉重，御医报知皇上之病已加重。内殿总管尹义忠见老佛爷报告：“奴才的万岁爷，据太医说，脉象不好，请预备后事。”太后在病榻哭之曰：“怎么皇上的病也这样了？他还没有一个地方呢! (指陵寝) 传庆亲王、醇亲王、世续、袁世凯上来。”在仪銮殿病榻上坐着传旨，预备皇上的后事，命醇亲王将其长子午格 (乳名) 兼祧穆宗嗣立皇上。醇亲王派人将午格从府中接上来，先见太后，次去瀛台见皇上。幸好皇上尚明白，午格跪安起来，光绪爷张开口直乐，含笑而崩。

我一个无地位的太监，当时的见闻，太后、皇上，母子天性的表现，我暗地不知流了多少辛酸泪呢! 吁，奸党可杀，奸党可杀。以我的心里观察：慈禧、光绪母子并没有绝对失去感情。皇上后悔赎不回来，太后受着不自然的环境，无可奈何。太后到哪里去，皇上随到哪里去。太后在万机之暇，流连山水，住海住湖，皇上奉陪亦流连山水，并不是异样稀奇的事。那些政变失败的人们，在外边造君上之谣，掩自己之丑，直把太后、皇上真实的是非和感情欺瞒了天下人。

我虽然是一太监，对于孔子忠恕之道已然有些见解，所以随时随事留心向正确方面立论，不敢人云亦云，或道听途说，采用世俗邪说充满吾书，欺骗今人，欺骗后人。

本系列图书将清朝重要历史人物尽收其中，展现了清朝三百年的历史风云，披沙沥金，洋洋大观，出版社的编辑和本系列作者为此付出了辛勤的劳动和汗水。此书的出版，还得到了中国财富出版社的大力支持，在此，谨向社领导和编辑同志表示由衷的感谢！

在本书的编写过程中，我们参考了大量的相关文献资料，引用了许多专家学者的著作和观点，我们已征求了部分作者的同意并支付了稿酬，但其中一些资料来自互联网和一些非正式出版物，无法联系到原作者，敬请作者见书后及时与此邮箱联系：724176693@qq.com，我们将按照国家有关规定支付稿酬并寄送样书。